新手学短线和T+0交易

快速入门与实操技巧

刘振清 / 编著

U0956121

中国宇航出版社
·北京·

版权所有　侵权必究

图书在版编目（C I P）数据

新手学短线和T+0交易快速入门与实操技巧 / 刘振清编著. -- 北京 : 中国宇航出版社, 2022.4（2022.6重印）
ISBN 978-7-5159-2051-1

Ⅰ. ①新… Ⅱ. ①刘… Ⅲ. ①股票交易—基本知识 Ⅳ. ①F830.91

中国版本图书馆CIP数据核字(2022)第044510号

策划编辑 卢 珊
责任编辑 白希国　　**封面设计** 李 松

出版发行	中国宇航出版社		
社址	北京市阜成路8号	**邮编**	100830
	(010)68768548		
网址	www.caphbook.com		
经销	新华书店		
发行部	(010)68767386		(010)68371900
	(010)68767382		(010)88100613(传真)
零售店	读者服务部		
	(010)68371105		
承印	北京天顺鸿彩印有限公司		
版次	2022年4月第1版		2022年6月第2次印刷
规格	710×1000	**开本**	1/16
印张	16	**字数**	224千字
书号	ISBN 978-7-5159-2051-1		
定价	49.00元		

本书如有印装质量问题，可与发行部联系调换

成为一名优秀的短线交易者

（代序）

翻看 A 股市场上大多数股票价格走势图就可以发现：尽管有很多牛股走出了几十倍甚至几百倍的涨幅，但更多股票的价格总是在重复上涨、下跌、再上涨、再下跌的怪圈。很多股票的价格多年波动下来，并没有多大的涨幅，甚至还会出现下跌，这也是 A 股市场上短线交易者远比欧美股票市场多的原因所在。

既然选择了短线交易，就要有成为最优秀短线交易者的决心和勇气。当然，这是说起来容易、做起来难的。毕竟，市场上交易者有很多，大家要想获得盈利，需要战胜更多的对手才行。只有少数短线交易者能够盈利，这是股市中的一个现实。

如何才能成为一名优秀的短线交易者，这是很多交易者关心的问题。这个问题有很多答案，本书也在尝试做出回答。依笔者看来，思维、心态、经验、技术是一名优秀短线交易者必须具备的条件。

★思维

短线交易与长线交易或波段交易最大的不同，在于思维方式与角度存在差异。在多数情况下，短线交易几乎不用考虑股票本身的质地、基本面等情况，只考虑股价短期内能不能上涨即可。

股价短线上攻，是与主力策动密不可分的，这就需要交易者充分了解主力的心态。《孙子兵法》中说的“知己知彼，百战不殆”，就是这个道理。

总之，从本质上来看，短线思维就是一种要超越大多数人想法的思维。如果你的想法与大多数人相同，就无法在市场中胜出。

★心态

短线心态不是一天养成的，需要一个不断修炼的过程。短线交易参与的行情，波动幅度较大。主力在拉升或打压股价前，经常会做出一些“引诱”动作，且这种动作的幅度非常大，这需要交易者具备良好的心理素质。

当然，这种心态的养成并非一朝一夕能够实现的，需要交易者严格遵守短线交易纪律，不断适应股价的波动节奏，逐步地进行“修炼”。

★经验

短线交易，很大程度上是依赖经验的。无论是做出交易决策，还是形成盘感，都需要短线交易者具备一定的经验。这种经验无法通过别人的传授获得，只能在日常的交易实战中不断积累。

★技术

技术，是短线交易者通过努力学习能够掌握的。日常短线交易过程中，各类交易决策，盘面与盘口解读，都是依托技术分析做出的。换句话说，短线交易中缺少了技术，是不可想象的。

总之，要想成为优秀的短线交易者，总是经过漫长的成长过程，经历多次牛熊转换的洗礼。本书介绍的各类短线交易知识，希望能够为大家的短线交易提供一些帮助和支持。

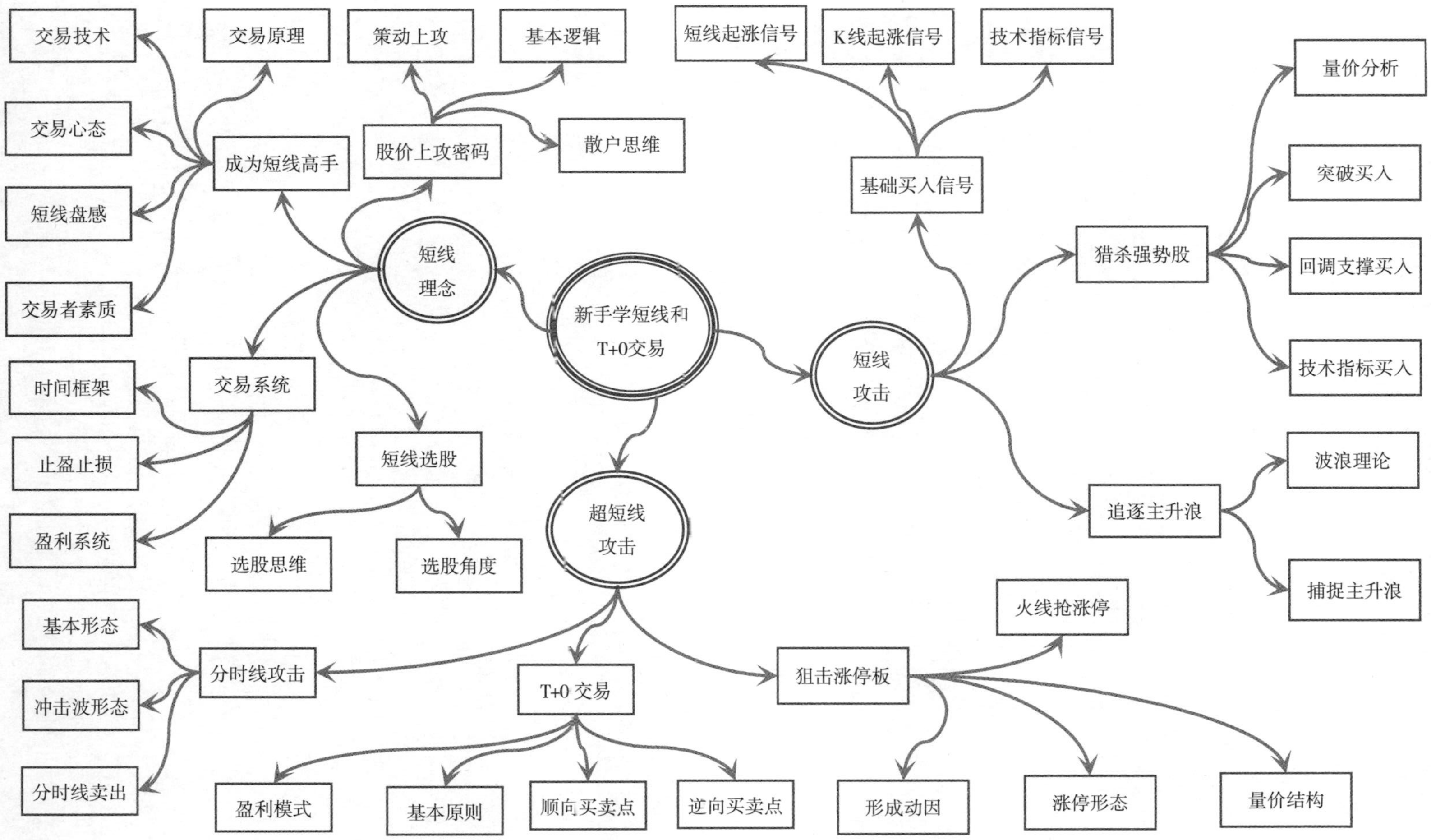

新手学短线和 T+0 交易知识导图

目 录 / Contents

第一篇

洞悉短线追涨天机

股价短线起涨的背后，往往都是主力在运作。短线追涨成功的核心，在于短线交易者先一步掌握主力的意图，了解股价短线上攻的基本逻辑。

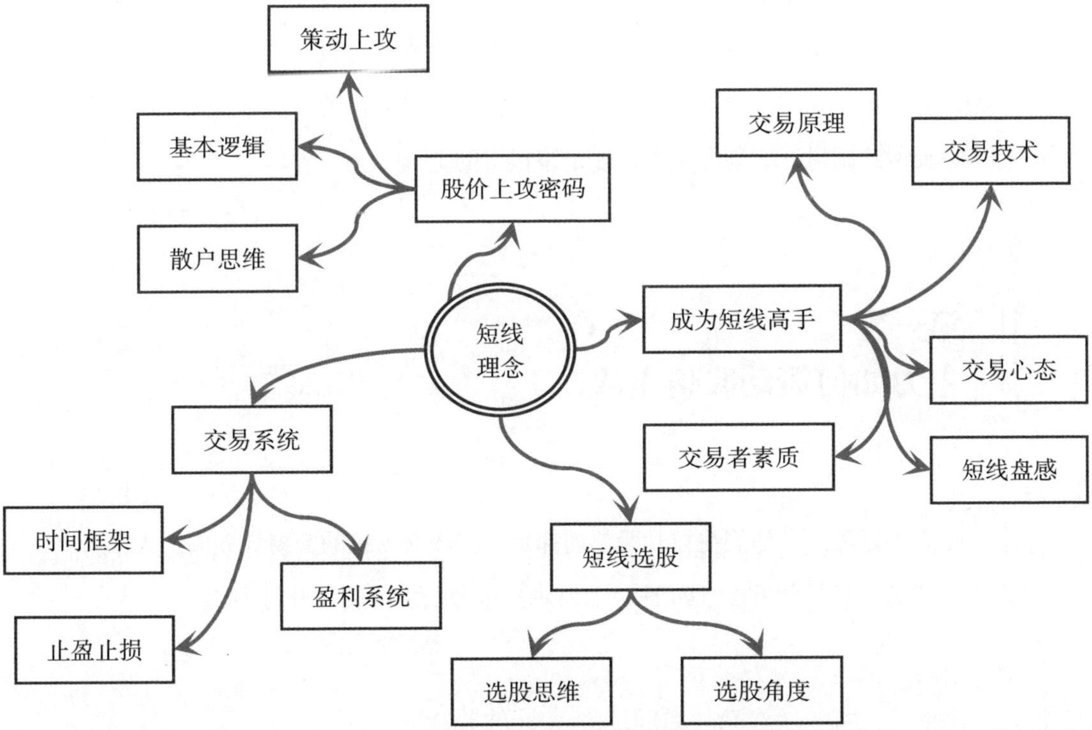

短线理念知识导图

第一章

揭秘：股价短线上攻密码

在股票交易领域，短线交易是与中长线投资完全不同的。中长线投资更多地是考量股票本身的质地、内在价值以及外在的宏观经济环境等因素，短线交易则不然，只要大资金有拉升意愿，股价短线就能够上攻。当然，主力资金拉升哪只股票，肯定不是靠“掷硬币”决定的，有其深层的思考和逻辑，毕竟拉升不是目标，诱使散户跟风、实现盈利出货才是终极目的。

第一节 主力如何策动股价上攻？

主力不是散户，他们在拉升股票前都是有清晰而系统的交易计划的，大家可以借助“5W2H”分析法（如图 1-1 所示）来分析主力的拉升行为。

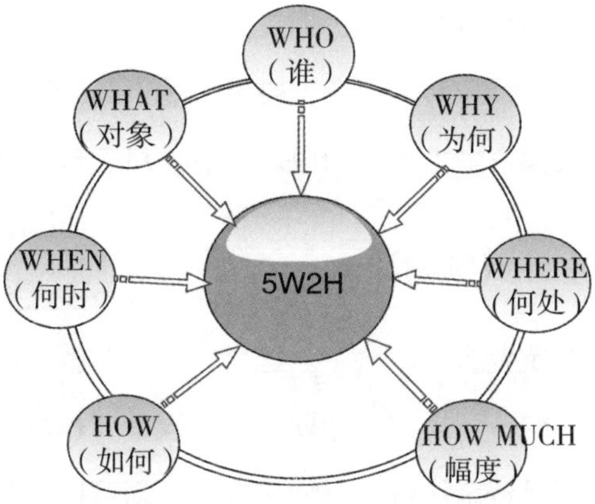

图 1-1 “5W2H”分析法

一、WHO：谁来拉升（主力）

这是一个不是问题的问题。股价短线上攻，肯定是由主力来拉升的，这一点毋庸置疑。不过，市场上的主力可不是一个，有大资金且愿意操作股票的主力很多。但真正能够向上拉升股价的，往往是某一股资金或者暂时取得共识的资金团队。这里需要阐述清楚以下 2 个问题，这对大家后面操作股票会有帮助。

第一，主力资金都有谁。

主力资金是指在股票市场中能够影响股市，甚至控制股市中短期走势的资金。市场上能够被称为主力资金的其实有很多，包括社保基金、公募基金、中央汇金、保险基金等，其中还包括一些私募基金、游资等。由于江浙一带经济较为发达，闲钱较多，因而江浙游资在市场上也拥有较高的知名度。

第二，谁是短线拉升的主力。

市场上主力众多，但并非都属于短线拉升的主力。相对而言，资金量较大的机构进出股市并不容易，因而更加倾向于长线持仓，只有一些私募资金、游资才喜欢短线拉升股价。这些资金的特点是，相对大型主力资金，其资金量较小，持仓较为灵活。

从整个市场来看，机构资金仍然占据较大的优势，在很多股票特别是优质股票中都有驻守，且多为长线持有。市场上股价短线上扬，除了特殊情况，大部分都是私募、游资等小规模资金推动。明白这一点，对于短线操作非常重要。

二、WHY：为何拉升（题材）

资金炒作股票，肯定要有“由头”，这个“由头”就是题材。这些题材的产生可能是国家层面发布的一些规划、计划、刺激政策，也可能是某一行业或产业的利好消息引发。只要是资金认可，有炒作价值，都可以成为题材。

不过，题材不同，炒作的周期和程度也不同。一般来说，涉及国家战略规划，特别是一些长远规划的题材，往往会获得较长的炒作时间，而且可能形成多周期、多波段的炒作。相反，一些小题材或者小道消息题材，其炒作往往很难持续。

对于题材的理解，主力通常跟散户不同。很多散户将股票与题材的切合度、业绩等挂钩，去寻找某一题材的龙头，并预判主力的拉升幅度。其实，主力不会这样思考问题。他们考虑更多的是拉升哪只股票更容易，哪只股票更有故事，资金撤出更加容易，有无其他大资金驻守，等等。若有其他资金驻守，游资一般是很少碰的，若游资拉升，很可能为这些大资金离场创造了机会。

有时候，这些拉升的主力，可能会故意创造故事。在2018年工业大麻炒作浪潮中，很多经营业务粘“麻”的股票都遭到了热炒。即使企业回应，无工业大麻业务，也无法阻挡市场炒作的热情。这就有点儿“说你有，你就有，没有也有”的意思了。

三、WHERE：拉升何处（板块）

市场中总会有炒作的概念，而具备题材未必就一定会获得主力的光顾和资金的青睐。大家对市场短线资金要有更加清楚的认识。

主力资金拉升股价后，需要散户或其他资金跟风入场才能顺利完成出货。因此，他们在拉升时，必然会有策略地先选择某一个与题材最相近的核心板块进行操作，待整个市场赚钱效应凸显时，依次拉升相关板块（这就是板块的扩散效应）。资金退潮时，往往是从后期启动的板块开始，最后到最先启动的板块。一旦最先启动的龙头板块无法维系上攻，则意味着股价上攻行情结束。

四、WHAT：拉升对象（龙头）

龙头股肯定来自最有故事或题材的板块，但未必一定是板块内的明星股或者超级绩优股。对于想要短线拉升的主力来说，基本面并不重要，相反，一些基本面很差但具备相关概念的股票，更容易成为主力青睐的标的股。

一般来说，可能成为主力攻击目标的股票，大都具备这样 3 个特点。

第一，题材要符合。这是前提条件，有些热门龙头可能不是特别贴切题材，但至少要带有明显的题材概念。

第二，盘子大小要合适。先前主力资金操作的对象多为小盘股，可是随着主力资金量逐渐增加，很多主力资金拉升的股票也逐渐大型化。毕竟盘子过小，会让这些“大资金”的转换空间变小。

第三，机构资金占比较小，甚至没有介入的股票。一般来说，游资攻击的股票，大多没有机构资金驻守，或者这些机构资金短期不会卖出股票。若游资一拉升，机构就出货，这些游资肯定无法完成操盘目标。因此，在拉升股票方面，主力资金往往都存在这样的默契，尽量不碰那些机构控盘较高的，或者先前有主力坐庄的股票。其实，这也是很多基本面不佳股价却获得拉升的原因。

五、WHEN：何时拉升（拉升时机）

拉升时机，是主力提前规划好的。当然，突发利好消息，很多游资仓促进场拉升的除外。

通常情况下，顺势拉升往往会更加容易。正因如此，在大盘上涨时，往往会出现百花齐放的态势。整个市场出现强大的赚钱效应，会有很多新散户资金入场，主力寻找接盘对象也会容易很多。相反，在逆势环境下，很多交易者都有赚了钱就跑的心理，此时主力拉升往往很难持续，更容易失败。

同时，主力在拉升股价前，肯定已经掌握了一定的仓位。拉升过程中，需要耗费很多资金，从投资收益的角度来看，拉升阶段耗费的资金量永远是越少越好。顺势情况下，无疑可以节省资金消耗，这也是很多主力选择顺势拉升的原因。

六、HOW：如何拉升（拉升方式）

主力拉升股价有多种方式，每种方式都是主力资金运作所需要的。

1. 直线拉升

直线拉升，即在利好消息刺激下，股价直线上攻，根本不给其他散户入场的机会。当然，这类股票的上攻一旦停止，往往也意味着股价上攻行情终结。

下面来看一下泰林生物的日 K 线走势情况。

如图 1–2 所示，2021 年 7 月 19 日，泰林生物的股价突然启动大幅上升行情，股价 K 线直线拉升。对于普通散户来说，只有 7 月 19 日存在入场机会，其后，该股股价直接以一字线拉升，这就让散户无法入场。到了 7 月 22 日，散户终于有了入场机会，但主力绝不会对散户发善心的，此时打开涨停板，不过是为了吸引散户接盘。

2. 中继拉升

中继拉升，即股价直接以一字线启动，连续拉升几个交易日（一般不超过 3 个）后，出现短暂的修正，然后再继续拉升。这种拉升主要是主力资金先前没有过多介入，又担心其他资金抢筹，于是在利好消息来临时，直接以涨停板形式拉升并吸筹。中途修正过程往往是主力的一次补仓，或者新主力入场的机会。此后的拉升，主力往往会采取边拉升边派筹的方式进行，毕竟股价上升幅度较高了。

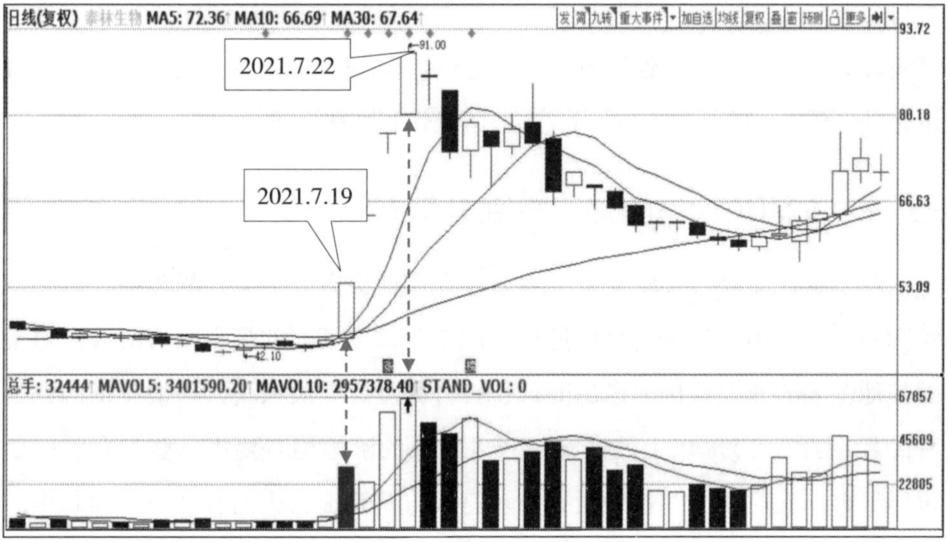

图 1-2　泰林生物（300813）日 K 线走势图

下面来看一下珠江股份的案例。

如图 1-3 所示，2021 年 4 月 27 日，珠江股份的股价走势是很平稳的。4 月 28 日，该股发布公告，业绩大幅增长，当天股价直接以一字线封住涨停板。

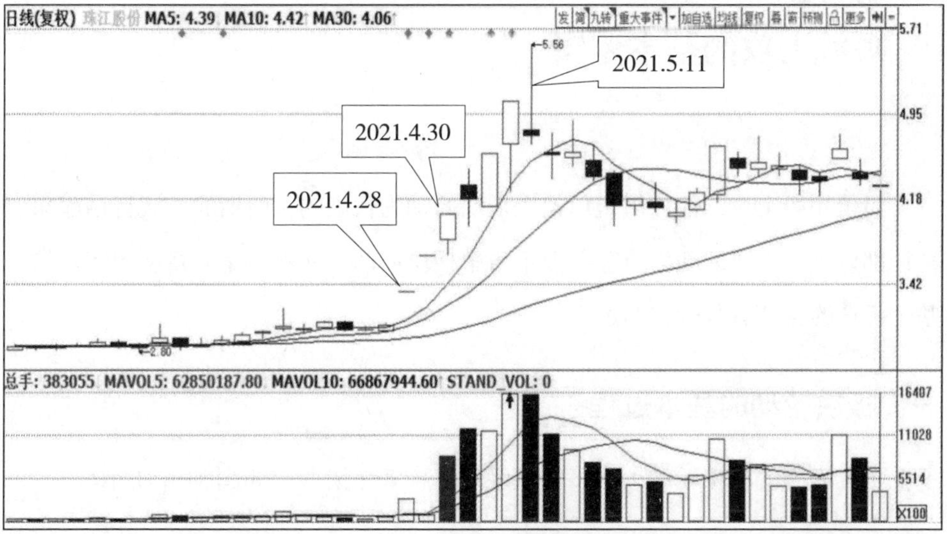

图 1-3　珠江股份（600684）日 K 线走势图

次日，股价再度以一字线封板。4 月 30 日，股价高开并以涨停收盘，很多资金其实就是当日入场的。此后股价小幅调整后，再度启动上攻。5 月 11 日，股价没有封住涨停，开始下跌，至此，该股阶段性的拉升终结。

七、HOW MUCH：拉升多少（拉升幅度）

对于拉升幅度，一般来说，主力在介入前会有一个大致的预估，只是在实际操作过程中，也可能会根据环境的变化做出适当的调整。有时候，也会因其他主力的介入或提前撤出而调整拉升幅度。一般来说，一波行情的龙头股，肯定会有 50% 以上的涨幅，跟风股票的涨幅相对要小一些。有些股票可能只有一次启动，并且还没有成功打板，这是因为先前有主力被套其中，此时借助利好出货造成的，这也是很多炒股图书中都提及的炒股要炒大龙头的原因。

第二节
短线上攻的基本逻辑

股价短线上攻，往往都是以整个板块启动为代表的。所谓的一波行情起来，往往都以某一板块启动为特征。但是各个板块启动，又不是毫无章法和逻辑的，整个板块的轮动有其内在的逻辑。

一、板块轮动的基本过程

一个完整的板块轮动，大多需要经过这样 5 个阶段，如图 1-4 所示。

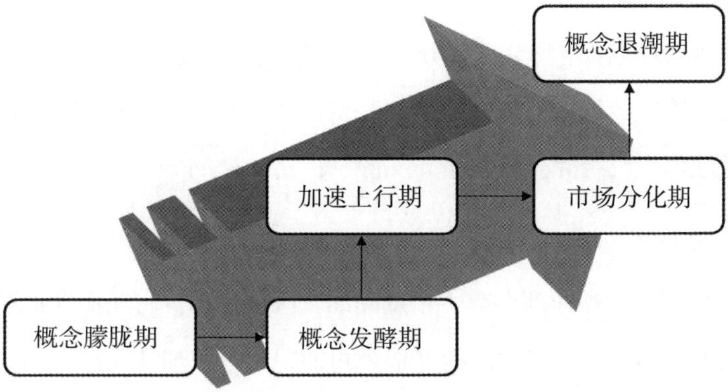

图 1-4　板块轮动的 5 个阶段

1. 概念朦胧期

某个概念开始出现，市场上也就只有一两只该概念的核心股票出现了大幅上攻。整个概念的其他股票即使有上涨，涨幅也很小，因为这时很多散户对该概念还不甚理解。其实，这时候往往是主力开始大力建仓的时期。

2. 概念发酵期

在该阶段，由于率先启动的股票已经连续上攻，整个市场对该概念开始警觉起来，相关板块和个股开始逐步启动。这个时候，很多未来的龙头也可能开始现身，交易者此时应该寻找那些量价配合较佳的投资标的。很多先期启动的股票，在该阶段也会出现大幅振荡。成交量异常放大的股票，交易者尽量不要介入。

3. 加速上行期

从本质上来说，该阶段往往是股价上升速度最快、上涨幅度最大的一个阶段。很多板块龙头股的股价翻番，都是在此阶段完成的。该阶段，与炒作概念相关的板块都出现了较大幅度的上攻，市场赚钱效应凸显，很多散户开始涌入相关概念板块。该阶段是股价上涨幅度最大，相对而言也是最为安全的一个阶段。

4. 市场分化期

过了普涨阶段后，市场会出现分化。很多与概念相关的板块的股票开始回落。龙头股在这一阶段一般还能保持坚挺，甚至在调整后出现新的上攻行情。此时，市场上的关注焦点已经完全聚焦于龙头股。

5. 概念退潮期

无论哪种概念，炒作都会有一个退潮期。区别在于，有些概念在退潮期来临前会经历几波加速上涨与分化。有些概念可能只有一波加速上涨，然后就进入了退潮期。总之，对于主力来说，如何快速将手中筹码兑现，才是他们最关注的。主力持仓情况不一，退潮的形式也有所不同。若在上攻阶段存在多主力抢筹的情况，那么在退潮阶段，有可能引发多主力争相出逃，导致股价出现连续大幅下挫的情况。反之，若只有一家主力坐庄，那么在退潮时，主力可能会采取更加从容的高位振荡方法来完成出货。

另外，从以往的概念炒作情况来看，若一个概念经历了完整的 5 个炒作阶段，那么炒作往往能够获得较佳的持续性，股价上升持续时间较长，上升的幅度也会较大；反之，当一个概念启动初期就出现了快速发酵，并出现概念板块普涨的情况，其持续性往往较差。

二、龙头股，整个行情的“旗帜”

“炒股就炒大龙头”，这是很多资深短线交易者的共识。这里对龙头股进行简单的分析，交易者就能够看出这句话是非常有道理的。

人们常说，“短线重势不重价”，其实这是对散户选股而言的。若站在主力的角度来看，就需要为散户营造一种股价上升的“势”。只有“势”起来了，散户才有参与交易的意愿，主力也才能有机会兑现手中的筹码。塑造“大龙头”，是主力资金在每一波或每个热点题材炒作过程中经常做的事情。

一波行情起来后，普通的跟风股有个 30% 的涨幅就非常不错，而大龙头的涨幅超过 100% 的比比皆是。

按说大龙头涨幅最高，肯定也是最危险的一个品种。其实不然，只要找对了大龙头，不仅炒作不危险，反而可能是非常安全的。这主要是基于以下 3 个原因。

第一，大龙头是一波行情中的“旗帜”，也是一波行情中较早启动的股票。大龙头不一定是行情中最先启动的，但一定是较早启动的那批股票中的一员。因为较早启动，涨幅往往是非常可观的，这也使得很多散户对其“望而却步”。

第二，主力需要大龙头带动其他股票上涨，因而大龙头往往总是最先封住涨停板。经常操作涨停板的交易者知道，封涨停板的时间，往往反映了主力的做多意志和实力强弱。一天中，最先封住涨停板的股票往往最为牢靠；相反，进入下午时段才封住涨停板的股票，则存在“炸板”的可能。

第三，主力需要反复拉升大龙头，以激发整个市场对其炒作板块的信心。若大龙头过早倒掉，则可能导致市场人心涣散，主力后面就没法继续操作了。正因如此，大龙头往往是整个板块炒作过程中最后退潮的股票。

三、量价配合，短线上攻的基础

量在价先。股价上升，成交量同步上升；股价下跌，成交量萎缩。这是股价运行过程中的一种良性量价形态，也是股价能够继续上攻的保证。不过，在短线交易中，量价配合是需要辩证解读的。

第一，缩量与放量都是相对的概念。某一阶段股票交易活跃，成交量整体水平较高，股价缩量后的量柱可能会远高于交易不活跃时期放量的量柱，但此时仍需按照缩量来解读。

第二，成交量柱的出现是买卖双方交易的结果，不可能只有买盘或卖盘，因而成交量越大，越说明多空双方在股价未来走势方面存在分歧。股价大幅拉升后，必然会有很多交易者认为股价无法继续上升，从而卖出股票，所以成交量放大就是必然的。反之，若股价拉升时，市场上大多数交易者认为股价将会继续拉升，那么成交量就会出现萎缩情况，这也是一字涨停板的成交量往往很低的原因。

第三，股价突破阻力位时，一般都会要求成交量放大相配合。这主要是在阻力位通常会有一些套牢盘，这些套牢盘等的就是解套的那一天，一旦股价来到这一位置，这些套牢盘就会蜂拥而出。因此，要想股价继续向上拉升，成交量必须持续放大，放大到足以消化掉前期套牢盘才行。

第三节 打破散户的原有思维模式

从主力的角度来看，拉升也好，调整也好，都是为了吸引散户在高位入场的。从散户的角度来看，能够让其入场的条件，主要是在保证安全的前提下追击强势股。至于何为保证安全，何为强势股，则是各有各的看法。

一、散户典型思维：犹豫、恐慌与患得患失

正是因为散户具有固化的思维，主力在拉升股价时才能做到游刃有余。下面来分阶段解析散户的心理变化，如图 1–5 所示。

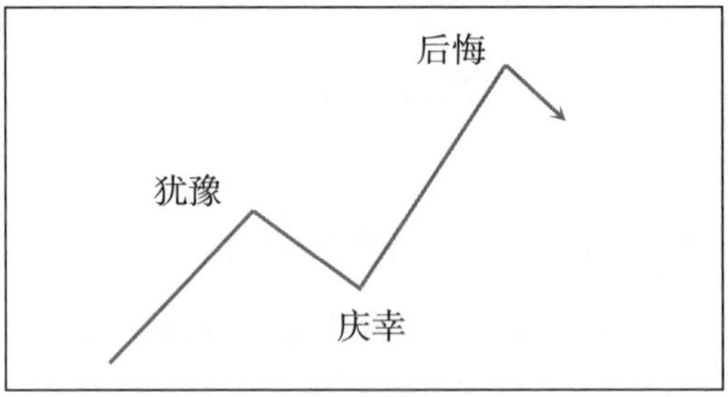

图 1–5　散户心理变化

1. 犹豫

主力为了让股价快速脱离成本区，第一波拉升总是非常干净利落，不给散户思考和反应的机会。对于散户来说，股价刚启动时，肯定没有任何心理准备，待股价起来后，就会陷入犹豫和矛盾之中。毕竟，股价能否继续维持上攻，这是谁也说不准的，所以面对股价上涨，很多散户会继续观望。就在散户犹豫观望时，股价可能直接产生了 20% ～ 30% 的涨幅。

2. 庆幸

股价经过快速拉升之后，势必会进行调整。调整的时间和幅度，与主力的持仓情况密不可分。一般来说，股价拉升前，若主力持仓量较大，此时的调整幅度可能会比较大，主力会想办法让很多持股意志不坚定者下车。反之，股价拉升前，若主力仓位较轻，主力往往会采用大幅横向振荡的方式调整，以利于继续吸收低价筹码，同时也可以防止其他主力资金入场抢筹。

此时，很多先前没有入场的散户会感到比较庆幸，感觉自己没有入套是很明智的选择。先前持仓的交易者，则会趁此机会获利了结。

3. 后悔

股价经过一波调整，主力达成休整目标后，会立即重新启动拉升。此波段的上攻与之前的上攻完全不同，尤其在上升的后期，成交量会随之放大很多。从表现上来看，这是给了交易者入场获利的机会，但从主力的角度来看，拉升与出货往往是同步进行的。

从散户角度来看，第 3 波启动初期，往往充满了后悔情绪。而到了上涨后期，看到有机会入场后，又抱着赌一把的心理进入，结果被套在高位。

二、学会站在主力角度考虑问题

主力采用的各种战法或策略，从本质上来说，就是利用了散户思维中的弱点。

因此，散户要想在股市中生存，就必须站在主力的角度反向思考问题。在操盘过程中，主力要实现的目标无非以下 4 类。

第一，通过快速拉升股价，让散户心生恐惧。

主力在股价启动初期就进行快速拉升，就是为了让散户心生恐惧而不敢入场。在短短几个交易日，股价连续拉出涨停板，普通散户很少有敢参与其中的，这也是主力要达到的目的。其实，从股价启动前的成交量就可以看出一些端倪。若股价启动前并未进行大量的换手，则此时的拉升无疑后劲十足，交易者可以考虑在第一个一字板后跟进买入。反之，若之前成交量已经非常大了，那么此时再入场就会非常危险。

第二，通过赚钱效应，吸引散户入场。

主力派筹阶段的拉升，与之前的拉升完全不同。此时的股价虽然经常出现涨停板，但封涨停的时间往往比较晚，且当日成交量也比较大。主力持仓量越大，这种走势持续的时间可能越长。这主要是因为主力意图通过赚钱效应吸引散户入场，顺利地将手中筹码兑现。

主力不会发善心，平白地送给散户挣钱的机会。主力边拉升边派筹，就是为了能够将手中的筹码顺利地交给散户。反之，若是股价下行，主力再想派筹就不容易了。换句话说，除非遭遇黑天鹅事件，否则主力更多地是通过拉升股价来派筹的，少有打压式派筹，因为打压式派筹很容易使股价跌停，那时就谁也出不去了。

第三，通过大幅振荡，逼散户交出手中筹码。

洗盘阶段，主力往往会采用非常凶狠的打压方式来清洗浮筹。越是时间紧迫，可能打压越凶狠，这也是急速上攻的股票，回调力度往往非常大的原因所在。主力要想继续拉升股价，就必须将市面上的浮筹清洗出去，哪怕只是从一个散户倒手给另一个散户，对主力而言也是非常有利的。新入场的散户通常有更高的盈利预期，他们不会在主力拉升时外逃。

对于持仓的散户而言，出现大幅调整时持仓观望即可，只要股价没有跌破止损位，就可以继续持有；反之，对于空仓的交易者来说，此时往往是入场良机。当然，入场前需要对股价上升高度和成交量情况有所认识。只要拉升后没有大规模放量，就可以考虑入场。

第四，通过不断拉升，让散户心存希望。

股价进入高位后，主力若在拉升阶段没有完成派筹，往往会通过让股价在顶部振荡的方式完成出货。因为此时股价已经进入高位，若股价反向下行，肯定不会有散户愿意入场接盘。反之，若通过不断地振荡，连续尝试向上突破，让散户觉得股价此时的振荡就是主力在进行洗盘，未来股价还将上行，那么散户入场的意愿无疑会大增。其实，这也是股价在顶部区域常常形成三重顶、头肩顶等形态的原因，本质上都是主力为了顺利出货刻意制造出来的。

三、构建独立的短线思维体系

短线交易必然伴随着较高的收益与风险，若要长期进行短线交易，需要通过长期的摸索，建立符合个人特点的短线交易思维。

以下都是交易者每天需要完成的功课。

第一，复盘。这是短线交易者必做的功课。每天收盘后，交易者需要统计和分析当天的涨停股和跌停股，寻找涨停板块的共性和特点，判断相关概念是处于发散阶段还是退潮阶段，等等。

第二，不断总结失败的教训。短线交易中，失败的教训比成功的经验更可贵。每次交易失败，交易者都需要找出自己失败的原因。同样的错误决不能犯第二次，毕竟每次损失的都是自己的血汗钱。对于散户来说，失败次数过多，本金损失过多，要想东山再起，就会变得非常困难。

第三，找准时下热门的题材。在牛市或振荡市中，很多热门题材都会被反复炒作，交易者可以通过每日复盘统计当日的热门题材，特别要重点关注刚刚启动的题材。一些新启动的热门题材未来能否持续，也是交易者需要关注的。换句话说，短线交易要围绕那些新展开的且能够持续的热门概念进行。

2021 年 8 月下旬，两个新兴概念——“工业母机”和“专精特新”开始在市场发酵，很多相关股票接连出现异动。在这类概念启动初期和发酵阶段，往往是散户最佳的参与时机。华中数控是“工业母机”概念的龙头股，其在启动初期，其实也给了散户很多入场机会的，如图 1-6 所示。

2021 年 8 月 20 日，工业母机概念开始显现，华中数控也随之启动了上攻之路。由于华中数控属于创业板股票，其涨停幅度为 20%，因而该股达到涨停板位置非常不容易，这给很多散户提供了入场机会。

其实，在这波行情启动初期，交易者是有很多参与机会的。

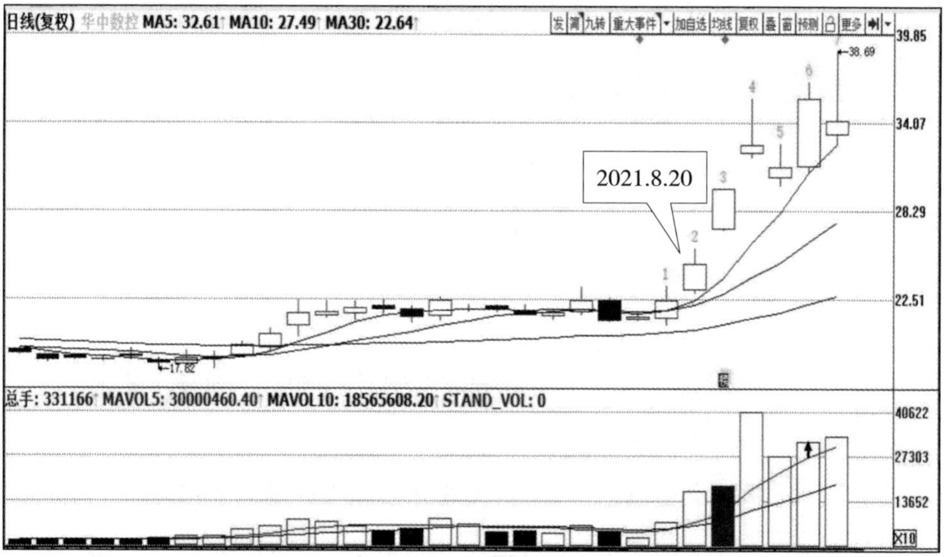

图 1-6　华中数控（300161）日 K 线走势图

第二章

如何成为短线交易高手?

熟悉主力的操作方法，并不意味着就一定能够在短线交易中成为赢家。毕竟，短线交易是一个高风险的交易活动，稍有不慎，就可能遭受非常大的损失。因此，在短线交易中，原理、技术、心态与纪律缺一不可。

第一节 精通短线交易原理

短线交易，从本质上来说，就是利用股价短期波动来获利的一种交易方法。股价因交易者的交易行为而产生波动，从中可以看出股价波动背后的 2 个原因：其一是根本原因，即交易者的判断；其二为直接原因，即资金的流动。

一、捕捉波动：重势不重价

短线交易本身是一种股票的投机交易，从某种意义上来说，短线投机是很难与投资联系到一起的。可事实上，从股市诞生的第一天开始，投机就是推动股市发展的核心力量。试想一下，如果股市中只有投资而没有投机，成交将会多么清淡，市场将会多么无趣，股票市场也许早就关门大吉了。

既然是投机，就要寻找有利可图的机会，这种机会只会在股价的波动中产生。从“捕捉波动”的角度来看，在交易过程中需要把握以下 2 点。

第一，高波动股票成为首选。交易者需要利用波动获得收益，只有波动大的股票，才能带来大收益。因此，短线热门概念股，短线强势股，都可能成为交易者重点关注的对象。本书后面讲述了很多短线交易技术，从本质上来说，就是为了帮助交易者识别具有高波动性且已经进入攻击位置的股票。

第二，很多股票在启动初期波动相对较小，股价进入高位后反而开始大规模剧烈波动。不过，在交易过程中，很多散户对股价较高的股票，特别是股价短线创新高的股票有一种本能的“恐惧”。其实，回顾那些短线大牛股可以发现，很多股票呈现出牛股特征都是从股价创新高开始的。换句话说，若股价短线处于上攻趋势，这种态势没有改变，交易者就不应该因为股价高而放弃这类股票。

下面来看一下华辰装备的案例。

如图 2-1 所示，自 2021 年 8 月 19 日开始，工业母机概念开始发酵。华辰装备作为工业母机概念的大龙头，连续启动上攻走势。在上攻过程中，股价 K 线不断创出新高，几个交易日即完成股价翻番的“壮举”，这种高股价也确实让很多散户“望而却步”。

二、交易者的判断：从众心理

散户有一个致命弱点，那就是从众心理。其实，很多主力所利用的，就是散户的这种心理。

一般来说，股价刚刚出现启动苗头时，很多散户都是无感的。其后，随着相

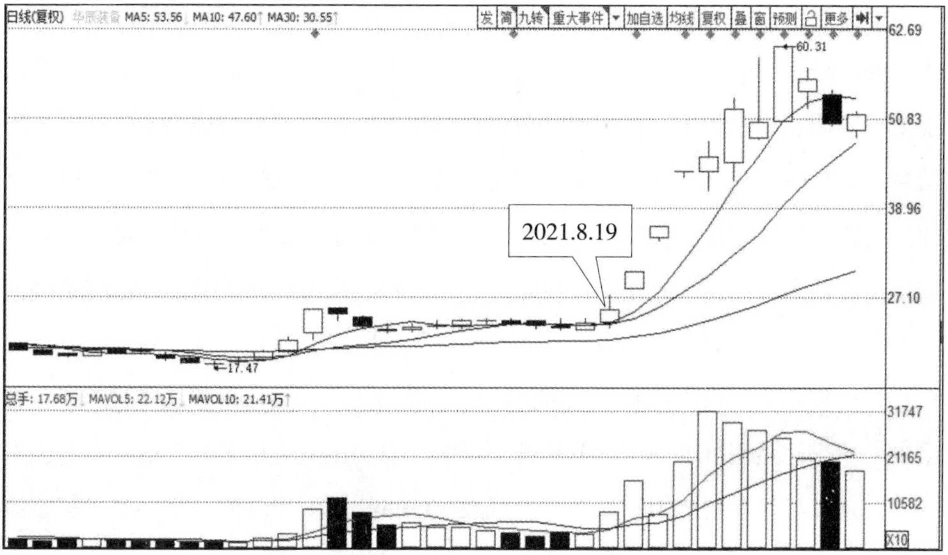

图 2-1 华辰装备（300809）日 K 线走势图

关概念被热炒，先知先觉的散户就会被吸引过来，从而为股价的进一步上涨输送资金。接着，股价进一步走高，市场赚钱效应开始发散，越来越多的散户被吸引进来，以至于市场上的散户到处都在谈论这种热门概念，这就表明这种概念已经被热炒到头了。在整个市场都被炒作热情所感染时，就有一些资金开始尝试撤出这一领域。

总之，优秀的短线交易者都是善于利用市场心理的高手。在大众情绪没有被调动起来时，入场；在大众开始进场时，推一把；在大众热血沸腾时，离场。

三、资金的流动：追随钱的踪迹

借助图表工具，追随钱的踪迹，是短线交易的最佳选择。股价的上涨，都是由资金流入而推动的。无论主力如何遮掩，这些流入的资金都会在图表上有所显现。

炒股时，很多交易者喜欢查看一只股票的基本信息，如每股收益、市盈率、市净率、净利润增长率等，然后根据这些信息做出买入或卖出决策。他们常常鄙视看技术形态炒股的人，认为那些图表都是骗人的。并不是说炒股不应该看基本信息，但是作为短线交易者，至少不应该过多地关注这些信息。因为这些信息支撑的是股价的长期走势，并不能反映股价短期的变化。那么，短线交易者应该将哪些信息作为自己买入股票的标尺呢？答案是钱。投资时，只有追踪钱的足迹，才能实现短线操盘获利。

众所周知，股价上涨或下跌都是由资金推动的。当买入资金过多时，资金就会供大于求，从而推动股价节节攀升；反之，当卖出资金过多时，资金就会供不应求，从而导致股价连连下跌。当一只股票的价格将要启动时，必然会有资金流入，这时交易者可以追踪钱的足迹买入该股；当该股上涨到一定幅度时，必然会有资金流出，这时交易者就可以跟随钱的足迹卖出股票，这样就完成了一个简单的短线操作过程。

追踪钱的足迹，并不是一件容易的事。为了能够清楚地记录钱的足迹，各种技术分析方法和技术指标应运而生，成交量分析就是一种最简单、最有效的分析方法。

下面来看一下天合光能的案例。

如图 2-2 所示，从 2021 年 5 月下旬开始，天合光能的量能节节攀升，同时股价也逐步上涨。这说明该股有大量的资金持续流入，未来股价还将进一步上涨，交易者可以追随资金的足迹，买入该股。

追随钱的足迹，但钱不会说话，只有图表才会说话。一张成交量图表可以清晰地反映出钱流入或流出的方向，所以对于短线交易者来说，成交量图表是必须掌握的投资分析工具。

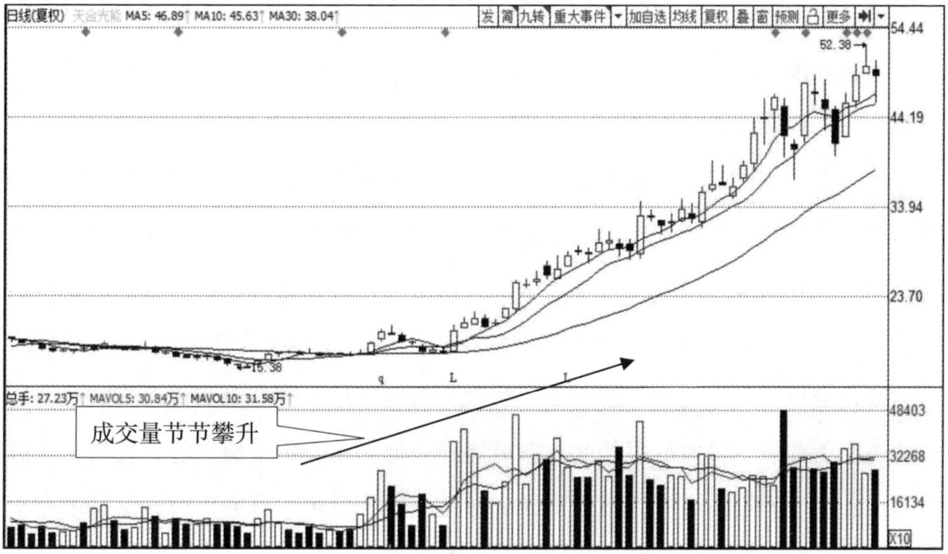

图 2-2　天合光能（688599）日 K 线走势图

第二节 掌握短线交易技术

短线交易与长线投资不同，交易者需要预测股价的短线走势，而预测的根据主要是各类技术分析工具和方法。对于技术分析工具和方法，很多交易者存在一定的误解。

一、技术分析工具有没有用？

谈到技术分析工具和方法，大家第一个反应永远都是：这个工具到底好不好用？如果好用，就会有很多人用，那么这些人都赚到钱了吗？

这确实不是容易回答的问题。若说技术分析工具有用，确实有很多人用了之后没有赚到钱。反之，若说技术分析工具没有用，又确实不公平，毕竟有很多人借助这些工具赚到钱了。

为何会有这种区别？究其原因在于，技术分析工具是死的，而人是活的。不同的人看见技术分析工具发出的交易信号，可能会做出完全不同的交易决策。这就如同问一个领兵打仗的将军“兵法是否有用”一样，若说兵法有用，还是有很多读了兵法的将军打败仗；若说兵法没有用，有些将军学了兵法以后更会打仗了。

技术分析工具在股市中的意义，就像兵法在战场上的意义一样。将技术分析工具研究透彻了，确实可以帮助大家更加准确地判断股价走势，但这只是大家最终盈利的一个因素。毕竟，市场上研究和应用技术分析工具的人很多，关键在于活学活用技术分析工具，而非机械地照搬照抄。

二、技术分析的关键：突破点

突破点，在短线交易中，特指那些能够使股价运行趋势发生改变的关键点。一般来说，这些关键点包括股价运行趋势的转折点，股价上涨或下跌加速的拐点，股价向上或向下完成对某一阻力位或支撑位突破的点，等等。总之，突破点的出现，预示着股价将会进入新的运行趋势，这也是股价短线技术分析的关键所在。诸多技术分析工具的产生与应用，从短线角度来看，就是为了帮助交易者找准这些突破点。本书后面讲解的很多短线技术分析方法与技巧，也是从寻找突破点入手的。

一般来说，寻找突破点需要借助这样 3 类工具。

1.K 线

K 线是股价走势分析最直观的图表工具，也是经过证明最有效的反映股价运动的技术分析工具。K 线对一些关键价位的有效突破，尤其值得关注，如整数价位、缺口位置、前期高点和低点等。

2. 成交量柱

量价的协调，是研判股价突破成功与否的关键。很多情况下，为了引诱散户，主力故意假突破某些重要阻力位，待散户追涨入场后，再反手向下打压。不过，主力诱多形成的突破，成交量势必非常有限；反之，多数有效的突破，都会伴随着成交量的放大。毕竟，一些重要阻力位都有大量的套牢盘或获利盘等待离场，一旦股价突破该位置，就意味着后面的主力已经做好了吸筹的准备，成交量柱自然高企。

3. 技术指标

技术指标也是交易者使用较多的、判断股价突破有效性的分析工具。目前，市场上常用的技术指标有很多，包括均线、布林线、MACD 指标、KDJ 指标等。识别短线交易信号时，这些指标都有一定的可取之处。但交易者必须懂得活学活用，千万不能机械地使用，以免落入主力设下的圈套。

三、技术分析的强化：多方佐证

实战中，通过多种技术指标或者同一指标不同分析周期进行组合研判，可以提升交易信号的有效性。

比较典型的操作方法，包括以下两种。

1. 利用不同周期的技术指标相互佐证

正常情况下，股票交易软件给出的 K 线图都是以日为分析周期的。为了提升信号的有效性，交易者可以将日 K 线切换为周 K 线或 60 分钟 K 线。若这 2 个周期 K 线同步发出买入信号，无疑可以增强买入信号的有效性。

K 线可以用这种方法相互佐证，其他技术指标也可以。

2. 利用不同的技术指标相互佐证

在股票交易软件的 K 线图界面，一般会默认给出均线、成交量、MACD 指标。为了提升技术指标的准确性，交易者可以将 MACD 指标切换为 KDJ 指标、布林线指标或其他指标。若这些技术指标在某一时段同步发出买入或卖出信号，无疑可以增强交易信号的有效性。

第三节
修炼短线交易心态

对于很多短线交易者来说，“心态关”是最难突破的一个关口。股市本来就是一个充满机遇与风险的场所，其中短线的风险是最大的。尽管 A 股市场设置了涨跌停板制度，但很多股票的股价在一日内仍有很高的波动性，这无疑考验着短线交易者的心态。

一、胜不骄，败不馁

交易者进行短线交易，成功与失败都是常有的事。一次交易结束后，必须迅速封存这次交易记录，将精力集中于下次交易，不能因为此次交易的成败影响下一次操盘。

“当你因为错过太阳哭泣的时候，你还将错过星星。”短线交易就是如此。交易出现亏损时，很多交易者往往会对市场产生一定的畏惧心理。市场发出买入信号时，不敢大胆买入；最佳买入时机错过后，又要买入股票，这样操作，只会增加一次失败交易记录。

那么，普通交易者应该持有什么样的心态呢？

很多交易者都有这样的经历，模拟操盘时，往往能将自己的交易技术、交易战术发挥得淋漓尽致，而在真正的交易中，这些交易技术、交易战术就不起作用了。市场是一样的市场，规则是一样的规则，为什么会有这种区别呢？因为模拟操盘时使用的钱是虚拟的，真正操盘时用的钱却是“真金白银”。

一个在股市中磨砺数十年的交易者曾经这样说过：“当你准备用钱买入股票时，应该想到这些钱已经不再是自己的了。只有这样，你才能更好地、更熟练地操盘。”

其实，这位交易者的话揭示了模拟操盘成功与真实操盘失败的原因。也就是说，交易者要想操盘成功，首先必须摒弃“钱”的概念，将投入股市的钱看成一系列的数字。只有这样，才能确保自己交易战术的发挥不受主观因素的影响。

二、要有一颗“大心脏”

交易者进行短线交易，一定要选择短期内股价波动较大的品种。所谓股价波动较大，就是股价可能大幅上涨，也有可能大幅下跌。这就要求交易者调整好自己的心态，无论股价上涨还是下跌，都要保持一颗平静的心。

下面先来看宏达股份的日 K 线走势图，如图 2-3 所示。

交易者手中如果持有图中所示的宏达股份股票，且在 2021 年 7 月 30 日该股开始下跌时没有及时抛出，是否会有恐惧的感觉呢？该股在几个交易日内下跌了近 30%，这可能会让很多持有该股的人陷入恐慌。随后，该股股价连续上攻。8 月 27 日，该股股价很快向上突破了 7 月 30 日的高点，并出现了较高的溢价。

在追涨杀跌过程中，交易者可能会遇到很多这类过山车行情。股价一波下跌可能会让交易者损失惨重，但其后又可能很快收复失地。这就要求交易者必须有一颗“大心脏”，这样才能从容应对股价短线的波动。

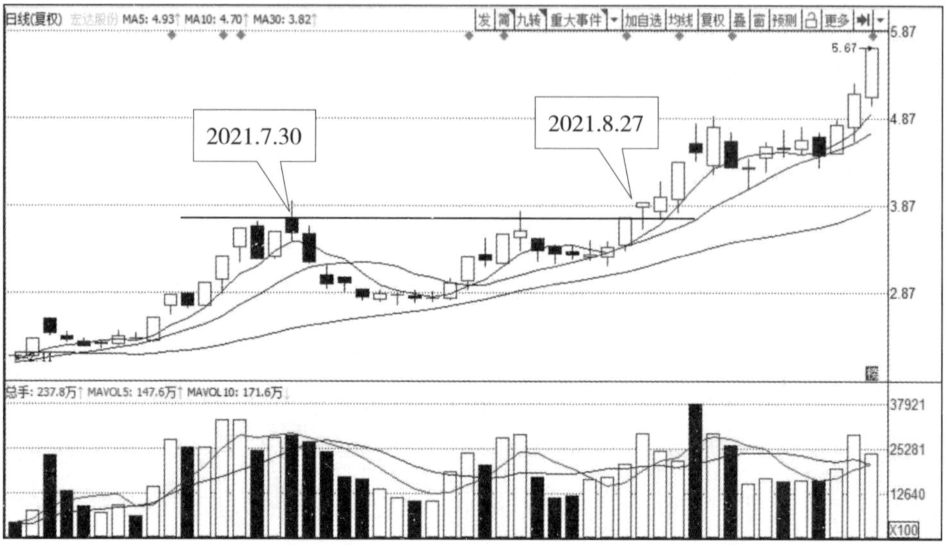

图 2-3　宏达股份（600331）日 K 线走势图

三、有时失败比成功更重要

一个人什么时候学到的东西最多呢？答案应该是经历失败之后。一个人如果做成了一件事，做事过程中的很多失误就会被成功的光环掩盖起来，从而难以发现自己的不足。如果做事出现了失败，做事过程中的诸多失误就会显露出来，这样就可以通过自身的改善和提升减少失误的发生，从而更好地完成未来的工作。

有这样一个故事。

有一位在股市中征战多年的股票操盘手某一天宣布要退休了，由于他一生的交易成功率非常之高，投资收益也非常多，于是就有很多人跑来向他请教。“您的交易技术是怎么学到的呀？”有人问了他这样一个问题。他淡淡地回答：“失败中！有时失败比成功更重要。”

在场的很多人大为不解。于是，他从抽屉中拿出了一个日记本。在这个日记本中，详细记录了他每次操盘失败的经过，包括失败原因、损失金额、未来行动计划等。

失败有时比成功更重要，这就是故事中这位操盘手告诉大家的成功经验。很多人畏惧短线操作，因为这样操作风险极大。其实，不妨可以这样思考一下：操作一只股票时，不外乎有2个结果：一是盈利，一是亏损。盈利时，当然应该高兴，因为获得了收益；亏损时，其实也不应该悲伤，因为你获得了一次失败的教训。有了这次失败，后面可能会有更多的成功。

四、该罢手时且罢手

一年分四季，一天有早晚。会休息的人，才是会工作的人。并不是所有的时间都适合做交易，尤其是操作短线。一个优秀的短线交易者，一年中交易几次就可以了。有的交易者不停地进行交易，最后不仅没有盈利，还出现了大量亏损。

该罢手时且罢手，是说一个人做事时，应该停止的时候，一定要停下来，不能没完没了地做下去。交易者操作股票时，也有“该罢手”的时候，有时需要停下来休息一下。

一般情况下，这种“应该罢手”的情况包括以下4个。

1．交易连续出现亏损时

交易者如果连续几次出现交易亏损，就应该先停止交易，休息一段时间，调整一下心态。等心态调整过来了，再考虑参与交易。

2．大盘行情恶化时

大盘行情恶化时，个股能够发动上涨行情的概率是很低的。此时，聪明的交易者往往会选择罢手，避免交易，这能有效地避免亏损。

3．交易者很难看清行情方向时

一般情况下，交易者都是根据自己对行情的预测来买入股票的。当自己很难看清行情方向时，最好选择退出。只有这样，才能保证自己的投资不受损失。

4．交易者身心疲惫时

虽然投资不是一项体力劳动，但会耗费人的大量精力。进行交易时，行情每时每刻都在变化，这需要交易者精力高度集中。当交易者感到身心疲惫时，一定要先退出交易，好好休息一段时间，之后再进行交易。

五、不为失败找借口

“只为成功找方法，不为失败找借口。”这是人们最喜欢鞭策自己的话。同样，这也是交易者应该遵守的一项投资准则。很多交易者都有这样的经历：当自己的某次投资出现亏损时，往往将其归咎于某些客观原因，从来不检讨自己的失误。这样做的结果是，在错误的道路上越走越远。

在投资的道路上，每个人都可能面临失败与挫折，成功者与失败者的最大区别在于：成功者能正视自己的失败，并努力想方设法弥补自己的失误；失败者却总想掩饰自己的失误，为自己的失败寻找各种各样的借口。

一个优秀的短线交易者，首先应该是一个敢负责的人，尤其是敢为失败负责的人。作为一个普通交易者，如果能够做到从来不为失败找借口，那就在成功的道路上迈出了非常重要的一步。

第四节 训练短线交易“盘感”

“盘感”本身是看不见、摸不着的，但在短线操作中非常重要。“盘感”不是一天形成的，也不是靠几种技术分析工具或方法就可以得到的，而是在日积月累中逐渐训练出来的。

一、“眼”——日常看盘训练

盯盘是盘感训练中非常重要的一环。交易者需要根据自己的观察，及时做出预判，然后再根据股价实际走势与自己预判存在的差异进行综合分析，找出产生差异的原因。

在日常盯盘过程中，尤其要注意以下 3 个方面的内容。

1. 从分时盘面来看分时线与成交量线的关系。成交量与股价的配合，是整个股价走势研判的核心。因此，在日常盯盘过程中，交易者需要密切关注成交量线与分时线的配合关系。

交易者特别需要关注以下 5 点。

（1）股价线异动与成交量线的变动。股价线上冲或大幅下挫时，成交量线有无出现大幅放大的情况。

（2）股价线平稳运行过程中，成交量线有无出现大幅拉升的情况。

（3）股价线先行上攻或下挫后，成交量线有无开始大幅拉升的情况。

（4）成交量线急剧拉升后，股价线有无开始上攻或下挫的情况。

（5）利好消息刺激与盘中股价线、成交量线的变动态势。

下面来看一下通达动力的案例。

如图 2-4 所示，2021 年 9 月 6 日开盘后，通达动力的股价出现了振荡走低态势。股价分时线与成交量线同步走低，给人一种成交低迷的感觉。临近午盘时段，股价分时线突然大幅拉升，成交量线随之急剧放大。此时，交易者需要密切关注成交量线的放大与股价分时线上攻的形态，并预判这种上攻态势的可持续性。

2. 盘口异动与股价走势

在交易过程中，主力很可能会在盘口设置大买单（或大卖单）来实现诱多（或

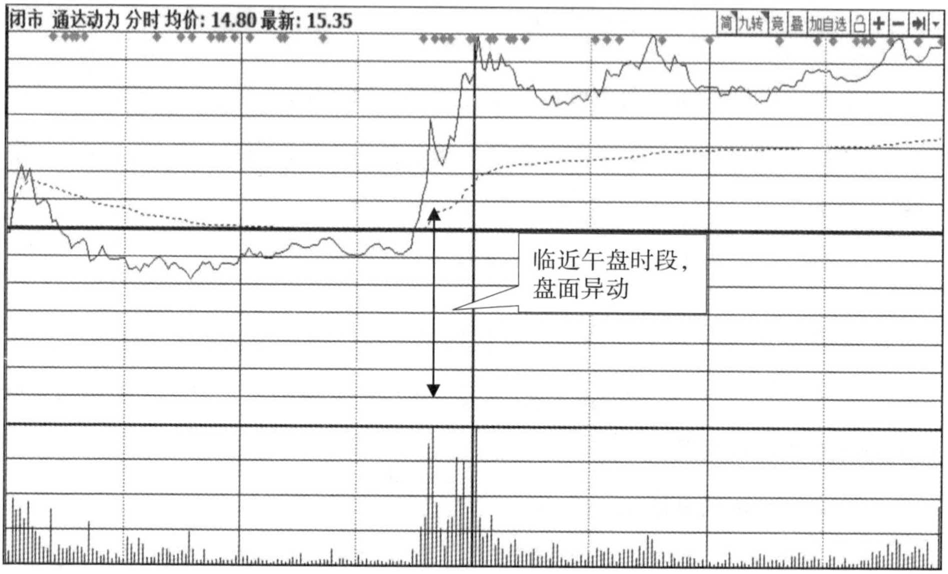

图 2-4　通达动力（002576）分时走势图（2021.9.6）

诱空）。因此，日常盯盘过程中，交易者需要重点关注这些异常大单。

交易者要重点关注以下 3 个方面的内容。

（1）股价重点关口出现的大买单、大卖单。

（2）股价上攻过程中出现的大买单、大卖单。

（3）大单是否出现反复被打压或吃掉的情况。

总之，盘口异动大多跟主力采取的某些动作有关，但并不意味着大买单与股价上升，或大卖单与股价下跌之间存在必然联系。交易者需要结合大盘和个股情况具体分析。

3.K 线形态与股价走势

从某种意义上来说，K 线形态对股价短线走势的影响可能会更大一些。因此，交易者盯盘训练必须重视对 K 线图的研判。

在日常盯盘过程中，交易者要特别关注以下 2 个方面的内容。

（1）K 线突破形态。对于短线交易者来说，股价中长期的波动并不重要，只要其具备短线突破的能力，就可以坚决地买入。

（2）K线与成交量的配合，也是交易者需要重点关注的内容，特别是股价K线对重要阻力位的突破，以及成交量变动情况。一般来说，股价K线完成对阻力位的突破，要有成交量放大相配合。但是，若成交量放大过头，可能会透支主力资金，未来股价走势堪忧。

下面来看一下湖北宜化的案例。

如图2-5所示，2021年7月下旬，湖北宜化的股价创下阶段高点后出现回调走势。到了8月中旬，该股股价重拾升势，并于8月13日突破了前期高点。观察该股K线与成交量形态可知，此时的突破属于温和放量，该股股价经过一波调整后，有望继续上升态势。

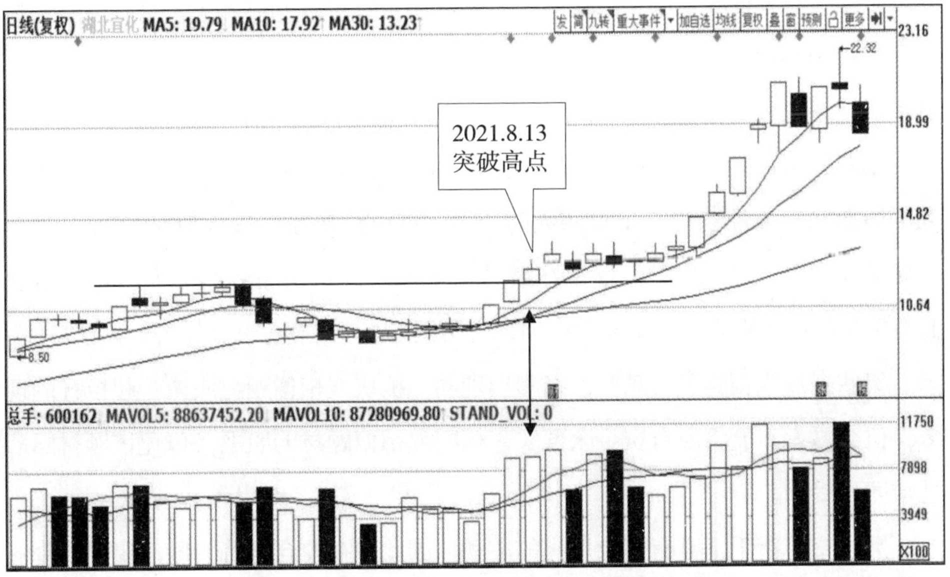

图2-5　湖北宜化（000422）日K线走势图

二、“手”——控仓交易训练

短线需要实时盯盘，但并不意味着需要实时交易。盘中时段，可能会多次出现交易者“期待”的股价运行形态。因此，对于短线交易者尤其是短线交易新手来说，控制交易冲动，保持合理仓位，防范资金风险，是一门非常大的学问。

一般来说，短线交易新手进行控仓训练，需要从以下 4 个方面入手。

第一，总仓位控制。短线交易是一种交易频率很高的交易模式，无论输赢，资金的流动性都比较强。很多交易者倾向于全仓进出，这种操作方法很容易将资金置于高度风险之中。押对赌注固然可喜，但一旦失误，就会增加资金风险。因此，在任何时候，短线交易新手都不要满仓，更不要全仓买入一只股票。即使行情极佳，也应该将总仓位控制在 75% 以下。同时，单一股票的持仓占比绝对不能超过 30%。

第二，根据大盘运行态势，动态控制仓位。短线交易受大盘波动的影响较大，因此必须实时掌控大盘的运行态势，并据此调整仓位：大盘处于上升态势时，持仓仓位可适当提升（不超过 80%）；大盘处于下跌态势时，仓位应该控制在较低水平（不超过 20%）；大盘处于动态波动行情时，仓位原则上不超过 50%。

第三，考虑到 A 股市场交易制度，特别是 T+1 交易规则的限制，即当日买入的股票当日不能卖出，早盘买入的资金不能超过当日拟投入资金量的 50%，一定要将超过 25% 的资金量留在最后 1 个小时。从历史经验来看，A 股常有 14:10 左右变盘的情况，交易者必须预先防范。

第四，短线强势股启动时，经常出现同一板块或相似题材股票一起拉升的现象，但交易者不能将所有资金全部买入相同或相似题材的股票，以免该题材回落造成同步受损。

短线交易新手，常有满仓进出的冲动。因此，在控仓训练阶段，要尽量降低每次进出的仓位，控制投资风险。

三、“心”——复盘与提升

复盘也是交易者盘感训练必不可少的一环。每天收盘后，交易者要做好以下

4 项功课。

1. 对比分析

盯盘过程中，肯定会形成一些对股价走势的预判，那么收盘后就可以检验自己的预判是否正确。最主要的是，通过对比探寻主力的真实意图，并且要站在主力的角度，尝试构思下一交易日的操盘计划。

2. 寻找强势股

每日收盘后，要将当日的涨停板以及封板不成功个股逐一进行分析，重点关注以下 4 个方面。

（1）放量与缩量涨停个股更加需要关注。缩量涨停个股未来继续上攻的概率很高，而已经放出天量且封板不成功的个股，未来继续走高的难度较大。

（2）关注首次涨停个股。某只股票在一段时间内首次涨停，且成交量并未出现异常放大，未来继续走高的概率极高。

（3）当日涨停个股往往是强势股中的强势股，交易者需要探寻涨停的动因或所属的板块。若某一板块多只股票涨停，则该板块可能属于当下的热门板块，交易者需要重点关注。

（4）通过分析涨停个股的分时走势和量价配合情况，交易者可以很好地探索股价涨停的秘密。

3. 观察跌停股

跌停股票不是没有希望的股票，也不代表是主力抛弃的股票。很多超级牛股经常出现涨停后跌停、跌停后再涨停的情况。强势股上升途中的回马枪屡见不鲜，这就要求交易者对跌停股票有所了解，特别是以下 3 种情况，更需要多加关注。

第一，区分跌停个股的性质。若个股暴雷而跌停，可以不考虑。若热门概念股出现跌停，则需要重点关注。

第二，跌停的股票中，以何种板块或概念居多，这类概念会短暂修正还是彻底失去热度？在炒作过程中，有些概念会出现多次休整和更换龙头的情况，因此这些股票即使跌停也值得关注，因为它们随时可能来个回马枪。

第三，发现某一板块或概念跌停股票较多，则至少说明该板块或概念存在走弱或调整的可能，此时不宜介入该板块或概念的股票。当然，也有很多热门概念可能会被反复炒作和拉升，这就需要交易者在实战中不断地总结和揣摩。

4. 观察大盘走势

收盘后，交易者需要对大盘当日走势进行分析和总结，重点研判拉升板块，特别是权重板块的走势。同时，还要尝试预判大盘的未来走势。

第五节 培养短线交易素质

什么样的人适合炒短线？这个问题可能没有标准答案。但是，通过多年的了解和追踪，笔者得出这样一个结论：优秀的短线交易者，大都具备稳、准、狠 3 个显著特征。

一、准——判断要“准”

交易者若想在短线交易中获利，必须具有准确的判断力。短线交易对交易者的判断力要求极高。概括来说，短线交易者必须在以下 3 个方面做出准确的判断。

1. 时机

短线交易，时机的把握是第一要务。并不是所有的时段都适合短线操作，只有大盘趋势向好，或者个股与大盘同步出现反弹迹象时，才是短线交易者能够获利的最佳时机。由于股价短线上攻时间短暂，交易者必须在第一时间入场建仓。

下面来看一下包钢股份的案例。

图 2-6 为包钢股份 2021 年的股价走势图。观察该走势图可以发现，该股股价在上攻过程中，曾经出现了 2 个较佳的入场时机，并出现了 2 波段上攻走势。不过，股价真正大幅上攻持续的时间并不长，这就需要短线交易者能够把握时机，第一时间入场。

换句话说，交易者若能在 7 月 7 日或 8 月 24 日前后入场，与后面攻势启动后再入场，其获得的收益与面对的风险是完全不同的。

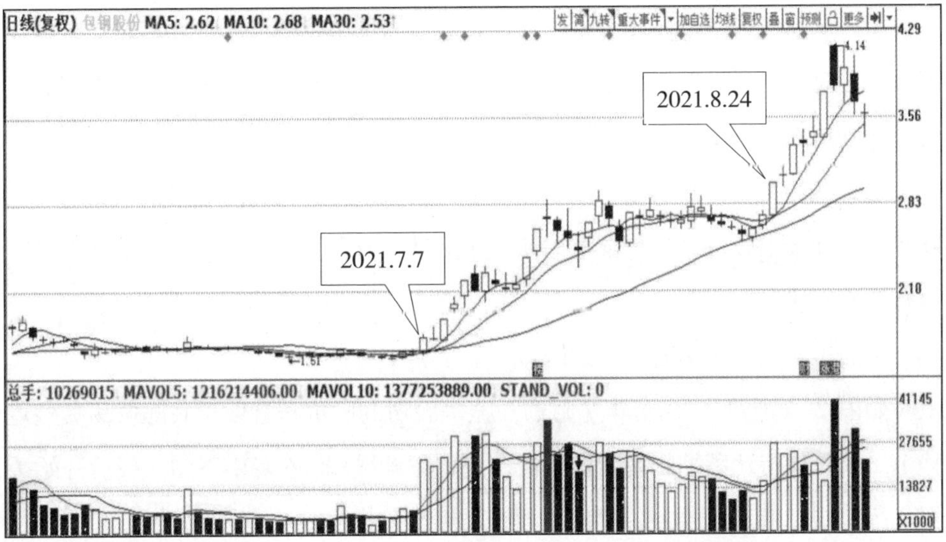

图 2-6　包钢股份（600010）日 K 线走势图

2. 标的

短线交易标的，肯定要选择上攻势能强的个股。有些股票的股性是慢涨慢跌的，如果交易者入场操作这样的股票，无论盈亏，都可能损失交易的机会成本。毕竟，短线交易要的就是短期内实现获利最大化。

从短线交易的角度来看，交易标的尽量应该从以下 4 个方面选择。

（1）市场上热门题材、热门板块中的龙头股。

（2）尽量选择中小盘股票，盘子小，拉升快。

（3）短线走势较强的股票，特别是完成了对阻力位、前期高点突破的股票。

（4）近期出现涨停板的股票。出现涨停板，本身就是多方实力较强的一种体现，很多强势上攻的牛股也是从涨停板开启的。

3. 追踪钱的足迹

众所周知，股价的上涨或下跌都是由资金推动的。当买入资金过多时，资金就会供大于求，从而推动股价节节攀升；反之，当卖出资金过多时，资金就会供不应求，从而导致股价连连下跌。当一只股票的价格将要启动时，必然会有资金流入，这时交易者可以追踪钱的足迹，买入该股；该股股价上涨到一定幅度后，资金开始流出时，交易者可以跟随钱的足迹卖出股票。

追踪钱的足迹，并不是一件容易的事。很多人为了能够清楚记录钱的足迹，发明了各种技术分析方法和技术指标，成交量分析和筹码分布分析就是其中最简单有效的方法。

下面来看一下振华股份的案例。

如图 2–7 所示，2021 年 7 月前，振华股份的股价一直处于底部振荡盘整走势中，成交量持续萎缩，说明资金流出迹象逐渐减弱。6 月中下旬，股价开始缓慢上行，成交量不断放大，说明资金流入明显。

7 月 9 日，该股股价跳空高开。观察该日的筹码分布图可知，此时股价已经位于筹码峰上方，说明大部分筹码的价格均低于当前价格，未来股价上行可期。此时就是比较适宜短线交易的时机。

追随钱的足迹，但钱不会说话，只有图表才会说话。一张成交量图可以清晰地反映出钱流入、流出的方向。据此，短线交易者可以做出交易决策。

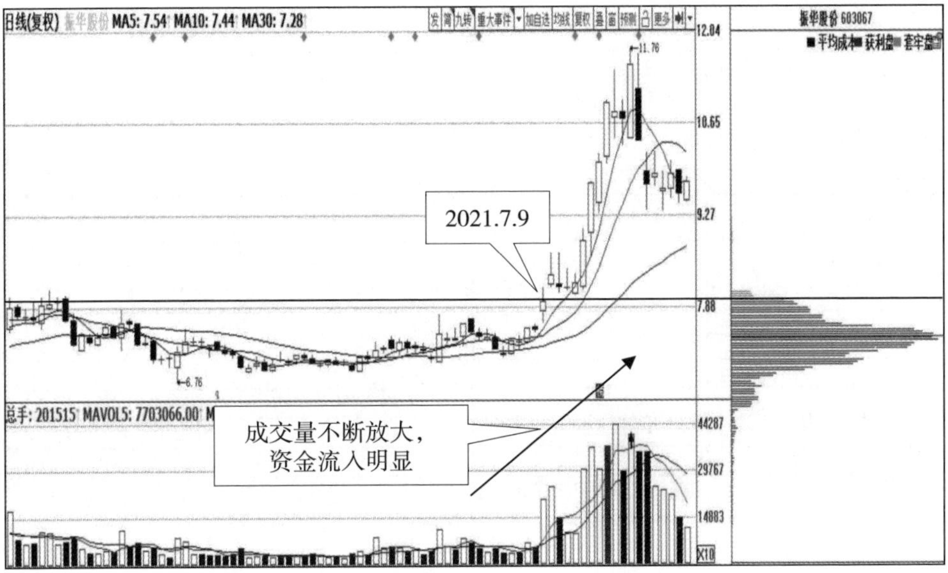

图 2-7　振华股份（603067）日 K 线走势图

二、狠——执行要“狠”

很大程度上，炒短线打的就是时间差。在大多数人还没来得及行动时入场，在大多数人还没离场时撤出。所以，炒短线最忌讳的就是拖泥带水。也就是说，没有良好的执行力，就没有短线交易的盈利。

优秀的执行力主要体现在以下 3 个方面。

1. 买入执行要“快”

股市瞬息万变。你看好的一只股票，其股价可能几分钟内就会上涨很大的幅度，而这段幅度可能会蚕食掉你全部的预期盈利空间。

如图 2-8 所示，假如交易者事先已经准备入手湘潭电化，但在 2021 年 9 月 7 日，该股股价启动上攻行情时，若存在疑虑，就可能在几分钟内丧失最佳的入场时机。

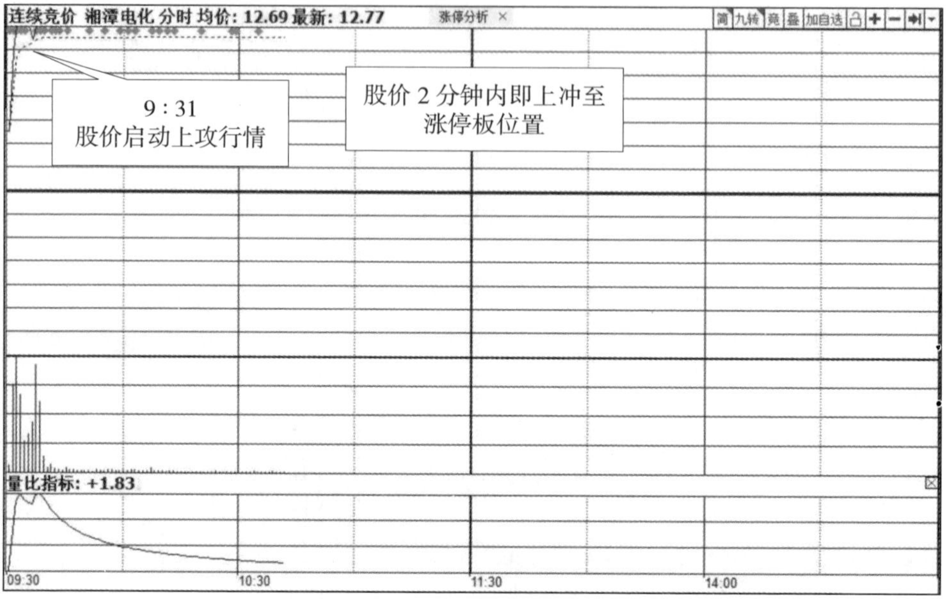

图 2-8 湘潭电化（002125）分时走势图（2021.9.7）

2. 执行过程要“狠”

短线交易者买入股票后，必须严格执行自己制订的交易计划，该卖出时必须卖出，不该卖出时绝对不能卖。很多交易者存在这样的情况：事先已经制订了详细的计划，但买入股票后，发现股票涨势不佳，而没买的股票涨势很好，于是买入的股票还没有到达该卖出的点位（止盈位或止损位）就卖出了。其实，这是炒股中的“大忌”。

作为短线交易者，既然已经制订了交易计划，就要坚决执行，不能中途改变主意。如果此次交易确实造成了损失，则要等到交易完成后，仔细地总结经验，以便以后改进。中途改变交易计划的行为，不但无助于培养优良的交易习惯，而且还容易造成更大的损失。

3. 止损要“狠”

止盈卖出是相对比较容易的，止损卖出则是一件让人痛苦的事。交易损失就像是病毒，一旦出现，就会在你的账户内部迅速蔓延。交易者应该做的是，迅速制止这种蔓延趋势，这样就可以用极小的代价换来整个本金的安全，否则任凭病毒蔓延，就会危及全身。

三、稳——执行交易纪律

交易纪律是交易者的铁律，要像保护自己的生命一样坚决捍卫。对于交易者来说，没有纪律的随意操盘行为，也许能够为自己带来一定的收益，但这种收益不能长久。随意买卖的操盘行为，如果长期坚持下去，甚至养成了习惯，就会使自己的交易陷入十分危险的境地。

每个交易者可以根据自己的特点制订符合自身实际情况的交易纪律，但下面6条是所有交易者都应该遵守的共同纪律。

第一，建立完整的交易系统。没有完整的交易系统，就是随意的买卖行为，这等同于自杀。

第二，坚持按照交易系统的指示操作，而不是根据自己的感觉或外界的某些信息随意改变操盘计划。

第三，坚持自己的交易原则。交易者应该选择自己熟悉的股票进行交易。

第四，坚守盈利法则。交易者切勿贪婪，当盈利达到一定幅度时，要考虑止盈卖出。

第五，坚守宁少做勿滥做的原则。不要随意操作任何一只股票。

第六，永远保持一颗平常心。

第三章

短线交易框架与交易系统

股市中，能够依靠短线交易生存下来的交易者，肯定不是靠运气，而是靠科学、稳定的交易系统。

通常来说，成熟的短线交易系统肯定会涵盖交易时间框架设计、止盈与止损设置等。

第一节 短线交易时间框架

交易者使用的交易策略不同，其交易时间框架自然也不同。交易者个人习性与喜好不同，所选的时间框架也会有所不同。

一、时间框架

所谓的时间框架，是指在技术图表上不同时间周期的图形。通常情况下，大家经常看的 K 线图可以设置多种分析周期，如 15 分钟 K 线、30 分钟 K 线、60 分钟 K 线、日 K 线、周 K 线、月 K 线等。当然，系统默认的，也是大家最常使用的时间框架，就是日 K 线。

这些时间框架大致有这样 3 种作用。

第一，借助长周期时间框架确定行情的空间和价位。

通常情况下，一只股票的历史价位往往会对股价未来的走势造成一定的影响。通过长周期时间框架，交易者可以非常容易地查看到个股的历史高低点、阶段高低点等。然后，通过当前价位与这些历史经典位置的距离，交易者可以判断出股价上涨或下跌的空间、阻力与支撑的位置等。

下面先来看一看宝通科技的日 K 线走势图，如图 3-1 所示。

图 3-1　宝通科技（300031）日 K 线走势图

从图 3-1 中可以看出，自 2021 年 6 月 8 日开始，宝通科技的股价开启了一波下跌走势，并于 8 月 27 日出现反弹。其后，该股股价直线上攻。但很多交易者势必会担忧该股如此猛烈的短线强攻能否持续下去，或者能够持续多久。

此时，交易者可以借助长周期时间框架来查看该股上升或下跌的空间，如图 3-2 所示。

图 3-2 为宝通科技的周 K 线走势图，从图中可以看出，该股在振荡过程中高点逐步走低。交易者若以前期高点为基点绘制出一条下降趋势线，当股价再次运行至下降趋势线附近时，股价会受到阻力重回跌势。其实，在日 K 线图中，交易者可以发现，该股股价在 2021 年 9 月初的位置跟最高点的价位还有相当大的距离，未来还有很大的上涨空间。

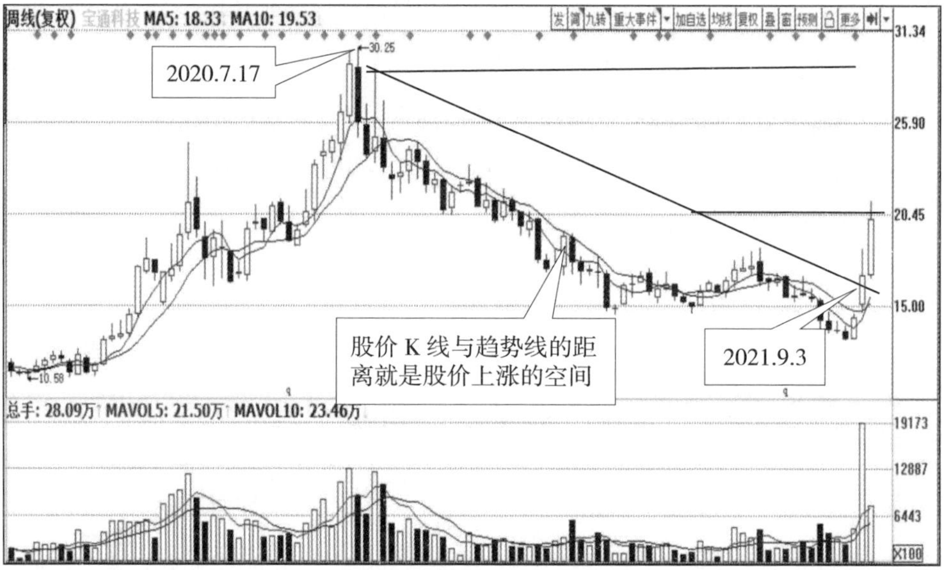

图 3-2　宝通科技（300031）周 K 线走势图

第二，借助主时间框架确定当前的趋势以及交易时机。

主时间框架并不是某一个具体分析周期的时间框架，而是根据交易者个人需求设定的时间框架。例如，中短线交易者通常以日为分析周期，那么日 K 线也就成了主时间框架。还有一些短线或超短线交易者，喜欢将更短的分析周期作为自己的时间框架，如 30 分钟 K 线等。

交易者利用主时间框架，能够达成这样 3 个目的：其一，识别当前的股价运行趋势属于上行趋势还是下行趋势；其二，判断当前股价在该趋势中的位置，是上升趋势的起步阶段还是上升趋势的尾声；其三，判断有无交易机会，也就是当前的股价 K 线以及相关的技术指标是否发出了买入或卖出的信号。

下面来看一下中信重工的案例。

如图 3-3 所示，2021 年 8 月初，中信重工的股价启动了一波振荡上行走势。该股股价上涨一段时间后出现了回调，且股价回调至均线附近时受到支撑。8 月 20 日，该股股价放量上升，KDJ 指标同步形成金叉形态，属于一个明确的短线买入信号。短线交易者可在当日买入该股。

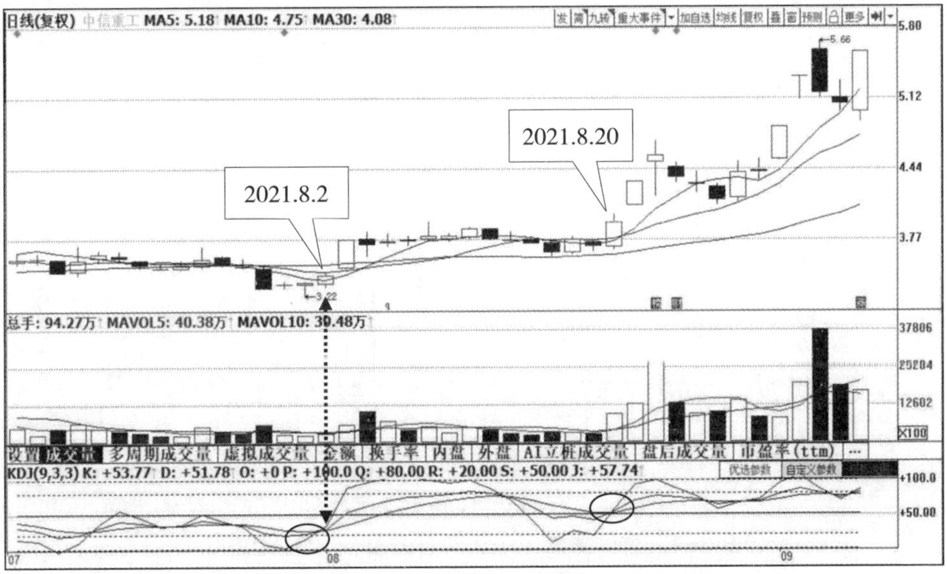

图 3-3 中信重工（601608）日 K 线走势图

第三，借助主时间框架下的小周期时间框架寻找最佳的买入点位。

通常情况下，选择的时间框架越短，越容易找到更加具体的买入时机和点位。例如，利用日周期作为主时间框架，交易者可以找到某日就是最佳买入点。但是一天有 4 个小时可以交易，日内股价的波动幅度可能很大，因此选择介入点位时，可以考虑在主时间框架之下，用一个更小的时间框架来寻找买卖点。

这里还以刚才介绍的中信重工为例。鉴于 8 月 20 日该股已经出现了明确的买点，交易者可以考虑在 8 月 20 日或 23 日择一时机买入该股，可将时间框架缩小到 30 分钟。

如图 3-4 所示，从中信重工的 30 分钟 K 线图中可以看出，该股在 8 月 20 日创出高点后出现回调走势。8 月 23 日，该股开盘后出现了直接上冲的走势，股价 30 分钟 K 线向上突破多条均线，且 KDJ 指标同步进入超买区域，强势风范尽显。交易者可在当日执行买入操作。

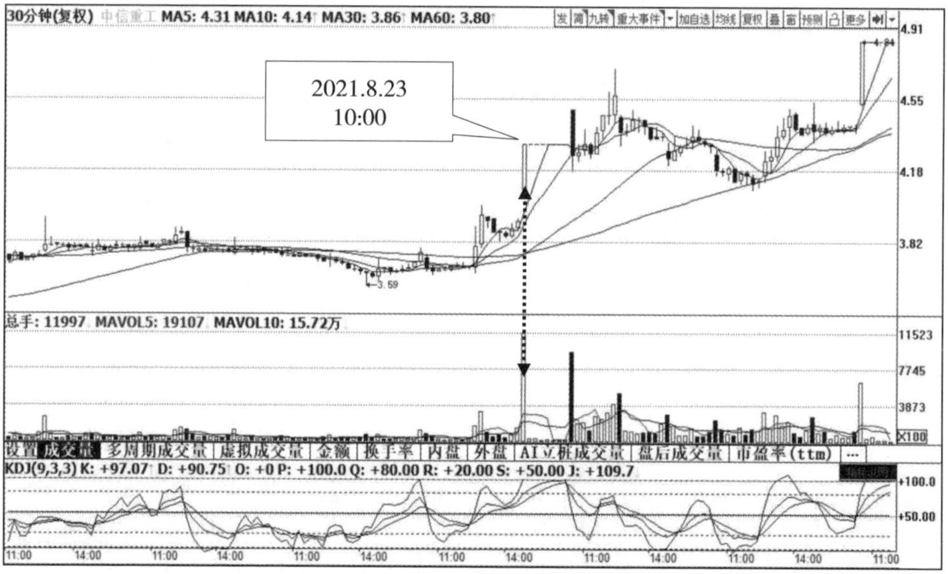

图 3-4　中信重工（601608）30 分钟 K 线走势图

二、短线时间框架的选择

交易者应该选用何种时间框架为主时间框架，并没有一定之规。不过，若想进行中长线投资，主时间框架的设置肯定以长周期为宜；反之，若只是进行短线交易，则以短周期时间框架为好。

与中长线投资不同，短线交易是需要基于技术分析做出交易决策的一种交易行为。众所周知，股市的起伏变化高深莫测，无论是何种技术，都无法准确判断未来数月或数年股价的走势。不过，如果当前 15 分钟 K 线显示股价处于上升趋势中，那么下一个 15 分钟继续向上的概率就会远大于下一个月继续向上的概率。换句话说，借助短周期的时间框架，往往能获得更为准确的判断。

选择时间框架时，短线交易者应该注意这样 4 点。

第一，时间框架并不是越短越好。时间框架越短，意味着波动幅度越小，观察其变化的难度就会同步增大。鉴于目前股市仍在执行“T+1”的交易规则，因此，若是初入股市的短线交易者，以 30 分钟线为主时间框架比较好。当然，若短线交易者经验比较丰富，15 分钟线也是不错的选择。

第二，选择某一分析周期为主时间框架后，交易者还可按照先前介绍的方法，通过放大分析周期来研判股价运行趋势，通过缩小分析周期来选择更为精确的买卖点。

第三，短线交易者选定时间框架后，就要以该时间框架为核心构建交易系统。例如，以 30 分钟线为主时间框架，那么买入时机、卖出时机以及止损位、止盈位都要围绕 30 分钟线进行设定。为了讲解的便利，除特殊说明外，本书时间框架仍以日线为主时间框架。

第四，时间框架选定后，切忌变更。以前经常出现这样的情况，短线交易者以 30 分钟线为主时间框架构建交易系统，执行买入操作后，30 分钟线发出止损信号，此时短线交易者因为不想执行卖出操作，而将时间框架变更为日线。当然，这样就不需要执行卖出止损操作了。不过，这样做一方面违反了交易纪律，另一方面也忽视了止损，可能会让自己的损失放大。

第二节
短线止盈与风险防控

短线交易是一种高风险交易模式。因此，交易者入场前，必须设置好自己的止盈位与止损位。

一、止盈位设置

通常情况下，止盈位的设置主要有2种方法：一是静态止盈；二是动态止盈。

1．静态止盈

静态止盈是指预先设定固定的点位作为止盈条件，一旦股价上涨到止盈位附近就主动卖出止盈的方法。

静态止盈的点位选择一般有2种。

一是固定比率点位。例如，交易者可以设定上涨20%、10%作为止盈位。这样，一旦股价上涨到止盈位附近，交易者就需要卖出止盈。

二是某一特殊点位。例如，交易者可以设定前期高点为止盈位，也可以设定某一整数价位为止盈位。

下面来看一下恒立液压的案例。

如图3–5所示，从2021年6月中旬开始，恒立液压的股价启动了一波上涨行情。假如交易者以80元的价位在6月25日当天买入，这时交易者就可以为自己设定一个静态止盈位，如止盈位设定为100元。那么，7月19日，股价上涨到100元时，交易者就要坚决地执行卖出操作，不能因为感觉股票还会继续上涨而犹豫不决。

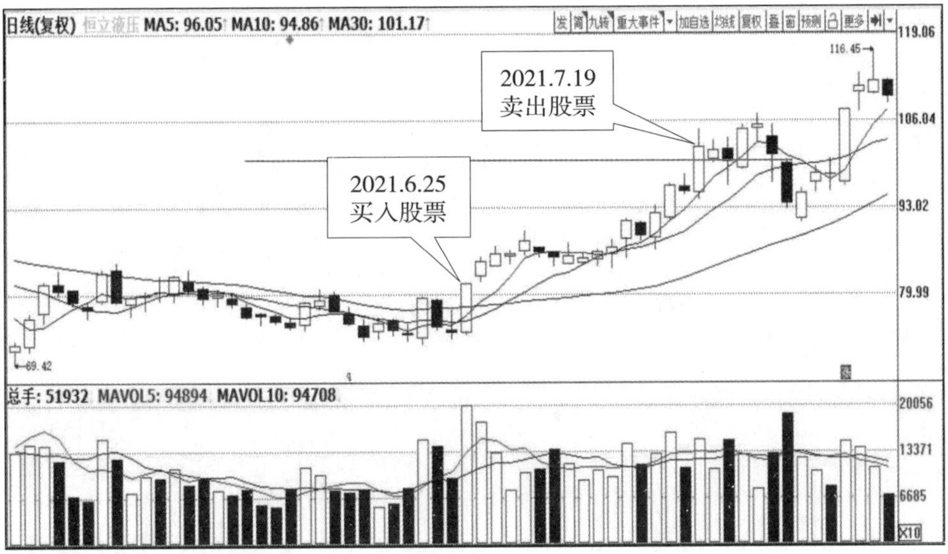

图 3-5 恒立液压（601100）日 K 线走势图

2. 动态止盈

动态止盈是指将某条均线或者趋势线等作为止盈的标准线，股价下跌到这条线以下时就卖出止盈的方法。

动态止盈的点位选择一般有 2 种。

一是选择某一条均线。在短线操作中，一般会选择 5 日均线或 10 日均线作为止盈线。

二是选择趋势线作为标准线。股价下跌到趋势线以下时，交易者就可以卖出止盈。

下面以深南电路为例进行说明。

如图 3-6 所示，从 2021 年 5 月中旬开始，深南电路的股价启动了一波上涨行情。短线交易者可以在股价上涨启动之后，买入该股。买入该股时，交易者可以同时将股价跌破 20 日均线作为止盈点位。这样，8 月 5 日，股价跌破 20 日均线时，交易者就可以进行止盈操作，从而保住到手的利润。

图 3-6　深南电路（002916）日 K 线走势图

二、止损位设置

止损位的设定因人而异，因股而异。通常情况下，止损位的设定方法有以下 3 种。

1. 移动平均线止损

交易者可以将某一条移动平均线作为止损位，跌破该移动平均线就卖出。例如，交易者可以将 5 日、10 日或者 30 日均线作为止损位，如图 3-7 所示。

交易者如果把 5 日均线作为止损位，那么一旦股价跌破 5 日均线，交易者就必须卖出股票。如图中所示，处于横向振荡的迈瑞医疗，曾在 2021 年 6 月中旬启动上涨。交易者出于短线投机的动机买入该股后，可以将 5 日均线设置为止损位，一旦股价跌破该条均线应立即止损。7 月 2 日，该股股价大幅下跌，一举跌破了 5 日均线，此时应该卖出该股止损。

图 3-7 迈瑞医疗（300760）日 K 线走势图

2. 固定比率止损

交易者买入股票时，可以设定一个向下的最大幅度，跌破该幅度就止损。例如，有的交易者喜欢把 8% 或 10% 作为自己的止损位。交易者需要注意，止损位不能设定得离股票买入价过近，否则一旦股价出现振荡，就容易把自己振出局。但止损位也不能设定得过远，以免给自己造成过大的损失。

如图 3-8 所示，如果交易者把风语筑选为要买入的目标股，就要好好选择一个买入点。2021 年 5 月 17 日，该股放量突破了前期盘整位，这时交易者可以买入该股，并把下跌 8% 作为止损位。一旦该股跌破这一位置，就可以卖出该股。其实，交易者也可以将前期最高点设为止损位，但由于买入价距离止损位太近，因此最好将止损位设置得跟买入价稍稍有点距离为好。

风语筑创下 23.76 元高点后一路下跌。5 月 20 日，该股距离买入位置下跌幅度超过 8%，交易者宜卖出该股。虽然这是一次失败的短线操作，但把损失控制在了一个很小的范围，避免了该股后续的下跌。

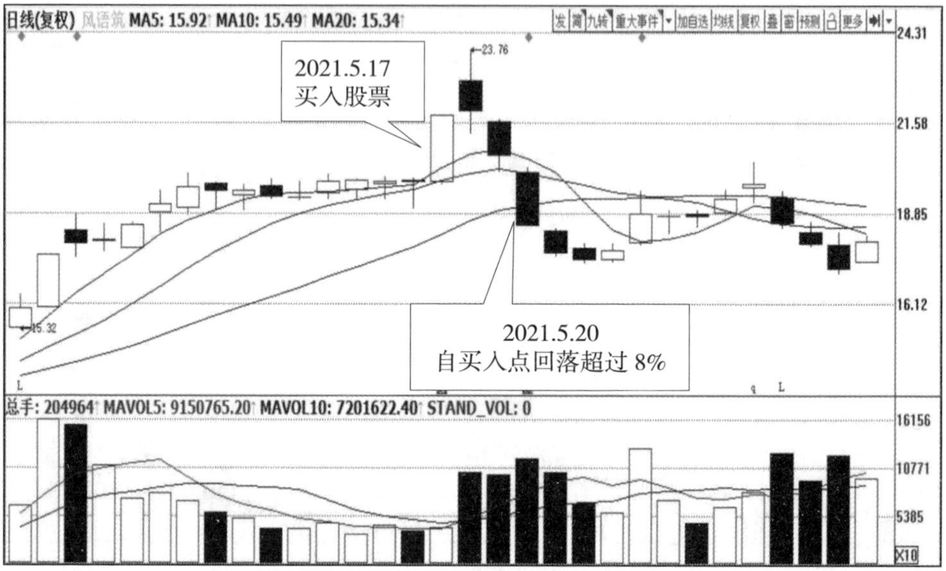

图 3-8　风语筑（603466）日 K 线走势图

3. 趋势线止损

趋势线止损是短线操作中应用比较广泛的止损方法。股价在上涨过程中，一般会沿着一定的上升通道运行，这时就会出现上升趋势线。上升趋势线的画法，前面已经讲过了。一旦股价有效跌破这条趋势线，就可以卖出止损。

如图 3-9 所示，2021 年 5 月中旬，新宙邦的股价开始了一波上涨走势，交易者把该股上涨过程中的低点用直线连接，就构成了一条趋势线，股价一直沿趋势线攀升。8 月 10 日，股价继续前一交易日的下跌，并跌破了趋势线。至 8 月 12 日，该股已经连续 3 个交易日位于上升趋势线的下方，确认股价有效跌破上升趋势线，此时交易者可以卖出该股止损。

该股后期的走势出现了大幅下跌，如果此时交易者卖出该股，就能回避这次下跌造成的损失。

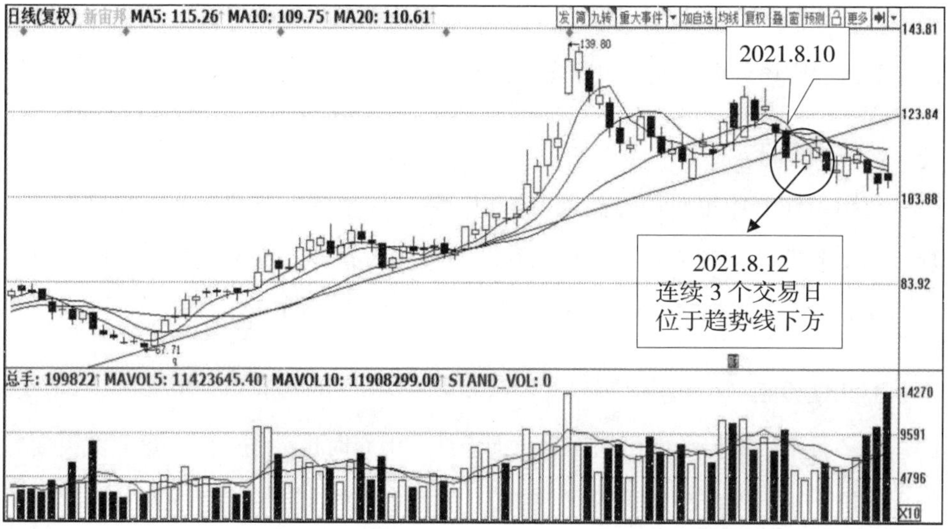

图 3-9　新宙邦（300037）日 K 线走势图

第三节
如何构建短线盈利系统？

交易者进行股票交易前，应该制订一份完善的交易计划，并尽可能地将各方面的因素都纳入考虑之中。

一、短线盈利系统的基本构造

一般情况下，交易计划包括如下 4 项内容。

1. 买入方法及条件

交易过程中，需要不断地买入卖出，因此买入条件的设定应该灵活，如股价突破 5 日均线买入，股价下跌到支撑位买入，等等。交易者买入股票时，切忌全仓买入，应该分批买入，以防自己判断失误。

2. 卖出方法及条件

卖出条件的设定应该与买入条件相一致。如果买入条件为突破 5 日均线，那么卖出条件就应该为跌破 5 日均线。如果买入条件为跌到支撑位，那么卖出条件就应该为上涨到阻力位。

3. 止损设定

很多时候，卖出条件可以作为止损条件。但有时也会不一致，这时就需要另设止损位，如买入条件为回调到支撑位，卖出条件为上涨到阻力位。这时，就需要设定止损位为跌破支撑位。

4. 止盈设定

为了确保盈利能够及时兑现，操作前必须确定明确的盈利目标。目标一旦达成，就可以全部或部分撤离目标股。一般情况下，止盈条件设定为有明显的卖出信号出现时，也可以设定为具体的盈利目标值，如获利 10%、20% 等。

下面来看具体的案例，以检验整个交易系统的有效性。以 5 日均线为买入条件，可以设定整个交易系统如下。

买入条件：大盘处于上升趋势中，即股指在 30 日均线上方，同时 30 日均线方向向上；个股均线呈多头排列，即 5 日、10 日、30 日均线呈多头排列；股价位于筹码峰上沿，且上方无较大的筹码峰；KDJ 指标呈上行态势，以出现黄金交叉形态为宜；股价放量突破 5 日均线；相比前一交易日，成交量至少放大 1 倍。

卖出条件：跌破 5 日均线。

止损位：跌破 5 日均线。

止盈位：遇阻滞涨。

二、短线盈利系统运行实战解读

下面以秦川机床为例进行说明。

1．大盘走势情况

先来看一下 2021 年 7 月—9 月的大盘走势情况。

如图 3-10 所示，自 2021 年年中时段，上证指数一直处于横向振荡趋势中。7 月 28 日，大盘指数触底反弹。8 月 24 日，大盘指数更是站在多条均线之上，短线处于上升态势，比较有利于进行个股短线操作。

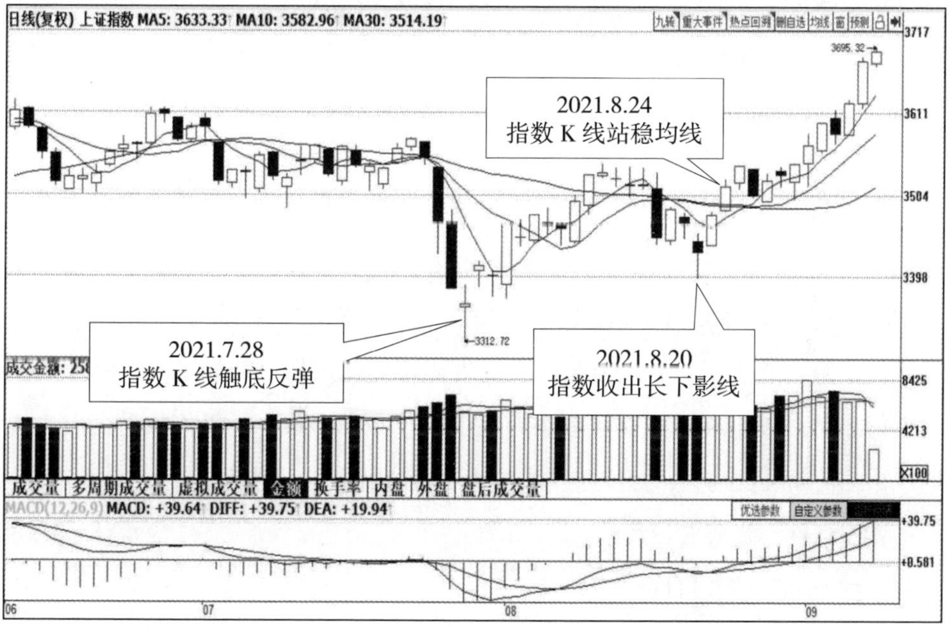

图 3-10　上证指数（000001）日 K 线走势图

2．个股走势情况

下面是秦川机床 2021 年 8 月—9 月的走势图，如图 3-11 所示。

2021 年 8 月 20 日，秦川机床的股价突破了回调整理区间，并且突破 5 日均线后快速上涨。此时，短线交易者可针对秦川机床制订如下交易计划。

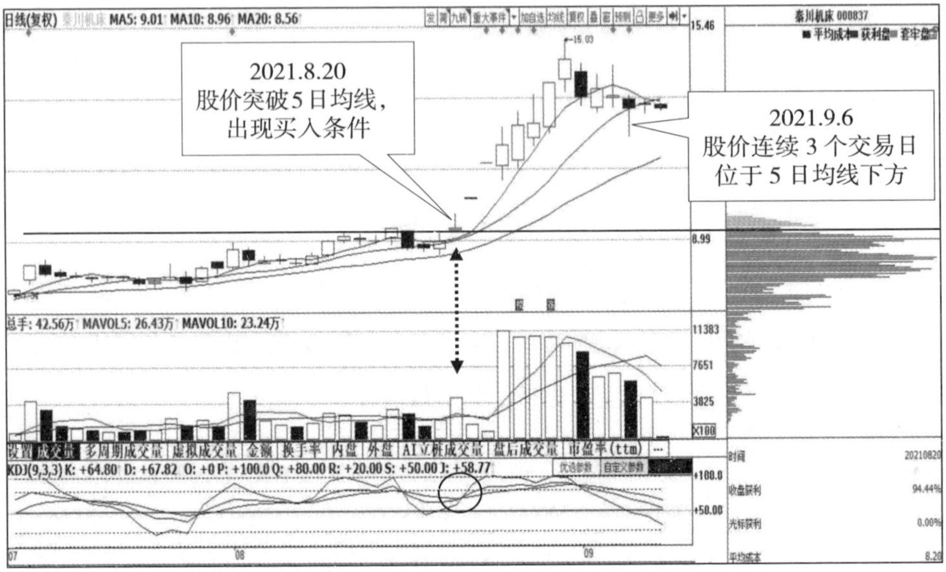

图 3-11　秦川机床（000837）日 K 线走势图

买入条件：大盘处于上升或横向振荡趋势中（此要求已经满足，事实上，2021 年年中时段，整个大盘一直处于横向振荡趋势中，非常适合操作短线个股）；个股均线呈多头排列，即 5 日、10 日、30 日均线呈多头排列（此条件已经满足）；股价位于筹码峰上沿，且上方无较大的筹码峰（此条件已经满足）；KDJ 指标呈上行态势，以出现黄金交叉形态为宜（KDJ 金叉形成）；股价放量突破 5 日均线；相比前一交易日，成交量至少放大 1 倍（此条件已经满足）。

卖出条件：跌破 5 日均线。

止损位：跌破 5 日均线。

止盈位：遇阻滞涨。

基于 8 月 20 日当天，秦川机床的买入条件全部满足，交易者可在当日或次日择机买入该股。此后，该股股价一路上扬，如图 3-12 所示。

2021 年 9 月 1 日，秦川机床的股价收出一根大阴线，且此根阴线跌破了 5 日均线。9 月 6 日，该股没能收复 5 日均线，此时股价已经位于 5 日均线下方 3

个交易日，这说明股价有效跌破了 5 日均线。同时，观察该股的筹码分布图可知，此时底部筹码已经转移至顶部位置，未来主力有散筹的可能，交易者宜卖出手中的股票。此次短线操作，交易者可以在 20 多个交易日获利 40% 以上。

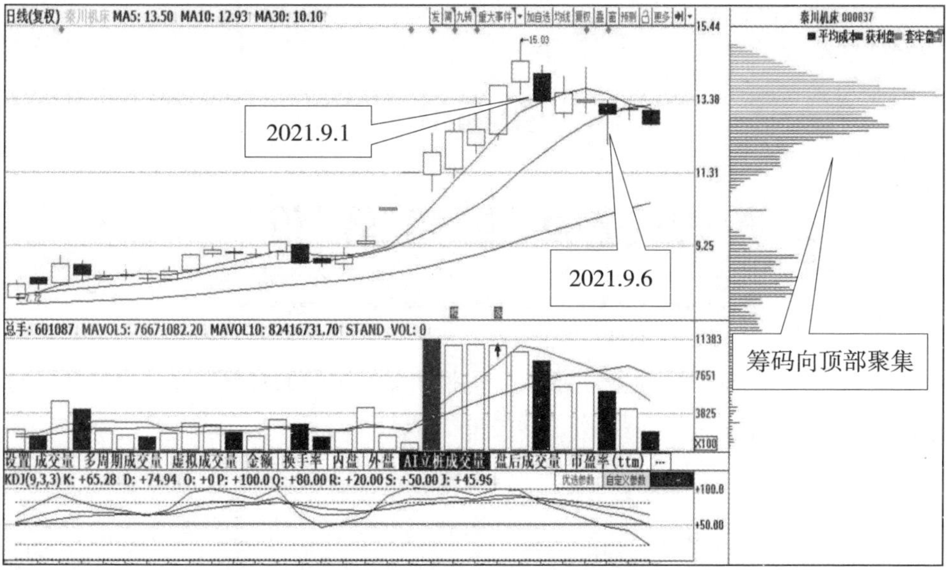

图 3-12　秦川机床（000837）日 K 线走势图

第四章

短线选股：重"势"轻"价"

买入正在上涨和即将上涨的股票，是整个短线选股的精髓所在。大家考虑问题的出发点和最终归宿，都离不开这一点。

第一节 短线选股的基本思维

基于向“涨”看齐的想法，选择股票时，可以对股票本身的质地、财务状况不做过多要求，只要不是那种很快就退市的股票即可。

一、看涨：选处于上升趋势的股票

对于短线交易者来说，股价有多高，市盈率有多高并不重要，只要股价处于上升趋势中，并且还有上涨的空间，就值得买入。正因如此，对股价运行趋势的研判就显得尤为重要了。

选择处于上升趋势中的股票时，需要注意这样 4 点。

第一，尽量在启动初期介入。股价上升趋势开启，就不会很快停止。但要尽可能早地介入，不要在股价上攻最疯狂的阶段进入，这样很容易被套牢。

第二，过犹不及。从股价走势特征来看，一只股票的上升，通常有一个由慢转快的过程。当股价上升速度明显加快时，也就意味着股价很快就会到顶，交易者必须做好离场准备。

第三，借助多种技术分析工具，研判股价运行趋势。其实，所有的交易者都清楚要买进上升趋势的股票，但究竟哪种股票是已经进入上升趋势的，则是一个大大的问题。为此，市场上出现了很多技术分析工具和指标，这些技术分析工具和指标，从本质上说都是为了帮助交易者研判股价运行趋势的。交易者善加利用，并多方验证，就能获得相对准确的判断。

第四，从具体的选股方向来看，一些已经在 K 线形态方面显现出进攻态势的股票，肯定会成为首选。比如，股价突破某一阻力位，股价沿着某一均线上行等。同时，从股票内在特征来看，一些受到资金关注、有题材有故事的龙头股，往往更能成为上涨的先锋。

下面来看一下华辰装备的案例。

2021 年 8 月，工业母机概念风云乍起，与工业母机概念相关的股票成为资金追捧的对象，华辰装备更是其中的大龙头。

如图 4-1 所示，进入 2021 年 8 月份之后，华辰装备的股价 2 次被拉升。

8 月 2 日，华辰装备的股价小幅拉升后立即进入盘整空间。其后的 8 月 19 日，华辰装备的股价被大幅向上拉升。

交易者选择短线交易股票时，这类短期内能够大幅上攻的股票，无疑是较佳选择。

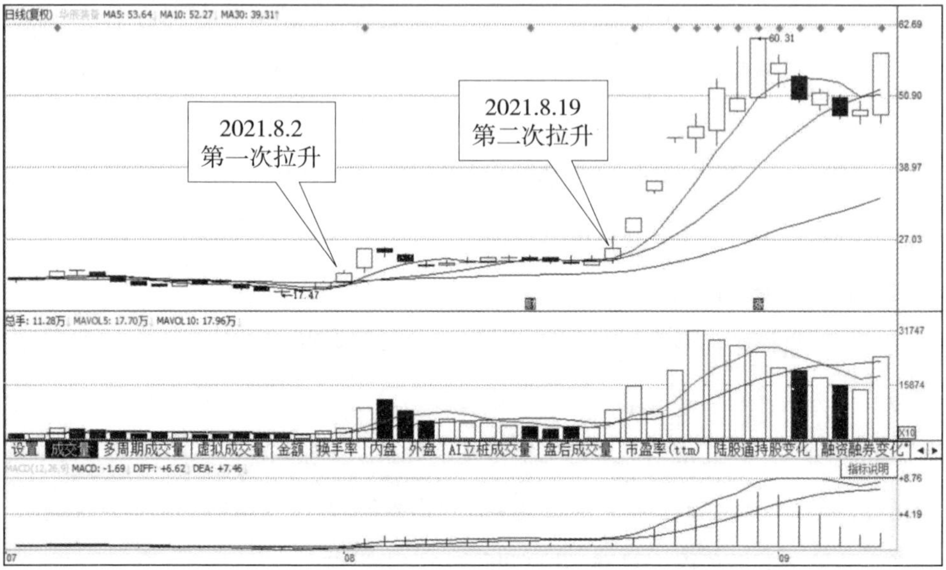

图 4-1　华辰装备（300809）日 K 线走势图

二、加速：选择加速上升的股票

处于振荡波动或小幅上升趋势中的股票，若出现加速上升迹象，往往是短线交易者较佳的入场时机。当然，主力将要加速拉升股票时，往往会在盘面上做足功课，让交易者搞不清楚其真实意图。

选择处于加速期的股票时，需要注意这样 3 点。

第一，无论主力采用何种方式，最终股价一定会改变原有的运行模式，因此股价波动幅度、成交量等方面都会出现明显的变化。

第二，很多主力比较狡猾，即将向上拉升股价时，往往会先向下打压股价，让很多意志不坚定者放弃手中的筹码。从实战经验来看，打压越凶狠的股票，后期拉升的幅度通常越大。K 线形态中，经典的“散户坑”就是由此而来。

第三，只要有加速，股价必然会出现突破性上涨，这是散户可以入场的信号。反之，若主力先向下打压股价，交易者可以等到股价重新向上突破下降起始位时跟进入场。总之，炒短线需要看淡股价的涨跌。

下面来看一下铂科新材的案例。

如图 4–2 所示，2021 年 6 月以前，铂科新材的股价已经出现了振荡上升的迹象。不过，股价上升幅度较小，频繁出现调整走势。从严格意义上说，这并不属于理想的短线操作标的。

2021 年 6 月 10 日，该股股价延续之前的回调，并连续出现大幅缩量。一般来说，股价成交量的大幅萎缩，往往是即将变盘的前兆。

6 月 11 日，该股股价突然放量上攻，MACD 指标快线加速上扬，预示着股价将进入快速上升轨道。当日就是该股变盘的时间点。

股价回调，成交量萎缩，就是主力拉升前为交易者留下的追踪痕迹。实战中，交易者要留心观察这类股价加速启动的信号，并第一时间介入。

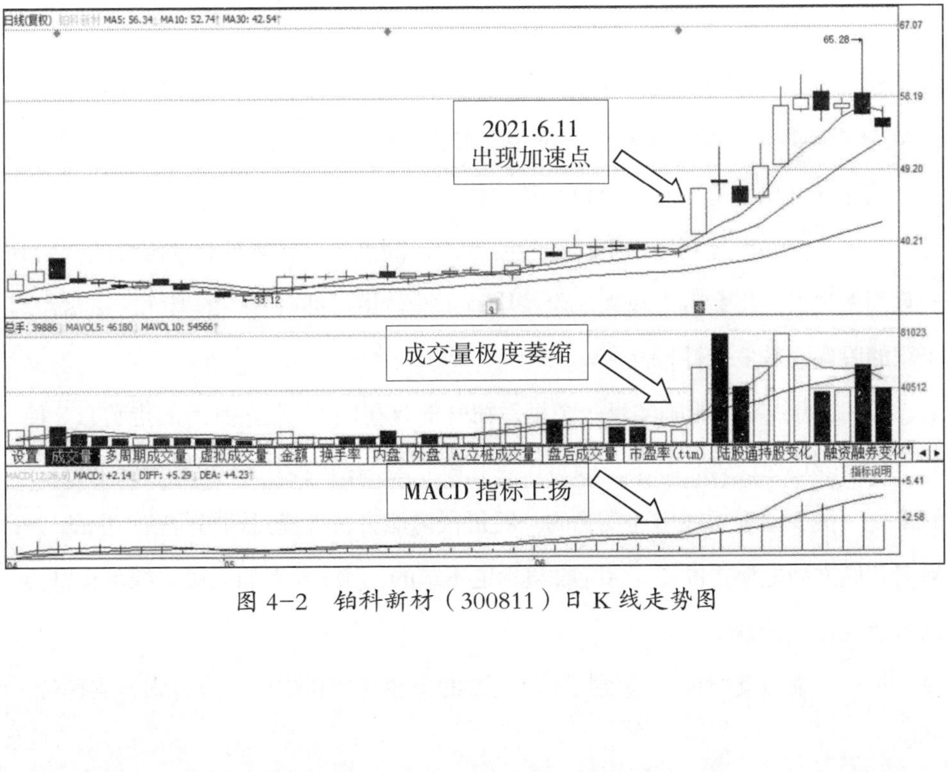

图 4–2　铂科新材（300811）日 K 线走势图

三、止跌：选择可能止跌反弹的股票

相比前 2 类选股思维，这种思路带来的风险是非常大的。不过，若能准确判断出股价的止跌位，无疑会为交易者带来丰厚的回报。

止跌思维，是指股价经过长时间的下跌或上升之后，回调至某一点位时受到强力支撑，未来存在止跌企稳的可能。换句话说，实战中有以下 2 类股票的走势可能会符合这一选股思维。

第一，股价出现暴跌的股票。一只股票短线出现大幅暴跌，那么未来企稳上涨或者反弹的概率就会增加。当然，一些阴跌不休的股票除外，这类股票判断止跌位更加困难，大家在实战中应该避免操作这类股票。从技术指标上来看，负的乖离率过大是其显著特征。

第二，股价经过一段时间的上涨后，出现回调走势。从主力操作角度来看，将股价拉升至一定高度后，若想继续拉升，势必要将市场上的浮筹清洗出去，因此这类股票调整结束后，肯定会再度出现上攻走势。从技术指标领域来看，MACD 指标很可能会出现高位二度金叉形态。

按照这类思维选股时，应该注意这样 4 点。

第一，交易者预判处于下行趋势股票的止跌点位，其实是非常困难的，而且一旦判断失误，将会带来较大风险。毕竟，股价运行都有内在的惯性，接盘没有止跌的股票，其危险性极高。

第二，短线暴跌股确实是一个相对特殊的存在。这类股票其后的走势有 2 种：其一，短线迅速反弹；其二，股价出现止跌企稳后横向运行，其后再度下行。一般来说，很少出现短线迅速反弹的，股价很可能会转入横盘调整行情。因此，交易者若能准确把握止跌点，后续收益肯定不错的。但交易者如果没有找准止跌点，则可能会被深套其中。

第三，强力支撑位，是预判股价止跌的重要支持和依据。没有强力支撑位，股价很难获得有效的支撑。也就是说，增量资金不入场，股价止跌往往会非常困难。当然，若股价上升一段时间后，股价回调遇强力支撑位，则会更加容易获得足够的支撑（这种支撑将会保证股价未来的上行）。

第四，成交量的变化。股价下行的类型不一样，成交量也会呈现不同的特征。一般来说，若股价出现暴跌，成交量出现放大（即杀出恐慌盘）之后，股价止跌的概率才会增大；股价上行过程中出现回调，成交量多会出现萎缩态势。临近调整结束，成交量更可能萎缩至很低的点位。若上升趋势中股价回调，成交量出现放大迹象，则存在主力出货的可能，交易者一般不宜再入场。

先来看一下太极实业的案例。

如图 4–3 所示，自 2021 年 1 月 22 日开始，太极实业的股价突然启动大幅下跌走势。股价持续走低，成交量随之萎缩。

到了 2 月初，该股再度出现加速下跌迹象，成交量同步出现放大态势，说明很多恐慌盘开始出逃。此时，距离股价止跌点位已经不远了。

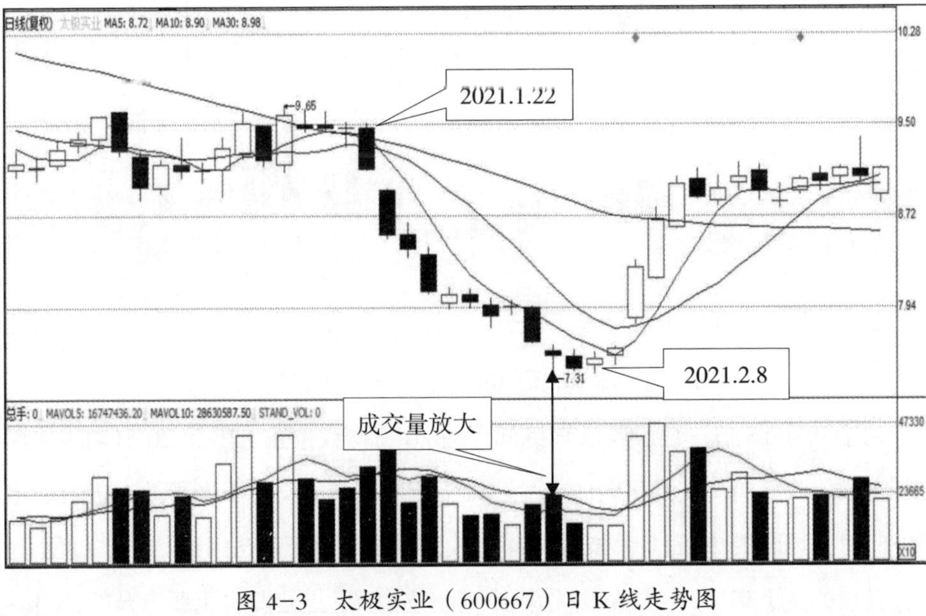

图 4–3 太极实业（600667）日 K 线走势图

2 月 8 日，该股收出小阳线，成交量再度萎缩，说明股价已经显露出明显的止跌企稳迹象。此后，该股经过小幅整理后快速向上反弹，几个交易日股价就产生了 20% 的涨幅。

通过上述案例可以发现，股价暴跌的止跌点，一般出现在成交量放大之后，即恐慌盘出逃以后。

下面来看一下嘉泽新能的案例。

如图 4-4 所示，自 2021 年 8 月开始，嘉泽新能的股价启动大幅上涨走势。经过一段时间的上涨后，9 月 8 日，该股股价出现了触顶回落迹象。此后，股价出现下跌走势，成交量同步萎缩。

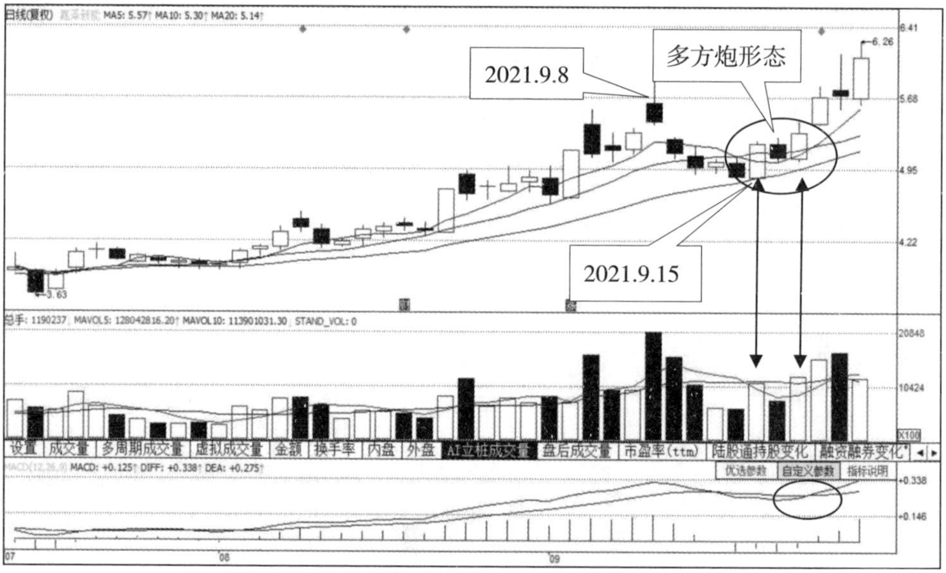

图 4-4　嘉泽新能（601619）日 K 线走势图

到了 9 月 15 日，该股股价直接低开在 20 日均线位置，因受 20 日均线支撑重新上攻。观察前一交易日的成交量可知，该股前日成交量已经萎缩至极低的水平。此时，该股受 20 日均线支撑转而上攻，说明股价可能已经到达止跌点位。

其后的 2 个交易日，MACD 指标出现高位金叉，这是股价重新上升的信号。

该股的止跌点是与强力支撑位的存在有直接关系的，即股价回调，成交量萎缩；股价遇支撑后，资金流入，成交量放大，属于典型的止跌信号。

第二节 短线选股的角度

无论基于何种选股思维进行短线操作，最终都会落实到选择具体的股票上。一般来说，交易者可从以下 4 个角度来选择目标股票。

一、形态：看有无上攻的可能

K 线形态是最直观的表现股价走势的技术图形。因此，无论是选择处于上升趋势的股票、加速上涨的股票还是止跌企稳的股票，都要借助 K 线形态来观察。也就是说，交易者要根据股价 K 线走势来大致研判其有无上攻的可能。

借助 K 线形态预判股价走势时，特别要注意以下 3 点。

第一，一些经典底部形态、看涨 K 线组合形态值得特别关注。这些经典 K 线形态是很多投资研究者在总结了 K 线走势规律基础上获得的，在大部分情况下是有效的。交易者要利用好这些形态，如头肩底形态、早晨之星形态、多方炮形态等。

第二，研判 K 线形态时，要结合成交量的变化辩证地分析。通常来说，股价启动上攻，势必需要成交量放大相配合，而成交量放大过量，也可能会过犹不及；反之，股价回调时，成交量萎缩为佳，但主力打压股价时，有时候不放量，股价却很难止跌企稳。

第三，技术指标也是研判 K 线形态成色的一个重要工具。若 K 线形态发出明确的买入信号，技术指标同步发出买入信号，则无疑可增强买入信号的有效性。

下面来看一下顺发恒业的案例。

如图 4-5 所示，自 2021 年 9 月初开始，顺发恒业的股价启动振荡上升走势。该股股价在上升过程中，一路沿 5 日均线上行，并且各条均线呈多头发散排列，说明股价处于良性上升通道，交易者可积极参与。

观察该股的成交量可以发现，随着股价的振荡上升，成交量同步呈现温和放大态势，这是一种良性上升状态。与此同时，MACD 指标在 0 轴上方呈上扬态势，这也是多方占据优势的一种表现。

也就是说，选择短线交易标的时，交易者应该寻找这类形态的股票。

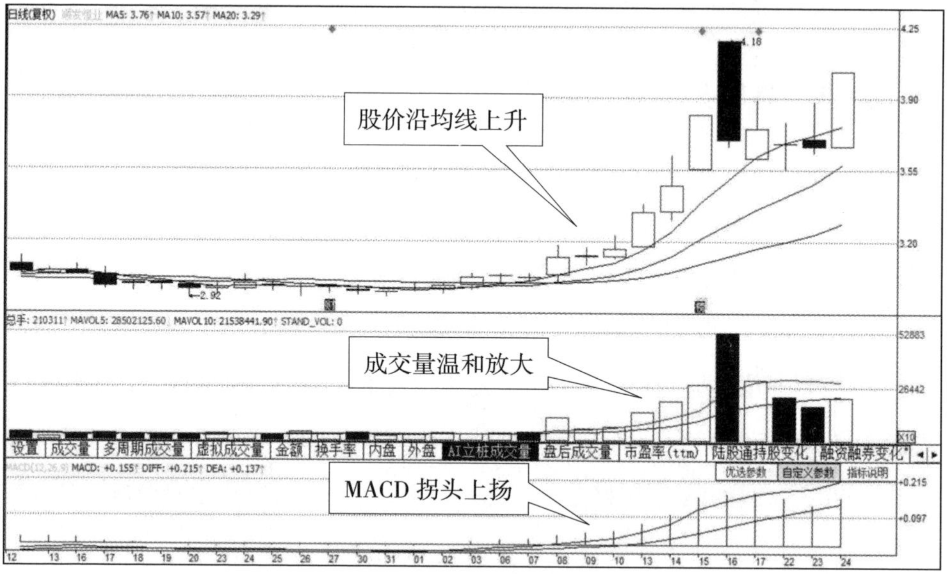

图 4-5　顺发恒业（000631）日 K 线走势图

二、题材：有无上攻的基因

题材概念是短线交易者的最爱。每日市场上的特色品种，大都从属于某一题材概念。因此，炒短线离不开题材概念这一主题。

翻看市场上的股票信息就会发现：几乎每只股票都有一种或几种题材。但是，能够促使一只或一批股票连续上涨的题材很少，如 2013 年的上海自贸概念、2015 年的央企改革概念、2021 年的华为鸿蒙概念等。

参与题材股炒作时，交易者要注意以下 3 点。

第一，该题材是否具有可持续性。只有可持续的题材，才具有炒作价值，昙花一现式的题材，交易者参与其中很容易被套在高位。

第二，该题材是初次炒作，还是已经被反复炒作。通常情况下，初次炒作的题材，涨幅会很可观；反复炒作后的题材，则是主力为了出清剩余筹码进行炒作的。

第三，题材兑现时，股价是否已经被炒高。利好兑现就是利空。如果题材兑现或正式公开时，股价已经被炒高，那么此时参与就有被套的风险。

下面来看一下润和软件的案例。

润和软件是 2021 年 6 月华为鸿蒙概念的龙头股。

华为鸿蒙系统是华为 2019 年正式发布的面向全场景的分布式操作系统。根据规划，从 2020 年 9 月 10 日起，鸿蒙系统面向大屏、手表、车机等 128KB-128MB 终端设备开源，2021 年 4 月面向内存 128MB-4GB 终端设备开源，2021 年 10 月以后面向 4GB 以上所有设备开源。由于华为鸿蒙系统在操作系统领域打破了谷歌、苹果等外资巨头的垄断，对国内科技企业具有非常重大的战略意义。因此，2021 年 6 月股票市场上刮起了一波鸿蒙概念炒作热潮，润和软件就是其中的龙头股。

如图 4-6 所示，自 2021 年 6 月 7 日开始，润和软件的股价进入快速拉升阶段，短线交易者可积极入场。不过，观察该股的走势可知，事实上，2021 年 6 月之前，该股已经出现了 2 波小幅上涨，成交量都出现了明显的放大，说明股价快速拉升前，已经有大量资金先行入场。因此，参与这类股票时，短线交易者一定要坚持快进快出的原则，发现股票涨不动了，要及时撤出。

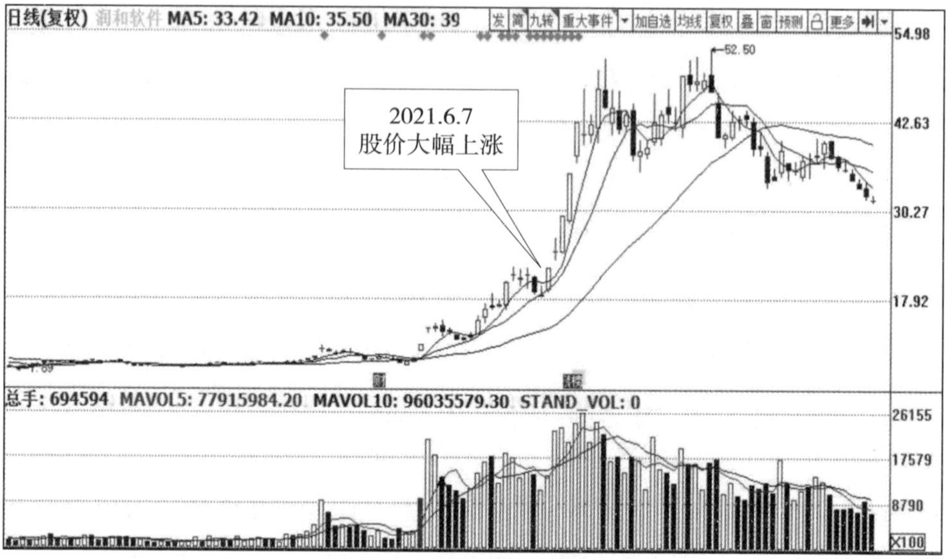

图 4-6　润和软件（300339）日 K 线走势图

三、资金：股价上升的基础

股价的上涨或下跌都是由资金推动的。当买入资金过多时，资金就会供大于求，从而推动股价节节攀升；反之，当卖出资金过多时，资金就会供不应求，从而导致股价连连下跌。在短线领域，资金的推动作用表现得更为明显，很多短线牛股的产生都是由资金的推动而产生的。

对股价短线走高产生重大推动作用的资金包括以下 3 类。

第一，长线机构资金，包括各类偏股型基金、社保基金、国资资金、外资机构资金以及各类产业投资基金等。这类资金一般属于长线投资基金，这些资金只有在大幅入场时才会对股价短线产生推动作用。另外，这些资金不会频繁地进出。不过，一般这类基金驻守较多的股票都属于长线绩优股，喜欢短线炒作的游资不喜欢碰这类股票。

第二，知名散户资金。市场上有一些知名的散户，这些散户入局某只股票，往往会对这些股票的短线价格产生推动。

第三，游资或私募机构资金。这些资金是市场上多数热门涨停板的重要推动力量。事实上，很多短线牛股的背后都有这些资金的身影。很多热门概念股，是在游资的参与下才真正走牛的。换句话说，如果没有这些游资参与，即使一只股票具有再多的热门概念，也不会掀起上攻走势。通过一些牛股参与交易的证券营业部，交易者就可以找出游资的操盘路径。

比如，2021 年 9 月 24 日，新晨科技达到了 20% 的涨停板。该只股票交易前五名，如图 4–7 所示。

2021-09-24 | 2021-06-09 | 2021-06-08 | 2020-12-01 | 2020-10-09 　　历史龙虎榜信息>>

上榜原因：有价格涨跌幅限制的日收盘价格涨幅达到15%的证券 　　更多个股解读>>

营业部名称	买入金额(元)	占总成交比例	卖出金额(元)	占总成交比例	净额(元)
中国银河证券股份有限公司绍兴证券营业部 赵老哥	1333.84万	5.92%	1.04万	0.00%	1332.80万
财通证券股份有限公司杭州九堡九乔街证券营业部	1293.67万	5.74%	0.00	0.00%	1293.67万
华鑫证券有限责任公司上海分公司	1240.54万	5.50%	0.00	0.00%	1240.54万
华泰证券股份有限公司成都南一环路第二证券营业部 成都系	999.34万	4.43%	0.00	0.00%	999.34万
平安证券股份有限公司深圳深南大道证券营业部	766.57万	3.40%	8900.00	0.00%	765.68万
					买入总计：5645.5万元
中国中金财富证券有限公司鞍山南胜利路证券营业部	3000.00	0.00%	558.26万	2.48%	-557.96万
国联证券股份有限公司常州武宜中路证券营业部	0.00	0.00%	470.93万	2.09%	-470.93万
华安证券股份有限公司池州分公司	0.00	0.00%	431.52万	1.91%	-431.52万
国泰君安证券股份有限公司琼海金海路证券营业部	0.00	0.00%	201.92万	0.90%	-201.92万
东莞证券股份有限公司河北分公司	11.24万	0.05%	182.43万	0.81%	-171.19万
					卖出总计：1846.99万元
					买卖净差：3798.51万元

图 4–7　新晨科技（300542）龙虎榜数据

从图中可以看出，2021 年 9 月 24 日当天，新晨科技能够涨停与 2 个知名游资的参与密切相关，包括中国银河绍兴证券营业部和华泰证券成都南一环路第二证券营业部。这 2 个营业部分别由“赵老哥”和“成都系”驻守，二者都属于市场上知名度非常高的游资。正是因为有了这些游资的推动，该股股价当日才能够涨停。

从这一点来看，追踪热点游资的攻击轨迹，是散户选股的一个不错的选择。不过，跟踪游资时，需要注意这样 3 点。

第一，龙虎榜，对于交易者来说，是一个追踪游资的好帮手。一般来说，每天交易结束后，交易所会将当日涨跌幅偏离值过大的股票公布出来，同时公布的还有交易的营业部。这就为交易者追踪牛股提供了一个很好的渠道。

第二，股价大幅上攻前，有些游资可能已经建仓，股价涨停时，这些游资已经距离撤出不远了。也就是说，即使交易者追涨这些股票，也要做好随时撤退的准备。

第三，成交量是一个值得密切跟踪的指标。在操作股票时，主力可能会大幅打压或拉升股价，特别是股价被拉升至较高位置时，一般成交量不出现大幅放大，这就意味着主力没有完成出货，交易者可继续耐心持股。这个方法用来跟踪游资同样有效。

四、龙头：股价上升的领航者

行业内的龙头股，无论起涨时间还是涨幅，均领先于板块内的其他股票。正因如此，寻找行业内的龙头股，是一种比较稳妥的短线选股方法。板块内股票一般会同时启动，但涨幅不可能相同，大龙头的涨幅肯定是最大的。

判断一只股票是否属于行业龙头，可从以下 2 个方面分析。

1．实力强弱

行业龙头，往往会受到市场较多的关注，社保基金和其他主力资金进驻也会很多，这样的股票走起来会比较稳。

2．股价走势

股市中，行业龙头的股价走势要强于板块内部的其他股票。换句话说，如果行业龙头的走势弱于其他股票，那么该只股票就不能算作真正的行业龙头。具体的对比方法包括以下 2 种。

第一，标的股与板块走势的对比。

与板块整体走势相比，龙头股一定是最强势的，会先于板块启动上涨，也会先于板块下跌，并且涨幅大于板块，跌幅小于板块。当然，龙头股也有短期疲软的，但长期来看，应该是远强于板块走势的。

下面看一下小康股份的股价走势与汽车整车概念板块走势的对比，如图 4-8 所示。

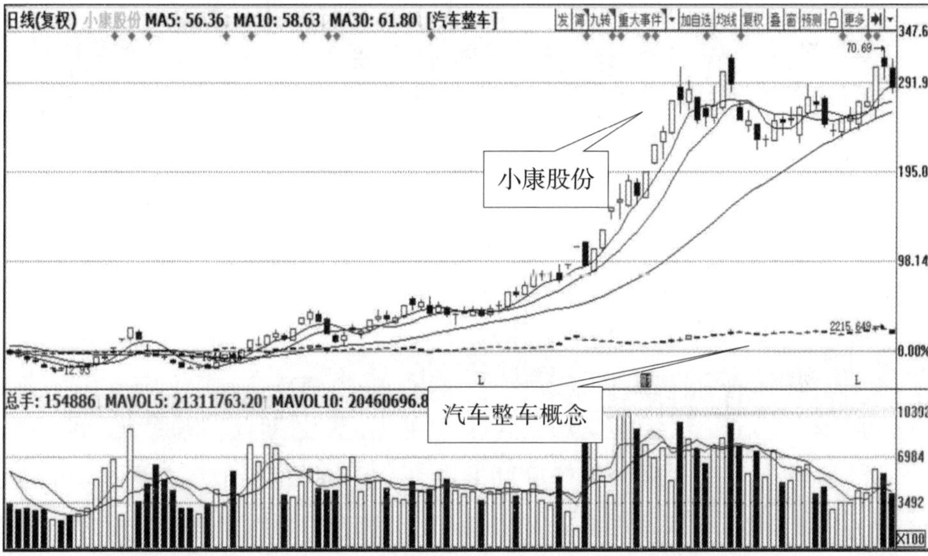

图 4-8 小康股份（601127）与汽车整车概念板块走势的对比图

2021 年年初，华为汽车概念横空出世，成为市场热门概念，进而带动整个汽车整车板块走强。作为与华为合作的伙伴，小康股份成为市场资金竞相追逐的焦点。同时，与市场上汽车整车生产企业相比，小康股份的盘子相对较小，这也是其成为大龙头的一个必要条件。

从图中的对比可以看出，与整个汽车整车概念板块相比，小康股份的股价先于板块启动，并且整个上涨过程明显强于板块走势。由此可见，在汽车整车这一概念板块中，小康股份无疑属于龙头品种。

第二，标的股与相关股票的对比。

某一板块成为资金热炒的重点后，最早启动、涨势最猛的，往往就是该板块内的龙头股。下面来看一下同属华为汽车概念板块的小康股份和北汽蓝谷两只股票的走势对比情况，如图4-9所示。

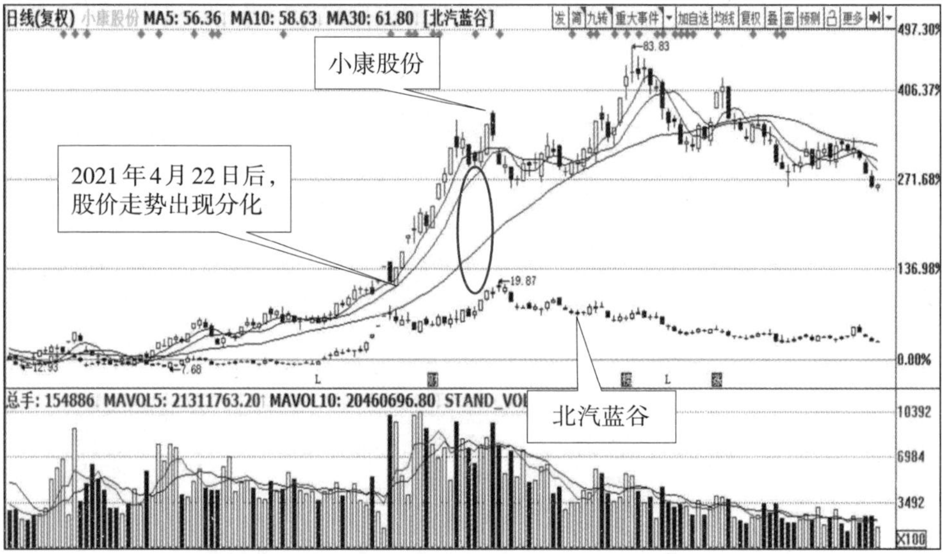

图4-9　小康股份（601127）与北汽蓝谷（600733）的对比图

2021年3月，华为汽车概念板块成为资金热炒的对象，很多股票的股价出现了快速上涨。期间，通过对比小康股份和北汽蓝谷两只股票的股价走势，可以很容易选出真正的龙头股。2021年4月22日，华为汽车概念板块经过回调后走势出现分化，小康股份当天以涨停报收，而北汽蓝谷出现下跌。此后，两只股票的涨幅出现了大幅分化，小康股份的走势更为强势，而北汽蓝谷要弱一些，说明小康股份已经成为引领板块上涨的龙头力量。之后，从两只股票的股价走势对比来看，小康股份一直强于北汽蓝谷。

第二篇

超短线攻击三部曲

超短线以操盘周期短、股价波动剧烈、高风险高收益而著称。通常情况下，都是一些经验比较丰富的交易者参与超短线交易。

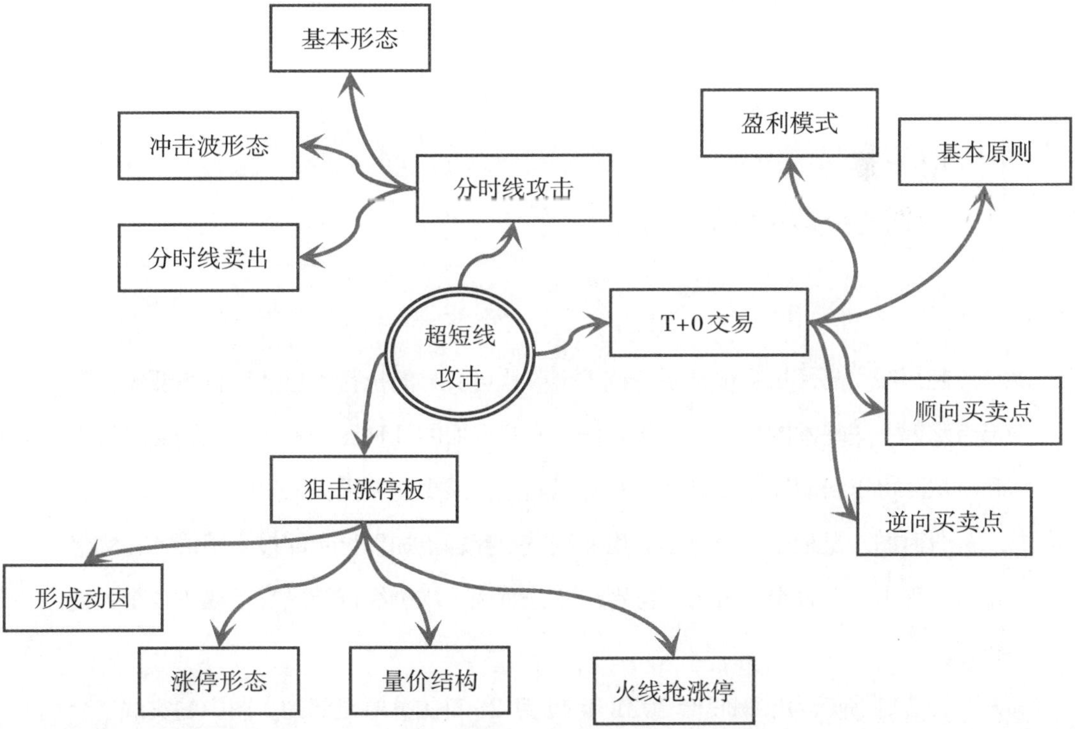

超短线攻击知识导图

第五章

分时线出击形态

超短线操盘，很大程度上真实地体现了短线交易的精髓，快速、准确地出击，毫不拖泥带水，犹犹豫豫。

第一节
分时线基本交易形态

超短线交易，更多地是要从技术上寻找可交易的执行点位，这就需要短线交易者掌握一些基本的交易技术和方法。本章选取的几种比较有代表性的交易技术和方法，可以帮助短线交易者提升交易质量，减少交易损失。

分时图，是把个股交易信息用曲线在坐标轴上加以显示的技术图形。在实战操盘过程中，短线交易者需要特别注意分时线、均价线以及成交量线等几个关键指标。

图 5-1 所示为宝钢股份 2021 年 11 月 26 日的分时走势图。图中的实线“分

时线”代表了宝钢股份的实际走势，反映了该股当天股价的变动情况；图中的虚线“均价线”代表了从开盘到当时时刻的平均价格曲线。

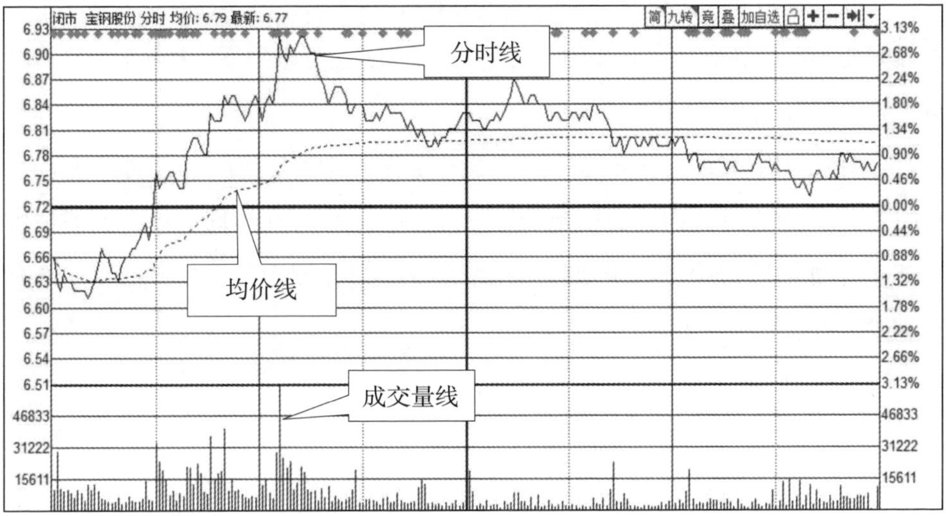

图 5-1　宝钢股份（600019）分时走势图（2021.11.26）

图中的分时线，是由一系列价格点连接构成的。大多数炒股软件，每隔 6 秒左右更新一次成交信息，并在分时图上显示最新的价格走势，不过，每分钟最终的价格点仍以该段时间内最后一笔成交价格为准。也就是说，若在 1 分钟内有多笔成交信息，有多个成交价格，在分时图上最后只能留下最后 1 笔成交价格。例如，某只股票在 1 分钟内有 3 笔成交，价格分别为 6.87 元、6.92 元、6.89 元（最后 1 笔），那么在分时图上，该时间段的价格点只显示 6.89 元。

分时线反映了当天股价走势情况，均价线则体现了从开盘到当时的平均交易成本。因此，交易者可以从分时线与均价线的走势来看两者之间的关系。

分时线与均价线之间存在如下关系。

第一，分时线运行在均价线上方时，说明当天买入的交易者大部分处于盈利状态，股价走势较强。股价每次下跌到均线位置时，总会有一些交易者认为是一个比较合适的买点，于是纷纷买入股票，所以，股价就会止跌向上，从而形成均价线对股价的支撑作用。

第二，分时线运行在均价线下方时，说明当天买入的交易者大部分处于亏损状态，股价走势较弱。股价上涨到均线附近时，就会有一些交易者认为此时是一个较好的卖点，于是纷纷卖出股票，所以，股价就会反转向下，从而形成均价线对股价的阻力作用。

分时线与均价线之间的位置关系，能够反映出当日股价走势的强弱，帮助短线交易者预判短时间内的股价走势。一般来说，分时线与均价线之间的位置关系并不能对股价中长线走势给出指示含义，但在超短线交易方面是非常有价值的。

一、突破：分时线上穿均价线

前面已经介绍了分时线与均价线之间的关系。当分时线运行于均价线下方时，说明该股走势疲弱，同时也预示股价短期内继续走低的概率很大。不过，若某一时刻股价自下而上放量突破均价线，则说明股价短期有走强的可能，交易者可考虑短线买入。

利用分时线向上突破均价线买入股票时，应注意这样 3 点。

第一，均价线应处于放平或向右上方倾斜态势，说明股价整体走势不差。

第二，分时线向上突破均价线时，若成交量线同步拉长，则说明成交量与股价配合良好，股价继续上攻的可能性较大。

第三，若个股前期涨幅较大，还要注意防范主力诱多的可能。

下面来看一下美锦能源的分时走势图。

如图 5-2 所示，2021 年 9 月 9 日，美锦能源的股价平开低走，接着股价小幅下挫，给人一种即将跳水的感觉。不过，均价线并未出现明显的下跌迹象。

9:50 左右，该股分时线快速上攻，一举突破均价线，并带动成交量放大。均价线也同步拐头向上，说明股价有企稳的迹象。

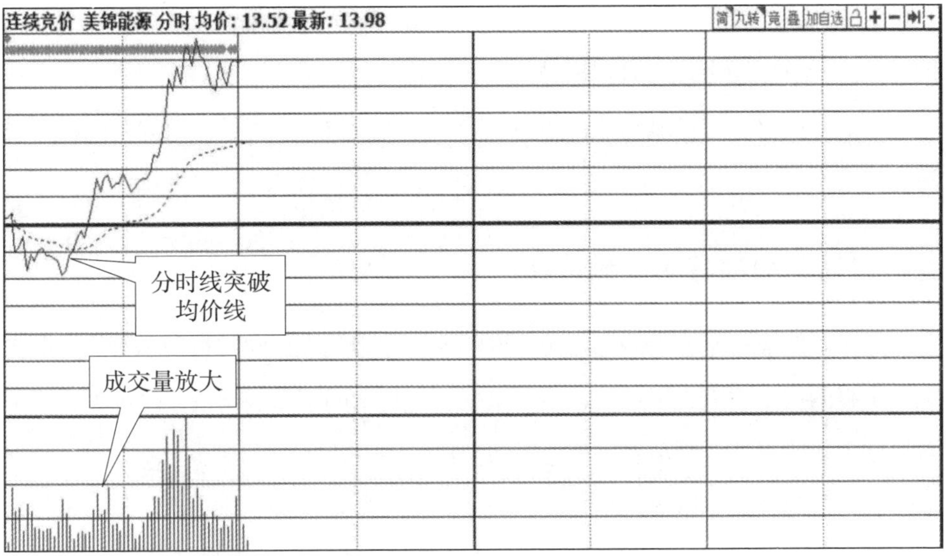

图 5-2 美锦能源（000723）分时走势图（2021.9.9）

下面再来看一下该股的日 K 线走势图。

如图 5-3 所示，美锦能源的股价经过一段时间的上涨后，2021 年 8 月进入横盘整理区间。这种情况意味着股价未来既有上攻的可能，也有下行的风险。

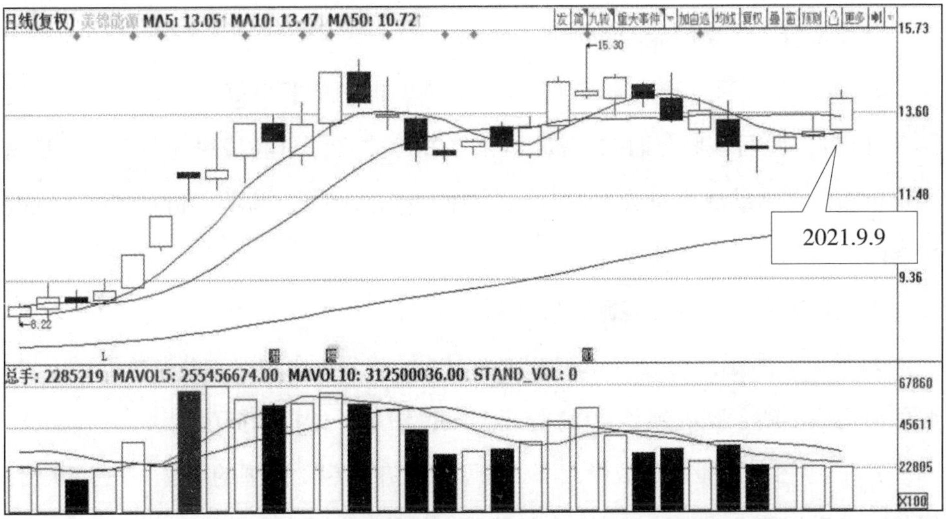

图 5-3 美锦能源（000723）日 K 线走势图

9 月 9 日，该股股价正式启动反弹，说明在整个煤炭化工板块概念被热炒的情况下，股价短期上行的概率相对较大。

不过，交易者应控制仓位，防范风险，一旦股价上攻遇阻，就要及时减仓或清仓。

二、跌破：分时线下穿均价线

当分时线运行于均价线上方时，说明该股走势较强，同时也预示股价短期内继续走强的概率很大。不过，若某一时刻股价自上而下跌破均价线，则说明股价有短期走弱的可能，交易者可考虑短线卖出。

利用分时线向下跌破均价线卖出股票时，应注意这样 3 点。

第一，均价线若出现放平或向右下方倾斜的态势，说明股价整体走势开始变弱。

第二，分时线向下跌破均价线时，并不需要成交量放大相配合。不过，若成交量同步放大，则可增强股价下跌信号的准确性。

第三，若个股前期跌幅较大，还要注意防范主力诱空的可能。

下面来看一下南网能源的分时走势图。

如图 5-4 所示，2021 年 7 月 14 日，南网能源的股价高开高走，涨幅一度达到 3.6%，此后该股分时线冲高回落。10:00 左右，分时线快速下跌，一举跌破均价线，并带动成交量放大。均价线也同步拐头向下，说明股价有继续下跌的可能。

下面再来看一下南网能源的日 K 线走势图。

如图 5-5 所示，2021 年 6 月初，南网能源的股价出现了一波振荡下行走势，股价沿均线不断下跌。到了 2021 年 7 月初，股价开始横向振荡。

7 月 13 日，该股股价放量大涨，说明股价存在启动反弹的可能。7 月 14 日，股价开盘后继续上攻态势，给人一种股价短线将要上升的感觉。但盘中时段的打

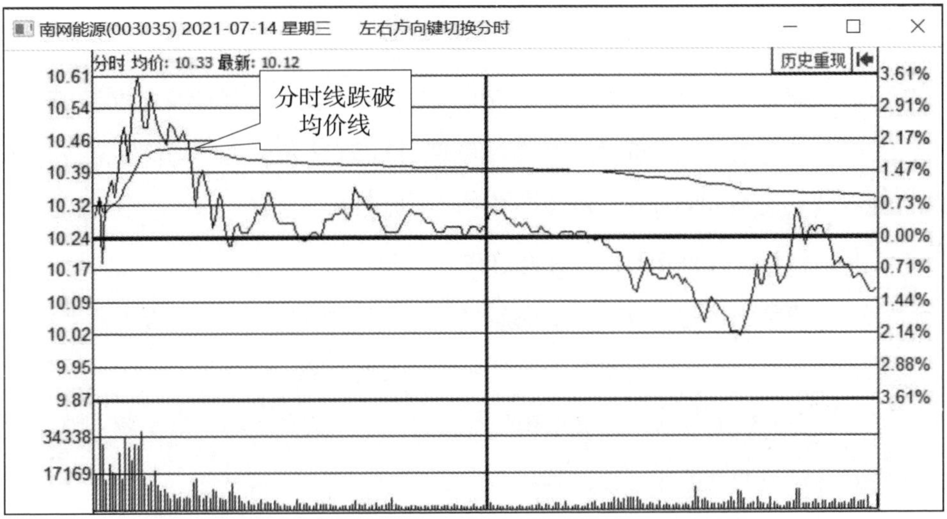

图 5-4　南网能源（003035）分时走势图（2021.7.14）

压，让散户丧失了最后的希望，这说明股价很可能会延续之前的下跌态势，交易者不宜入场。

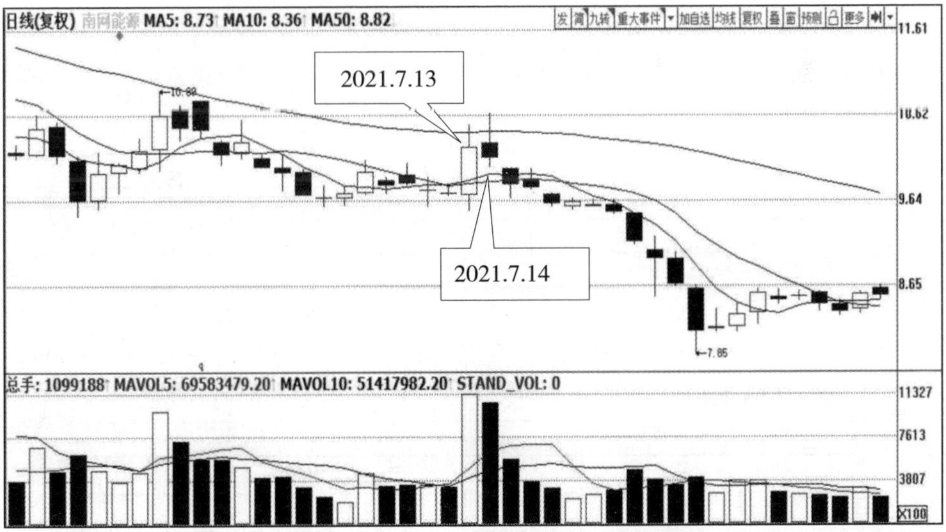

图 5-5　南网能源（003035）日 K 线走势图

三、支撑：分时线遇均价线反弹

分时线运行于均价线上方，说明股价走势较强。此后，分时线上冲后出现回落，并且回落至均价线附近时，因受均价线支撑再度上涨，说明均价线对分时线的支撑有效，未来行情看涨，短线可考虑买入或加仓。

交易者执行买入操作时，应注意这样 3 点。

第一，股价回调时，成交量出现萎缩态势；分时线遇均价线支撑再度上攻，成交量若能同步放大，则说明量价配合良好，未来看涨。

第二，分时线若能多次回调至均价线位置，又因遇到支撑再度上攻，则说明均价线对分时线的支撑作用较强。

第三，分时线回调时，若均价线仍向右上方倾斜，则说明股价整体走势良好，股价继续上涨的可能性较大。

下面来看一下道森股份的分时走势图。

如图 5-6 所示，2017 年 7 月 5 日，道森股份以前日收盘价开盘，分时线经

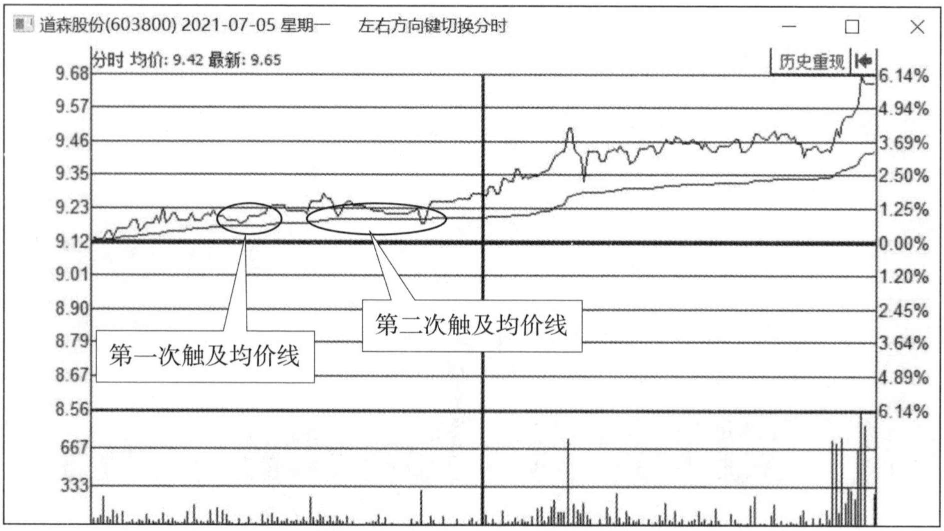

图 5-6　道森股份（603800）分时走势图（2021.7.5）

过一波拉升后回落，回落至均价线位置时，因受均价线支撑重新上涨。接着，分时线与均价线同步向上运行，并突破了前日收盘价。其后，分时线再次回调至均价线位置，并再次因均价线支撑而上涨，说明均价线对分时线具有很强的支撑力，未来股价向好的可能性较高，交易者可考虑追涨买入。

下面再来看一下道森股份的日 K 线走势图。

如图 5-7 所示，2021 年 6 月初，道森股份的股价出现了一波振荡盘整走势。到了 7 月初，股价出现了回调整理。

7 月 5 日，股价放量大涨，并向上突破了 5 日均线等多条均线，说明股价存在启动反弹的可能。此后，股价开盘后继续上攻态势，短线交易者可积极入场做多，并合理控制仓位，防范风险。

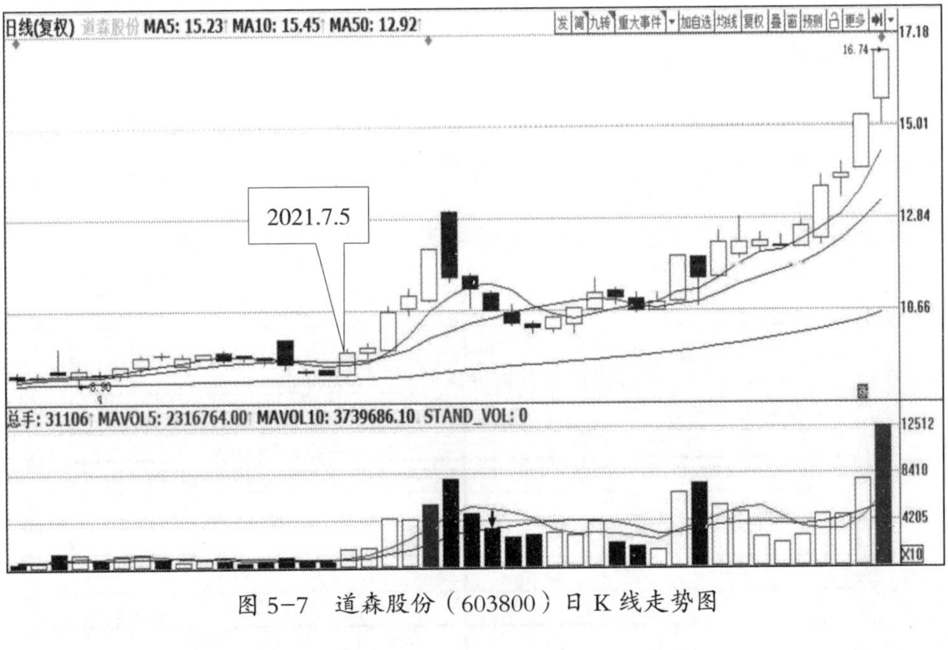

图 5-7　道森股份（603800）日 K 线走势图

四、阻力：分时线遇均价线回落

分时线运行于均价线下方，说明股价走势较弱。此后，分时线下跌一段时间后出现反弹，并且反弹至均价线附近时，因受均价线阻力再度下跌，则说明均价线对分时线的阻力有效，未来行情看跌，持有股票的交易者宜执行卖出操作。

交易者执行卖出操作时，应注意这样 4 点。

第一，股价反弹时，成交量若没有明显的放大态势，则分时线突破均价线的概率相对较小。

第二，分时线若多次反弹至均价线位置，都因遇到阻力再度下跌，则说明均价线对分时线的阻力作用较强。

第三，分时线反弹时，若偶尔向上突破均价线，但很快又回到均价线下方，则视同突破无效，均价线对分时线的阻力仍然有效。

第四，分时线反弹时，若均价线仍向右下方倾斜，则说明股价整体走势较差，股价继续下跌的可能性较大。

下面来看一下电子城的分时走势图。

如图 5-8 所示，2021 年 4 月 23 日，电子城以低于前日收盘价的价格开盘，此后分时线很快回落，并且分时线一直运行于均价线下方，足见股价走势之弱。

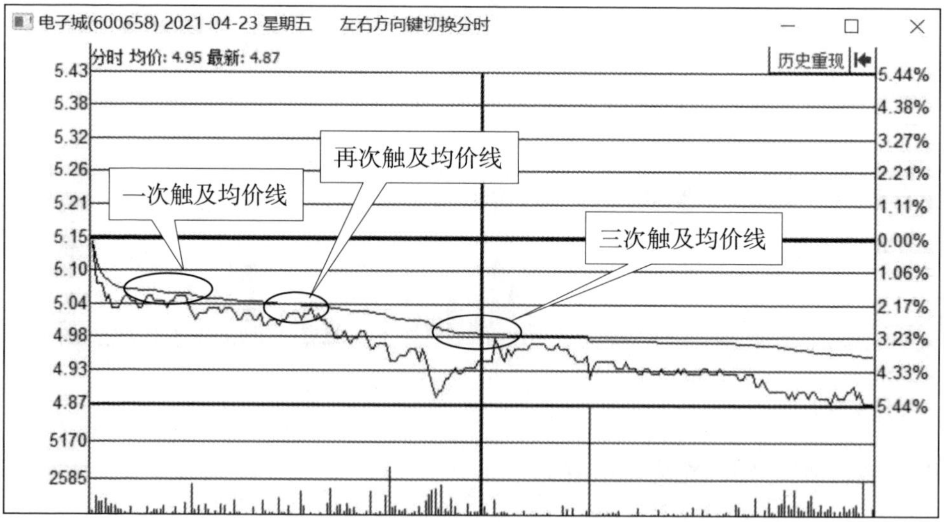

图 5-8　电子城（600658）分时走势图（2021.4.23）

其后，分时线曾数次出现反弹走势。不过分时线反弹至均价线位置时，均因受到均价线阻力重归下跌通道，由此可见均价线对分时线的阻力之强。

下面来看一下该股的日 K 线走势图。

如图 5-9 所示，电子城的股价经过一波反弹后，2021 年 2 月初出现了一波振荡盘整走势。到了 4 月底，股价出现了小幅上升走势。

4 月 23 日，股价放量大跌，并向下跌破了 5 日均线等多条均线，说明股价存在下跌的可能。此时，手中存有股票的交易者宜清仓，执行卖出操作。

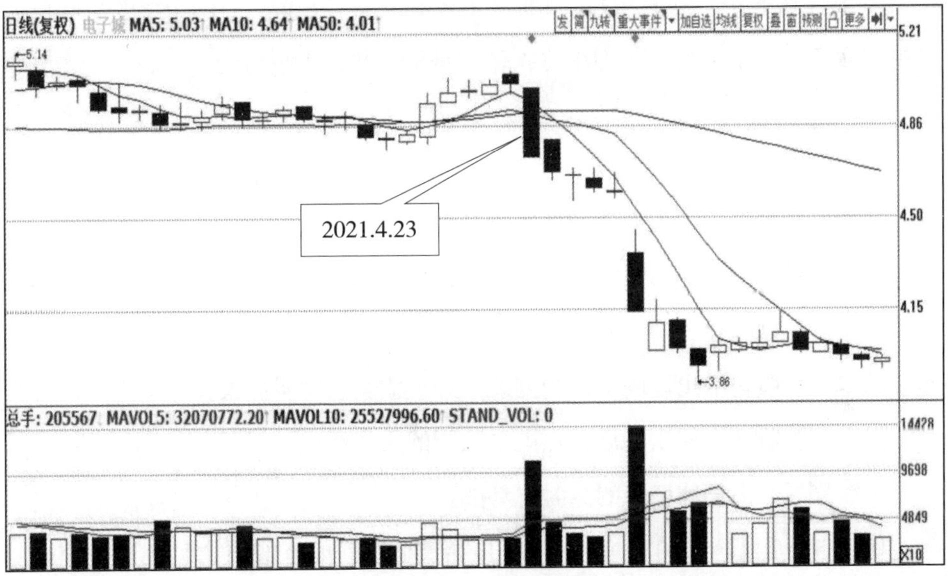

图 5-9 电子城（600658）日 K 线走势图

第二节
分时线冲击波的基本形态

对于短线交易者来说，时间就是盈利，机会就是生命。交易者通过研判即时图，可以在最短的时间内发现机会，这样就可以为自己的投资获利打下良好的基础。

对于习惯将分时图作为主时间框架的短线交易者来说，有两个重要时间点需要特别注意：一是早盘开盘 1 小时内；二是午盘开盘 1 小时内。

一、低开振仓

股价低开振仓的买入条件包括以下 3 种。

第一，股价前一交易日收中阳线，当日早盘却突然大幅低开，说明主力想通过集合竞价开盘振仓。

第二，该股盘中出现向上冲击姿态，并且成交量同步放大。

第三，股价向上冲击的启动点就是该股的最佳买点。

下面来看一下怡球资源的分时走势图。

如图 5-10 所示，2021 年 9 月 9 日，怡球资源的股价低开之后迅速被拉高，短线交易者可以仔细研判这只股票。

下面再来看一下该股的日 K 线走势图。

如图 5-11 所示，此时怡球资源的走势已经启动了一波上涨行情，股价位于各条均线之上，并且各条均线向右上方发散排列。此时，大盘走势趋势稳定，适宜短线操作。

股价低开的前一个交易日，即 2021 年 9 月 8 日，该股收出一根中阳线，预示着 9 月 9 日的低开很有可能是主力的振仓行为，交易者可以在股价启动上涨

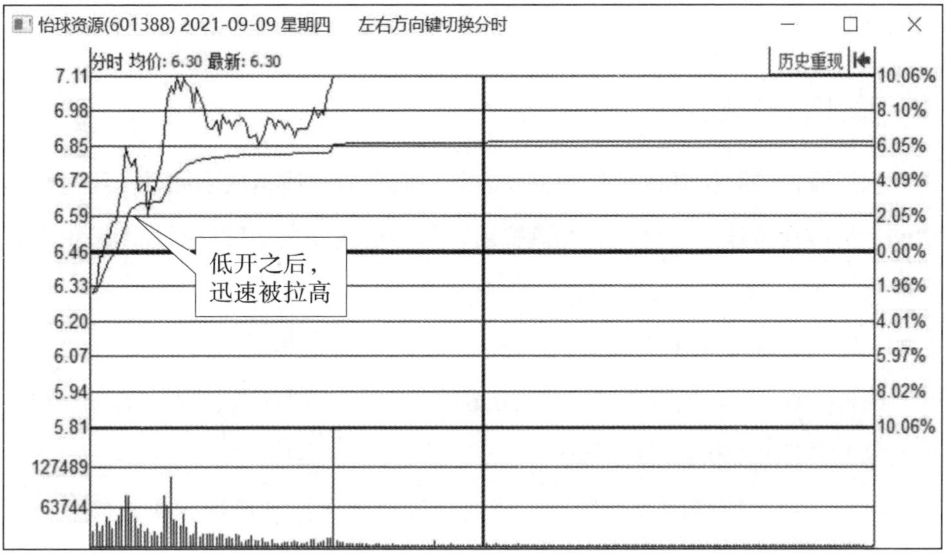

图 5-10　怡球资源（601388）分时走势图（2021.9.9）

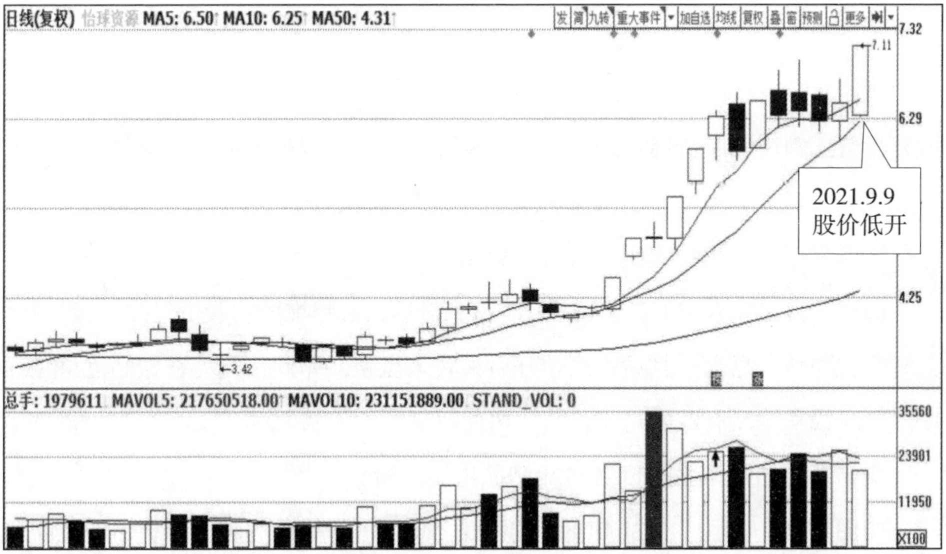

图 5-11　怡球资源（601388）日 K 线走势图

时买入部分该股。当股价出现回调，并且不破均价线时，再加仓买入。交易者在买入该股时，可以将止损位设置在前一交易日中阳线的低点处，一旦股价跌破这一低点，交易者就可以卖出止损。

二、稳步拉升破前高

一只股票的股价开盘后呈现下跌态势，而后分时线自底部回升，经过盘整后向上突破均价线，再经过一轮盘整后脚踩均价线向上运行，则说明股价即将启动。

其操作要点如下。

第一，股价开盘后的下跌，一般是延续了前一交易日的跌势，或在前一交易日大幅上涨后出现获利回吐所致。

第二，分时线触底反弹后，若成交量温和放大，则可增强买入信号的有效性。

第三，分时线反弹一段时间后出现盘整，并再度向上突破均价线时，为该股的第一个买点。

第四，分时线突破均价线后出现盘整走势，并再度向上突破当日开盘时高点或开盘价，则说明股价运行趋势已经发生转变，交易者可追加买入该股。

第五，日 K 线处于超跌反弹状态或上升趋势中，方可入场参与短线交易。

下面来看一下塔牌集团的分时走势图。

如图 5-12 所示，2021 年 8 月 31 日开盘后，塔牌集团的股价经过一波拉升，分时线立即转入盘整，其后再度拉升后又转入盘整，如此往复。在振荡盘整过程中，分时线从来没有跌破过均价线，由此可见股价走势之强。

交易者可结合该股的日 K 线走势图进行分析。

如图 5-13 所示，2021 年 8 月 30 日之前，塔牌集团的股价经历了一波回调行情。8 月 31 日，该股分时线在开盘时段低开，就是主力要给散户一种股价继续下跌的假象。鉴于前一交易日的大跌使得股价与均线距离较远，这就为股价可能到来的超跌反弹赢得了一定的空间。

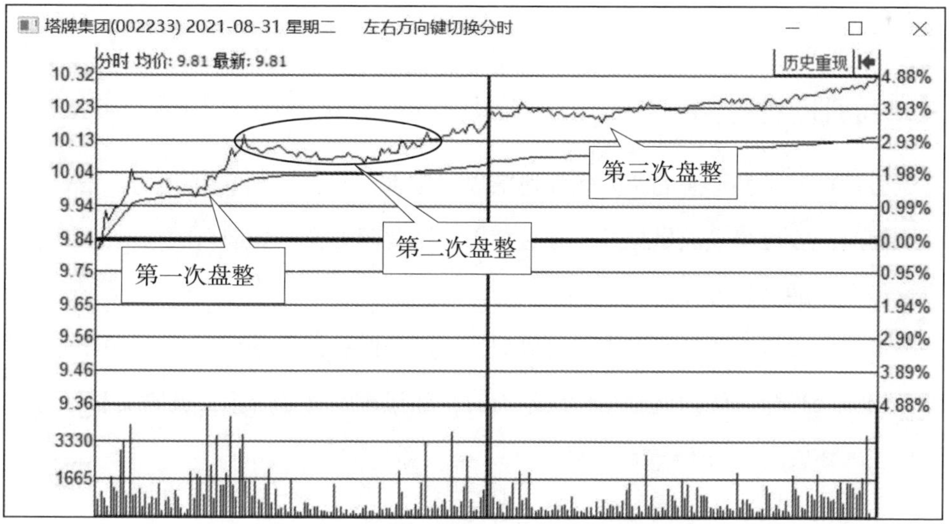

图 5-12 塔牌集团（002233）分时走势图（2021.8.31）

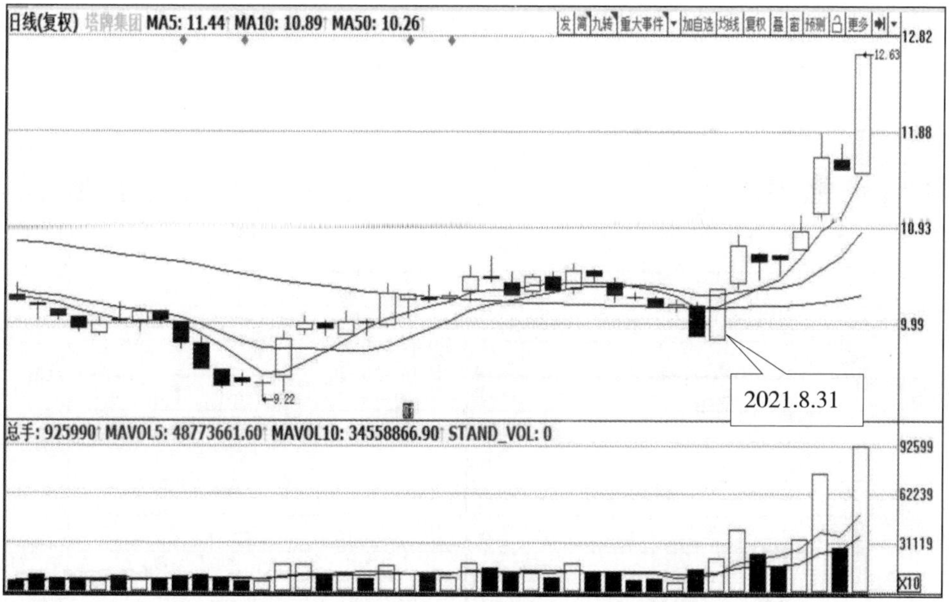

图 5-13 塔牌集团（002233）日 K 线走势图

短线或超短线交易者可在 8 月 31 日入场参与短线行情。分时线向上突破均价线时，说明股价运行趋势已经向好。当分时线冲高回落没有跌破均价线时，交易者可大胆追涨买入该股。

三、拉升回档形态

股价拉升回档形态的买入条件包括以下 3 种。

第一，股价早盘放量拉升，并且突破了重要阻力位（如前日收盘价、今日开盘价和今日最高价等）。

第二，股价大幅拉升形态已经确立，这时分时线出现回调。

第三，当分时线回调到均价线附近时，如果重新开始上涨，此时交易者可以选择买入该股。

下面来看一下中航西飞的分时走势图。

如图 5-14 所示，2021 年 8 月 2 日开盘之后，中航西飞的股价出现了放量拉升的走势，分时线接连突破了开盘价、前日收盘价等阻力价位后出现回调，股价回调到均价线附近后，重新开始了一波上涨走势。此时，交易者可以买入该股。

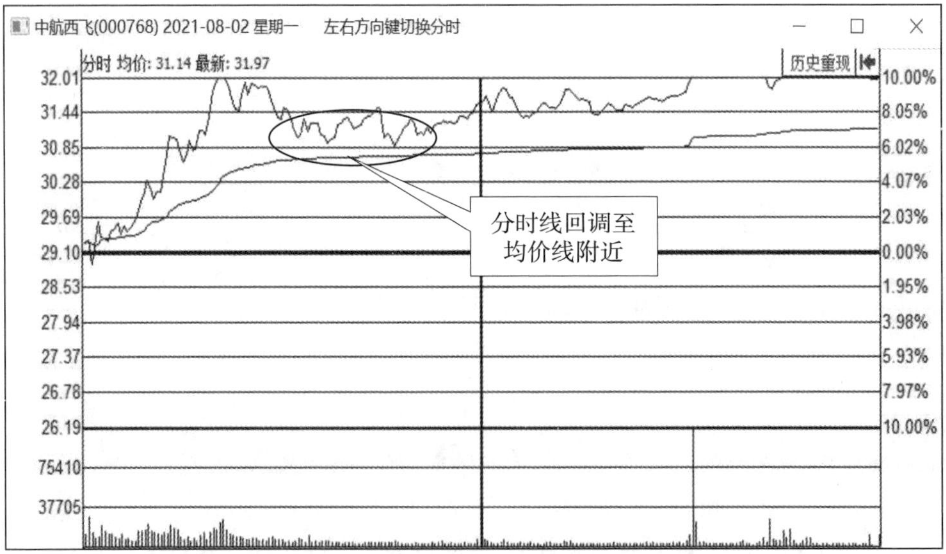

图 5-14 中航西飞（000768）分时走势图（2021.8.2）

下面再来看一下该股的日 K 线走势图。

如图 5-15 所示，中航西飞的股价经历了一段时间的横盘调整走势。2021 年 7 月 30 日，该股低开高走，成功突破了多条均线的压制，并且各条均线出现拐头向上的趋势，说明该股短期有走好的趋势。与此同时，大盘指数在下跌过程中出现了短暂的反弹，这也符合短线操作的需求，交易者可在 2021 年 8 月 2 日当天买入该股。

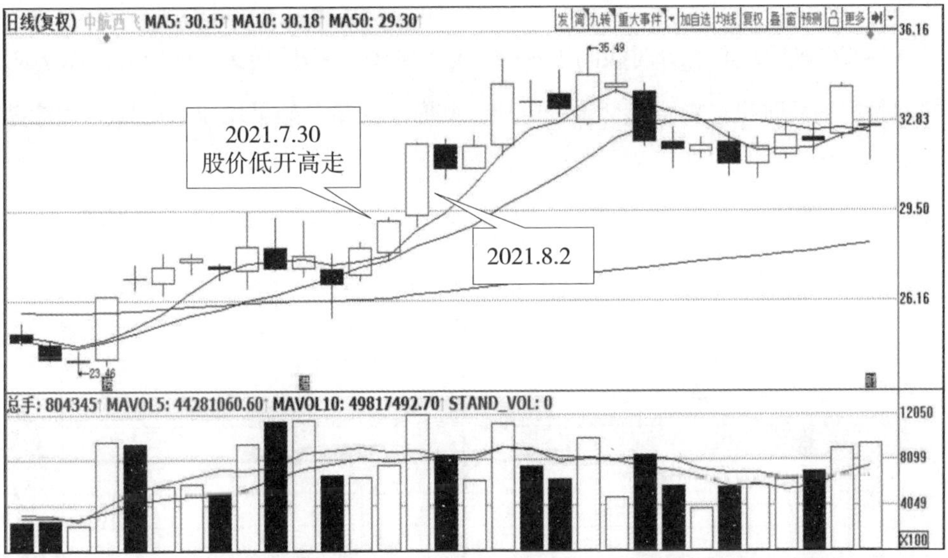

图 5-15 中航西飞（000768）日 K 线走势图

四、中轴横盘再起舞

中轴横盘再起舞形态的买入条件包括以下 4 种。

第一，股价早盘平开或略高于前一交易日收盘价开盘，此后股价分时线与均价线纠缠在一起，并呈横盘运行状况。

第二，股价分时线横盘时，成交量并未出现放大态势。

第三，分时线横盘很长一段时间后，向上突破均价线或自均价线位置拐头向上，并与均价线产生明显的距离，则说明股价即将启动上涨。

第四，分时线出现上攻形态，并且成交量同步放大，可增强股价上攻的可能性。

下面来看一下威尔药业的分时走势图。

如图 5-16 所示，2021 年 9 月 3 日开盘后，威尔药业的股价分时线一直与均价线纠缠一处，并呈横盘状态，说明股价正在选择突破方向，交易者不宜介入。

14:20 以后，股价分时线向下突破，遇均价线支撑后拐头直线拉升，属于典型的股价启动时机。观察成交量线可知，此时成交量开始呈现放大态势，交易者可以买入该股。

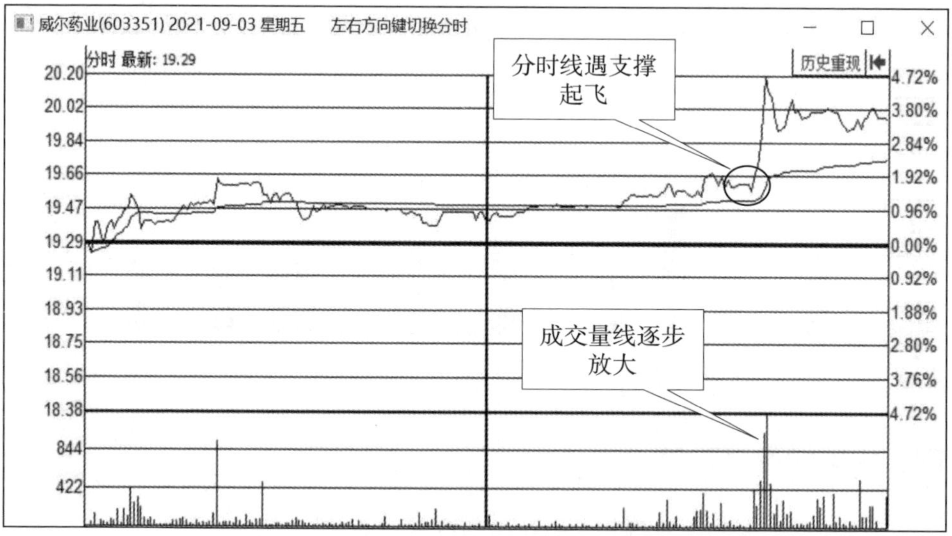

图 5-16 威尔药业（603351）分时走势图（2021.9.3）

下面来看一下该股的日 K 线走势图。

如图 5-17 所示，威尔药业的股价经历了一段时间的横盘调整走势。2021 年 9 月 2 日，该股股价小幅走高，并成功站到了各条均线之上。

9 月 3 日，该股股价开盘后，经过一段时间的盘整后启动，成交量同步放大。

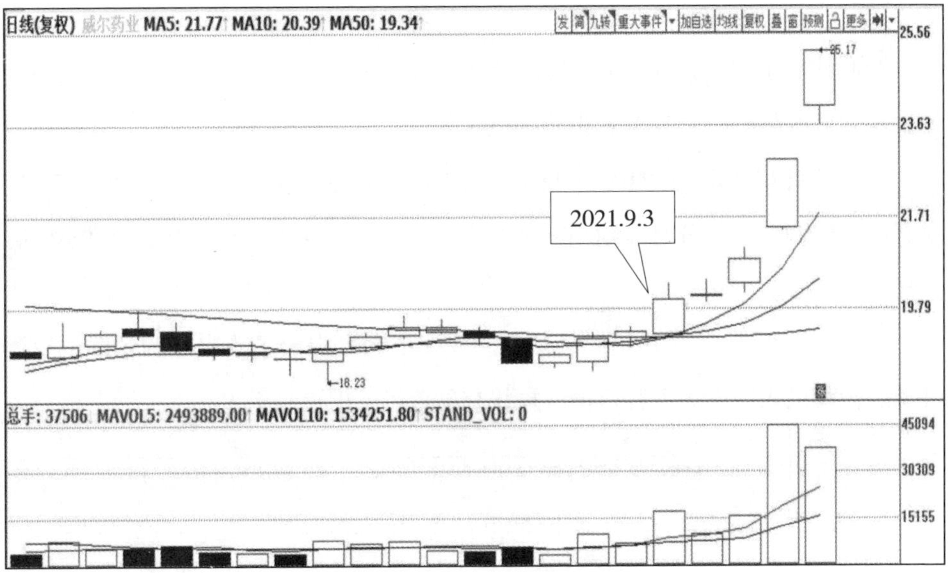

图 5-17　威尔药业（603351）日 K 线走势图

短线交易者可在当天分时线启动上攻时买入该股。

五、底部形态

分时线运行过程中，可能会像 K 线一样走出经典底部形态，如双底形态、头肩底形态等。这些形态的出现，预示分时线即将完成筑底，开启反弹。这里以双底形态为例进行介绍。

早盘开盘后，股价上冲后出现回落（不跌破前一交易日的收盘价最好），接着再度上攻，之后分时线再次回落，并且回落的低点高于前一次回落的低点。此后分时线又一次上攻，这时，分时线在盘面上便会留下一个双底形态，预示着股价将出现一波上涨走势。

交易者执行买入操作时，还应注意这样 3 点。

第一，双底形成后大单频出，预示股价开始拉升。

第二，分时线拉升时，成交量同步放大。

第三，分时线突破均价线或前一交易日收盘价时放量明显。

分时线突破双底颈线位时，交易者可考虑买入股票。其后，若分时线回调且不破小双底的最低价，交易者也可择机买入。

如图 5-18 所示，2021 年 8 月 11 日，湖南黄金的股价早盘开盘后小幅上攻，其后出现回调走势。分时线刚刚跌破均价线后，在均价线下方构筑了一个小头肩底形态。

9:51 以后，分时线开始放量拉升，并同步向上突破了头肩底的颈线位，意味着股价将进入新一波上升行情，短线交易者可考虑追涨买入。

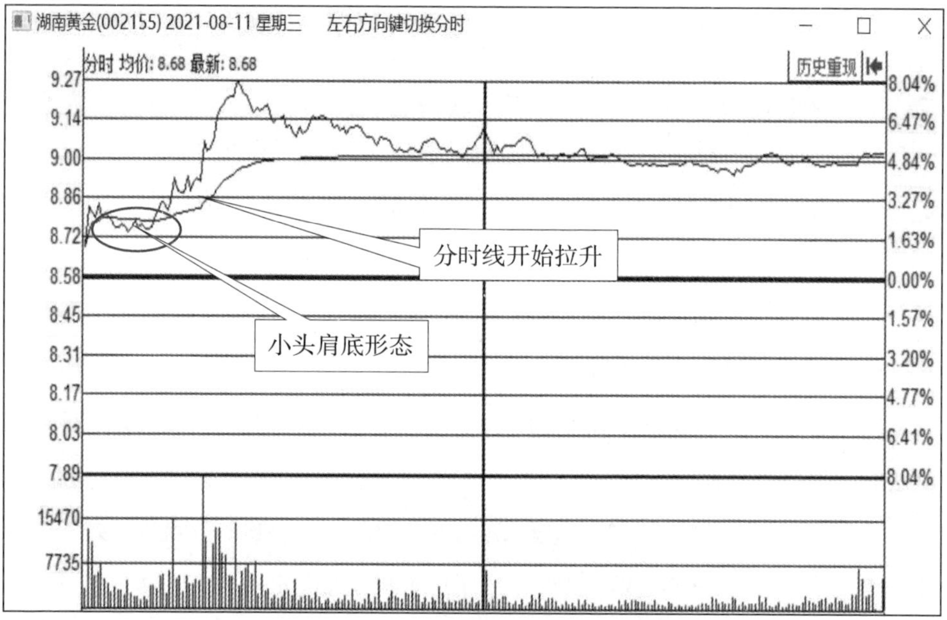

图 5-18　湖南黄金（002155）分时走势图（2021.8.11）

下面再来看一下该股的日 K 线走势图。

如图 5-19 所示，湖南黄金的股价经历了一段时间的横盘调整走势。2021 年 8 月 11 日，股价经过开盘阶段的振荡后直线走高。从日 K 线图上也可以看出，当日该股股价已经完全站到了多条均线之上，并且各条均线已经开始呈多头发散排列，属于典型的看多形态。

基于以上判断，交易者可在 8 月 11 日积极入场做多。

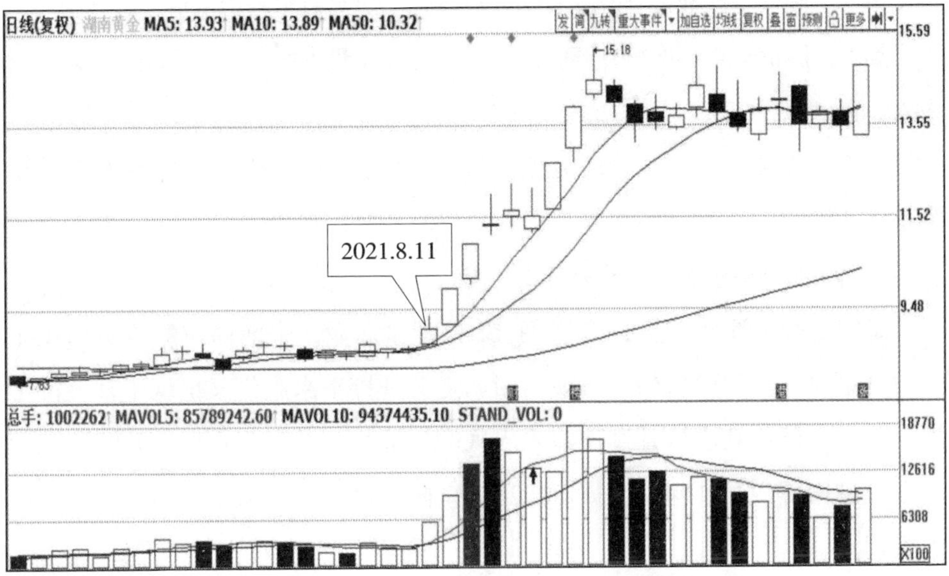

图 5-19　湖南黄金（002155）日 K 线走势图

第三节 分时线卖出技术

短线交易讲究快进快出，因而交易者最好选择主动退出，而不是被动地等到股价下跌趋势明显之后再卖出。交易者可以选择的卖出点位包括如下 4 个。

一、无量拉升

量增价涨是股价上涨的健康形态。一旦出现无量上涨的情况，交易者就应该特别注意，要随时警惕可能的下跌。

无量拉升的形态特征如下。

第一，股价多次被拉升，并且第一波拉升明显具有量增价涨形态。

第二，股价从第二次拉升开始，已经没有成交量支撑了，说明庄家并未持续投入资金。

第三，无量拉升属于阶段见顶信号，交易者看到这种情况，应及时卖出股票。

下面来看一下中航西飞的分时走势图。

如图 5-20 所示，2021 年 8 月 12 日开盘之后，中航西飞的股价出现了一波携量拉升，但股价随后出现了回调走势。接下来股价又出现了几波向上拉升走势，但这几次拉升过程并未出现明显放量，并且后几波拉升基本无力向上突破均价线，说明该股很可能达到了阶段高点，交易者宜迅速卖出手中的股票。

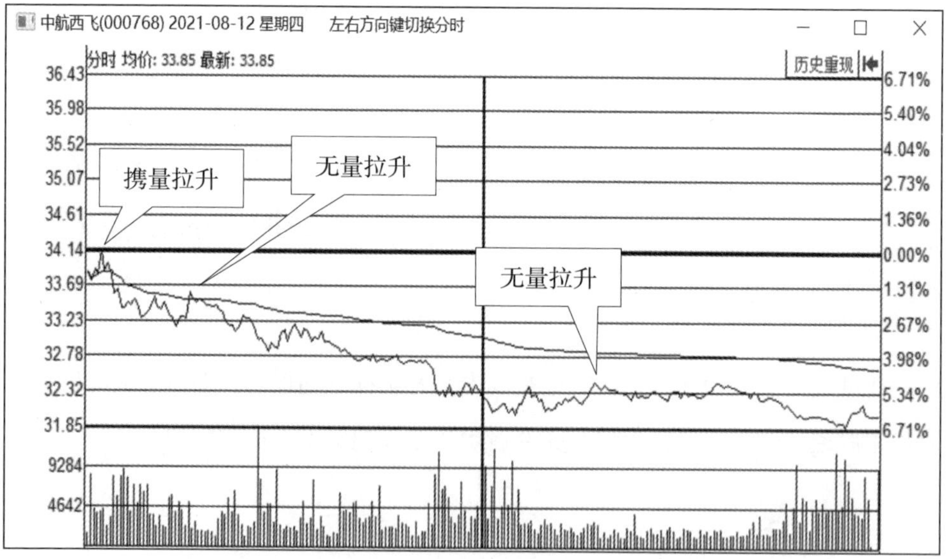

图 5-20 中航西飞（000768）分时走势图（2021.8.12）

下面再来看一下中航西飞的日 K 线走势图。

如图 5-21 所示，从 2021 年 7 月中旬开始，中航西飞的股价经历了一波振荡上升走势，股价不断创下新高。2021 年 8 月 10 日，该股股价出现阶段高点后回调。

2021 年 8 月 12 日，该股股价经历了几波无量拉升之后显露出见顶迹象，此后股价一路走跌。

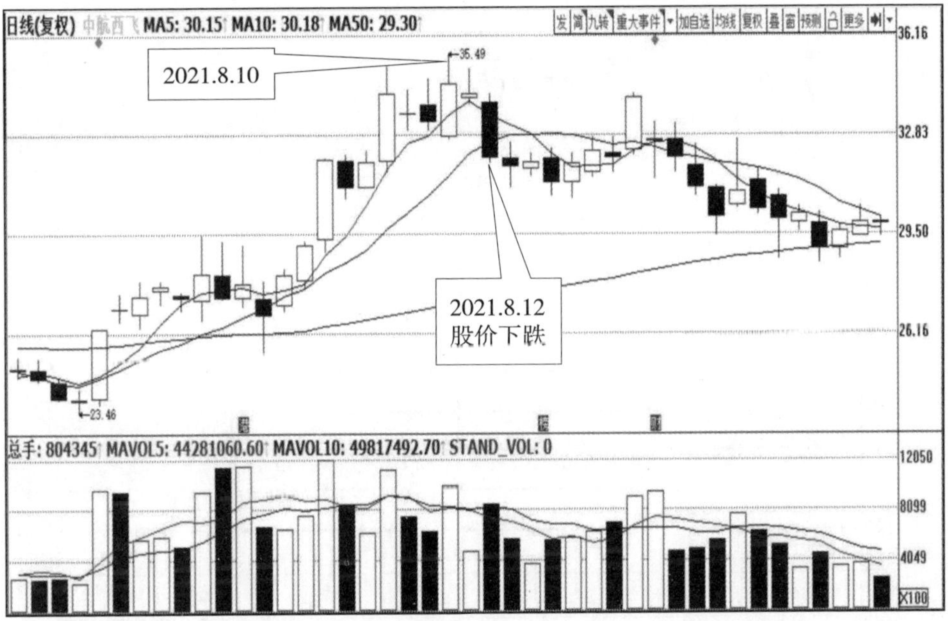

图 5-21　中航西飞（000768）日 K 线走势图

二、放量滞涨

量价齐升为量价配合的最佳形态。若出现了放量滞涨形态，则说明该股走势十分不健康，股价有走跌的可能。

放量滞涨的形态特征如下。

第一，股价开盘之后迅速拉升，其后股价一直在均价线上方振荡盘整。

第二，盘中阶段成交量出现放大，但股价没有向上突破。

第三，股价放量滞涨时，交易者应坚决卖出。

下面来看一下吉祥航空的分时走势图。

如图 5-22 所示，2021 年 6 月 4 日开盘之后，吉祥航空的股价出现了几波携量拉升，但股价随后出现了回调走势。接下来股价振荡走低，即使盘中时段、尾盘时段成交量出现放大态势，股价也未上涨，说明该股短期内可能到达顶部，交易者宜卖出该股。

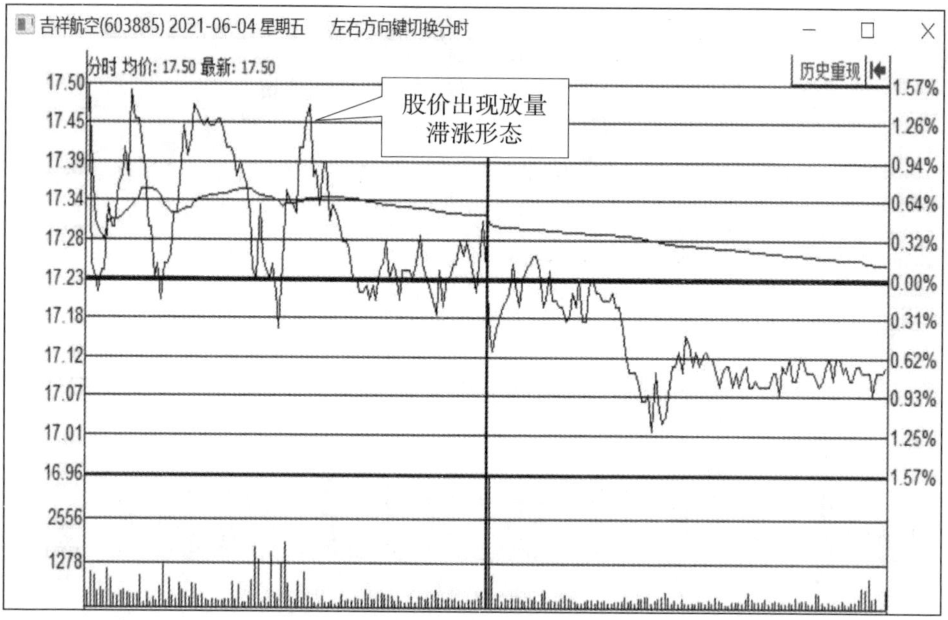

图 5-22 吉祥航空（603885）分时走势图（2021.6.4）

下面来看一下该股的日 K 线走势图。

如图 5-23 所示，从 2021 年 5 月中旬开始，吉祥航空的股价经历了一波上涨走势，股价不断创下新高。2021 年 6 月 4 日，该股股价在顶部振荡了几个交易日后出现了放量滞涨迹象。之后，该股股价一路下跌。

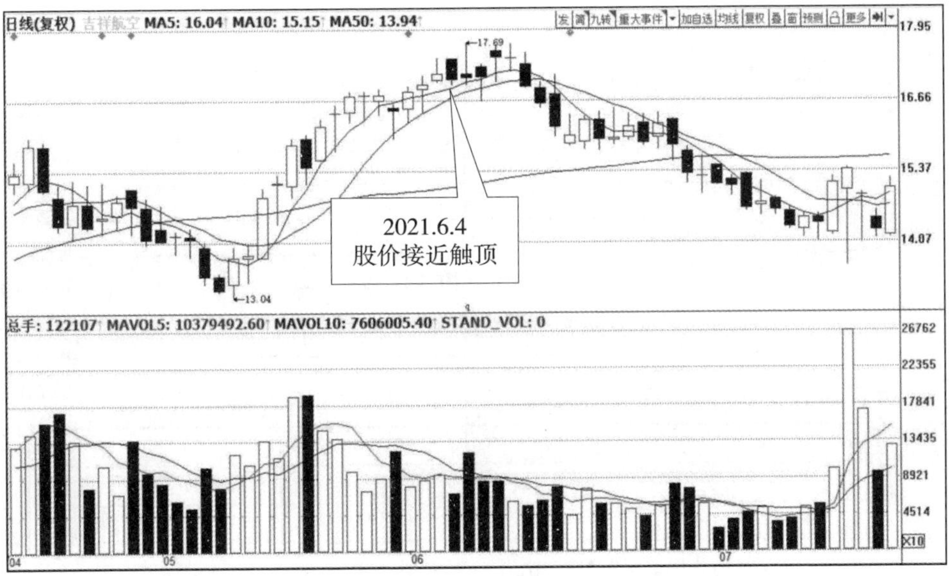

图 5-23　吉祥航空（603885）日 K 线走势图

三、二次不封涨停板

股价封住涨停，意味着其上涨行情还将延续。若股价的涨停板中途被打开，并且没能二次封上涨停板，则说明该股有下跌的风险。

二次不封涨停板的形态特征如下。

第一，股价开盘之后携量攻击涨停板，但很快涨停板被打开。

第二，股价回调至均线附近反复振荡，其后再次攻击涨停板，但由于成交量较少，股价最终无力上冲涨停板。

第三，股价第二次上冲涨停板失败时，交易者应坚决卖出股票。

下面来看一下通源石油的分时走势图。

如图 5-24 所示，2021 年 6 月 22 日开盘之后，通源石油的股价出现了一波携量拉升，并成功封上涨停板。随后股价出现了回调走势，接下来股价沿均价线振荡，虽有二次冲击涨停板的动作，但由于成交量较少，未能成功封住涨停板。

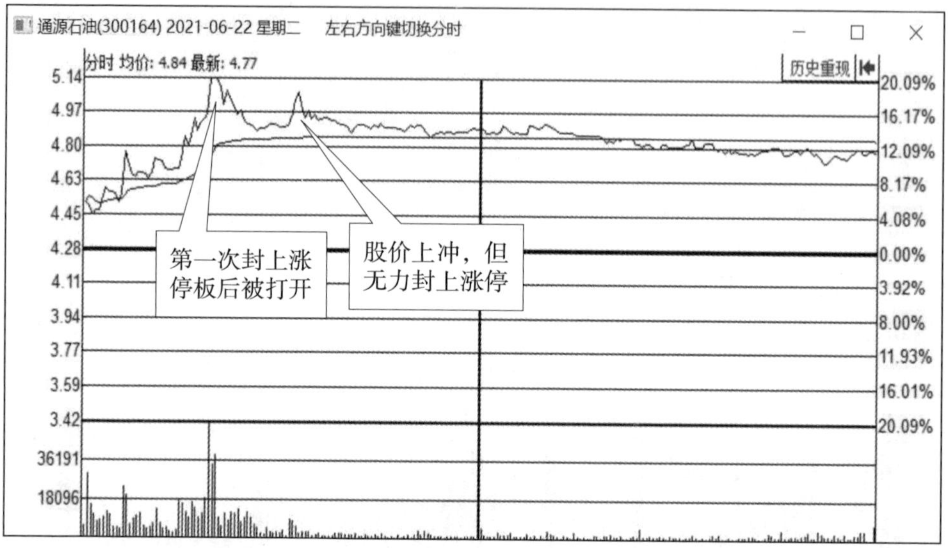

图 5-24　通源石油（300164）分时走势图（2021.6.22）

这说明该股短期内可能到达顶部，交易者宜卖出该股。

下面再来看一下通源石油的日 K 线走势图。

如图 5-25 所示，从 2021 年 4 月下旬开始，通源石油的股价经历了一波上涨走势，不断创下新高。2021 年 6 月 22 日，该股股价二次冲击涨停板失败之后，显露出见顶迹象，此后该股仅上涨了一日便开始走出下跌行情。

四、顶部形态

分时线运行过程中，可能会像 K 线一样走出经典顶部形态，如双顶形态、头肩顶形态等。这些形态的出现，预示分时线即将完成筑顶，开启下跌走势。这里以双顶形态为例进行介绍。

早盘开盘后，股价大幅上冲后开始回落，再度上攻后又出现回落，并且后一个高点要低于前一个高点，而后分时线持续回落。这时，分时线在盘面上便会留下一个双顶形态，预示着股价将出现一波下跌走势。

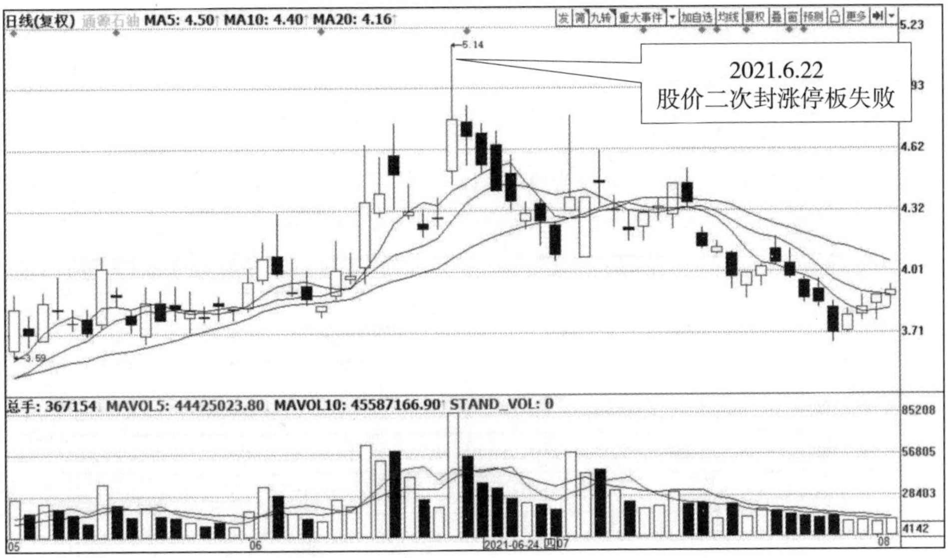

图 5-25　通源石油（300164）日 K 线走势图

执行卖出操作时，交易者应注意这样两点。

第一，双顶形成过程中，大单频出，而后成交量出现萎缩态势。

第二，若分时线跌破均价线，则说明下跌趋势已经形成，交易者可在分时线形成双顶后卖出股票。

下面来看一下厦门钨业的分时走势图。

如图 5-26 所示，2021 年 7 月 23 日，厦门钨业的股价早盘开盘后大幅上攻，其后出现回调走势。分时线第一次回落后，很快被拉起并再度上攻。其后分时线又一次回落，并且这一次上攻的高点低于前一次的高点，双顶形态正式形成。随后，该股又经历了一波小幅振荡后出现下跌走势。双顶形成时，就是该股的第一个卖点。此后，该股分时线跌破均价线时，就是该股的第二个卖点。

下面再来看一下该股的日 K 线走势图。

如图 5-27 所示，从 2021 年 6 月下旬开始，厦门钨业的股价经历了一波上涨走势，股价不断创下新高。2021 年 7 月 23 日，该股股价二次上冲形成双顶形态后回落，此后股价走出了下跌行情。

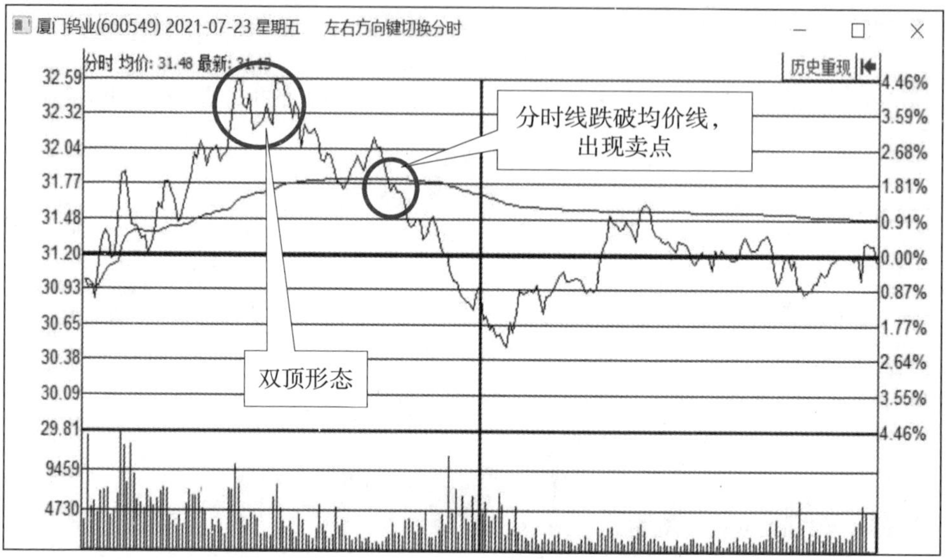

图 5-26　厦门钨业（600549）分时走势图（2021.7.23）

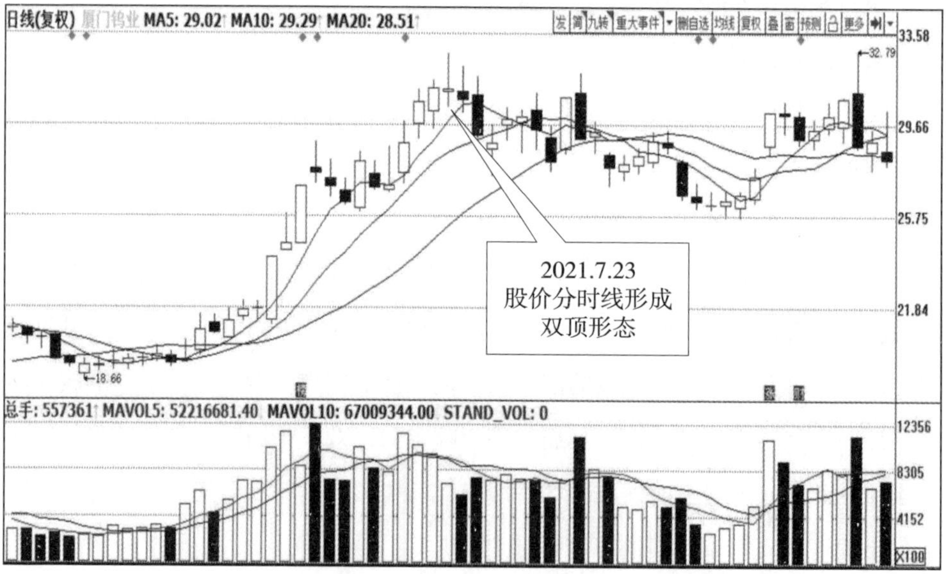

图 5-27　厦门钨业（600549）日 K 线走势图

第六章

T+0 交易

T+0 交易，本身是与 T+1 规则相对应的交易，即指股票当日买入，当日可以卖出的交易行为。

A 股市场执行的是 T+1 交易制度，即当日买入的股票，下一个交易日才能执行卖出操作。本质上，这一制度是为了防止交易者过度投机，防止交易过于频繁而设计的。但事实上，主力经常利用这一规则对交易者进行诱多、诱空等，给交易者造成了较大的损失。同时，在一定程度上，股票的 T+1 交易制度也让散户失去了获得日内波动收益的机会。正因如此，很多短线交易者开始尝试利用 T+1 规则进行 T+0 交易。

T+0 交易的好处在于，不改变原有现金股票比例的情况下，可以充分利用盘中股价的变化获取差额利润。但事实上，T+0 交易技术要求股价在一天之中能够出现剧烈的变化，即股价有落差才会有交易获利的空间。如果一只股票横盘不动，也就失去了交易获利空间。对于初入股市的交易新手来说，频繁地进行 T+0 交易，往往是亏损多，获利少。

第一节
T+0 交易的基本盈利模式

T+0 交易的基本盈利模式主要有两种，即顺向 T+0 和逆向 T+0。

一、顺向 T+0 操作技术

顺向 T+0 交易是指交易者持有一定数量的某只股票后，在某一天的交易时段内，认为该股将上涨，那么他可以买入同一股票，待其上涨到一定高度后，将原来持有的同一品种的股票全部卖出，从而在一个交易日内实现低买高卖，并借此获取差价利润。

下面用一个例子来说明整个顺向 T+0 交易过程。一位交易者，手中持有 1000 股价值 11 元的股票和 1 万元的现金。在某一交易日，股价下跌到 10 元位置，此时，这位交易者认为该股当天有可能会出现一波上涨行情，于是便用手中的资金以 10 元价格买入 1000 股该股股票（手续费、佣金忽略不计）。收盘前，该股重新上涨到 11 元位置，交易者就可以将以前买入的 1000 股股票抛出，而将当日买入的 1000 股股票留在手中。这就相当于该交易者当天花 10 元买入了 1000 股股票，又在当天以 11 元的价格将 1000 股股票卖出了，自己手中的 1000 股股票没变，而资金多出了 1000 元，这就是一次成功的顺向 T+0 交易。

顺向 T+0 交易要求交易者手中必须持有部分的现金，否则难以顺利实现交易。如果交易者满仓被套，则无法进行 T+0 交易。

1. 顺向 T+0 操作的前提条件

第一，大盘有振荡向上趋势。

交易者要进行顺向 T+0 交易，必须保证大盘当日的趋势能够振荡向上。这里对大盘有两个要求：一是必须方向向上，如果方向向下，将带动个股下跌，也就无法完成 T+0 交易；二是必须有充足的振荡空间，大盘振荡必然带动个股出现振荡，从而有利于交易完成。

第二，个股有向上突破的态势。

交易者不能看到个股下跌就认为该股一定会重新上涨。只有上涨趋势已经明显了，交易者才能开始行动。

第三，严守操盘纪律。

交易者要进行的是 T+0 交易，因而一定要保证当天买入的股票当天卖出，不能留到下一个交易日。

2. 顺向 T+0 交易方法

顺向 T+0 需要交易者手中持有股票与现金。入场交易前，需要制订详细的交易计划。

第一，买入方法。

为了最大程度地避免因判断失误给自己造成损失，建议交易者将准备投放的现金分成两部分。当分时线或 1 分钟 K 线向上突破均价线时，执行第一次买入。当分时线或 1 分钟 K 线向上突破某一重要阻力位（如前一交易日收盘价、当日开盘价、前期高点等）时，交易者可执行第二次买入。

第二，卖出方法。

为了获取更多的利润，交易者可将原先持有的股票分为两部分。当分时线或 1 分钟 K 线呈现典型顶部特征（如出现经典顶部形态、量价顶背离等）时，可执行第一次卖出。当分时线或 1 分钟 K 线跌破某一重要支撑位（如某条均线）时，可执行第二次卖出。股价跌破买入之前的最低价时，交易者必须卖出手中剩余的可卖股票。

为了让大家熟悉 T+0 操作技法，本节选用的主时间框架为分时线。当然，大家也可以用 1 分钟 K 线替换分时线，然后将均价线替换成均线，这样并不影响判断股价走势。

下面以金禾实业为例来讲解顺向 T+0 交易计划的执行。

（1）大盘环境

交易者进行顺向 T+0 操作前，需要对大盘环境有所了解。一般来说，只要大盘没有明确的向下趋势，个股都可能完成顺向 T+0 交易。

下面来看一下上证指数日 K 线走势图，如图 6-1 所示。

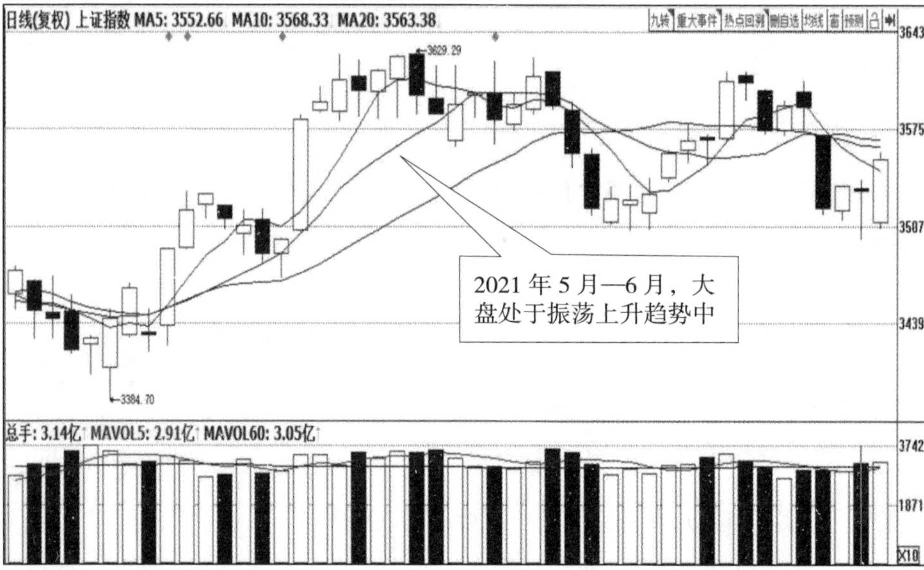

图 6-1 上证指数（000001）日 K 线走势图

再来看一下上证指数在 2021 年 6 月 7 日的分时走势情况，如图 6-2 所示。

2021 年 6 月 7 日，上证指数早盘开盘之后出现了一波上涨走势，其后指数明显下跌。午盘后开始反弹，不过反弹至前日最高价附近时再度下跌。整体上来看，大盘指数维持了振荡走势。

（2）个股走势

下面看一下金禾实业在 2021 年 6 月 7 日的分时走势图，如图 6-3 所示。

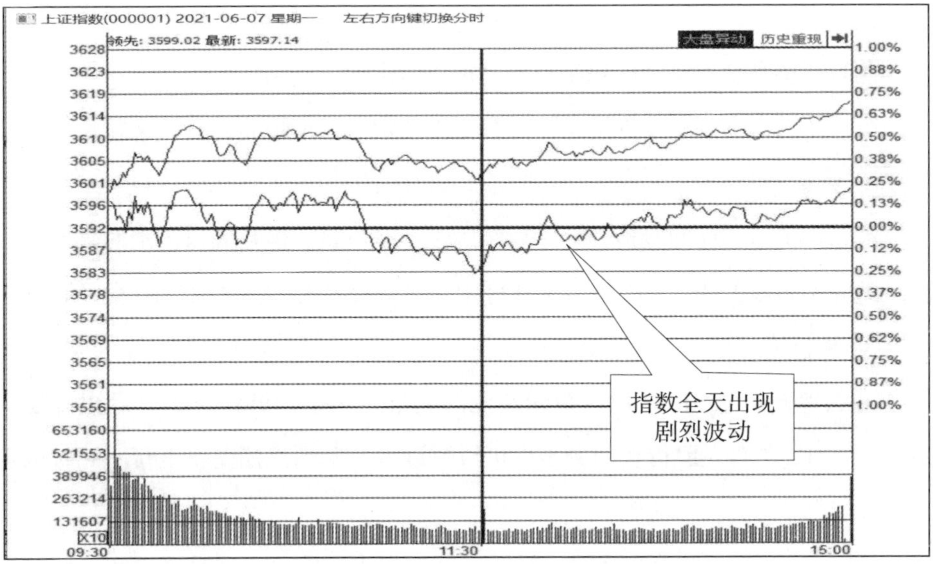

图 6-2　上证指数（000001）分时走势图（2021.6.7）

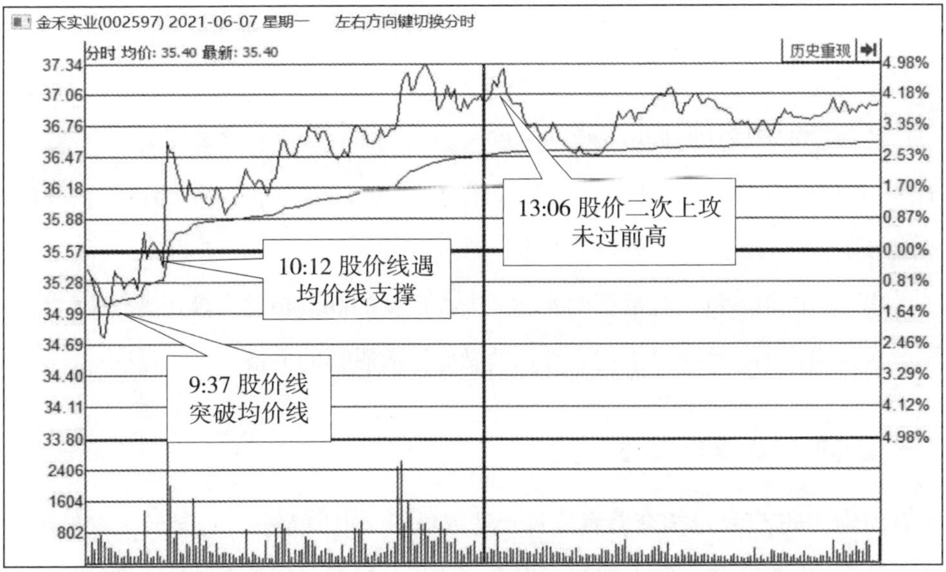

图 6-3　金禾实业（002597）分时走势图（2021.6.7）

2021 年 6 月 7 日，金禾实业的股价早盘开盘之后经历了一波下跌走势，但很快跟随大盘出现了反弹行情，分时线迅速上穿均价线，说明该股的买入时间已到。

此时，持有金禾实业的短线交易者可以做出如下判断。

第一，大盘出现了反弹迹象，而且上涨非常有力，说明此时行情非常适宜进行 T+0 交易。

第二，金禾实业的股价开盘之后经历了一波下跌，但在大盘上涨的带动下，已经出现了明显上冲，说明该股上涨可期。交易者应该把握这次 T+0 交易时机，在 9:37 执行第一次买入操作。

第三，进入 10:00 之后，金禾实业的股价经历了一波快速拉升后出现回调走势。10:12 左右，股价线回调至均价线附近时，遇到支撑重新上行，此时可进行二度加仓。

第四，13:06，金禾实业的分时线二度冲高出现回落，并且第二次上冲并未突破前一次冲高的高点，交易者可进行卖出操作。

当日 T+0 交易的收益可能大于 6%，是一次非常成功的交易。

本次 T+0 交易成功的关键在于以下两点。

第一，能否成功把握股价突破均线时的买入时机（交易者若不太习惯使用分时线，也可以用 1 分钟 K 线操作）。如果错过这一时间点，将损失大量的投资收益，交易者不宜参与。

第二，能否看清大盘反弹的方向。大盘反弹的高点超过大盘开盘点位时，交易者应该确认指数可能会上行，并迅速做好买入股票的准备。

二、逆向 T+0 操作技术

逆向 T+0 交易是指交易者持有一定数量的某只股票后，在某一天交易时段内，认为该股将下跌，那么可以卖出全部或部分股票，待其下跌到一定价位后，将原来持有的同一品种的股票全部买回，从而在一个交易日内实现高卖低买，并借此获取差价利润。

下面用一个例子来说明整个逆向 T+0 交易过程。一位交易者，手中持有1000 股价值 11 元的股票。在某一交易日，股价上涨到 12 元位置，此时，这位交易者认为该股当天有可能会出现一波下跌行情，于是便将手中的 1000 股股票全数卖出，获得 12000 元现金（手续费、佣金忽略不计）。收盘前，该股下跌到 11 元位置，交易者就可以将以前卖出的 1000 股股票买回，这样自己手中还是 1000 股股票，而资金多出了 1000 元。这就是一次成功的逆向 T+0 交易。

逆向 T+0 交易要求交易者手中必须持有一定数量的股票，但不需要持有现金。交易者即使满仓被套，也可进行逆向 T+0 交易。从理论上来说，开通融资融券的交易者，即使手中没有要卖出的股票，也可以从证券公司融入股票，卖出后，待股价下跌后再以赎回的方式来完成逆向 T+0 操作。事实上，在实战过程中，交易者很难融到想要卖出的股票，因而这里不将其作为一种股票来源的方法讲解。

1. 逆向 T+0 操作的前提条件

第一，大盘有振荡向下趋势。

交易者要进行逆向 T+0 交易，必须保证大盘趋势能够振荡向下。这里对大盘有两个要求：一是方向必须向下，如果方向向上，将带动个股上涨，也就无法完成逆向 T+0 交易；二是必须有充足的振荡空间，大盘振荡必将带动个股出现振荡，从而有利于交易的完成。

第二，个股有向下突破的态势。

交易者不能看到个股上涨就认为该股一定会下跌。只有下跌趋势明显了，交易者才能开始行动。

第三，严守操盘纪律。

交易者要进行的是逆向 T+0 交易，因而一定要保证当天卖出的股票当天买回来，不能空仓。

2. 逆向 T+0 交易方法

逆向 T+0 需要交易者手中持有股票。入场交易前，需要制订详细的交易计划。

第一，卖出方法。

为了最大程度地避免因判断失误给自己造成损失，建议交易者将准备投放的股票分成两部分。当分时线或 1 分钟 K 线向下跌破均价线时，执行第一次卖出；当分时线或 1 分钟 K 线向下跌破某一重要支撑位（如前一交易日收盘价、当日开盘价、前期低点等）时，交易者可执行第二次卖出。

第二，买入方法。

为了获取更多的利润，交易者可将当日卖出股票换回的现金分为两部分。当分时线或1分钟K线呈现典型底部特征(如出现经典底部形态、量价底背离等)时，可执行第一次买入；当分时线或 1 分钟 K 线突破某一重要阻力位（如某条均线）时，可执行第二次买入；股价向上突破卖出之前最高价时，必须将手中剩余的现金买入股票。

为了让大家熟悉 T+0 操作技法，本节选用的主时间框架为分时线。当然，大家也可以用 1 分钟 K 线替换分时线，然后将均价线替换成均线，这样并不影响判断股价走势。

（1）操盘环境

交易者进行逆向 T+0 操作前，需要对大盘环境有所了解。一般来说，只要大盘没有明确的向上趋势，个股都可能完成逆向 T+0 交易。

下面来看一下上证指数日 K 线走势图。

如图 6-4 所示，2021 年 4 月—9 月，上证指数一直处于振荡盘整态势中。从某种意义上来讲，这比较有利于进行 T+0 操作。

2021 年 7 月 23 日启动下跌后，连续出现几个交易日的大幅下挫，这比较有利于逆向 T+0 操作。

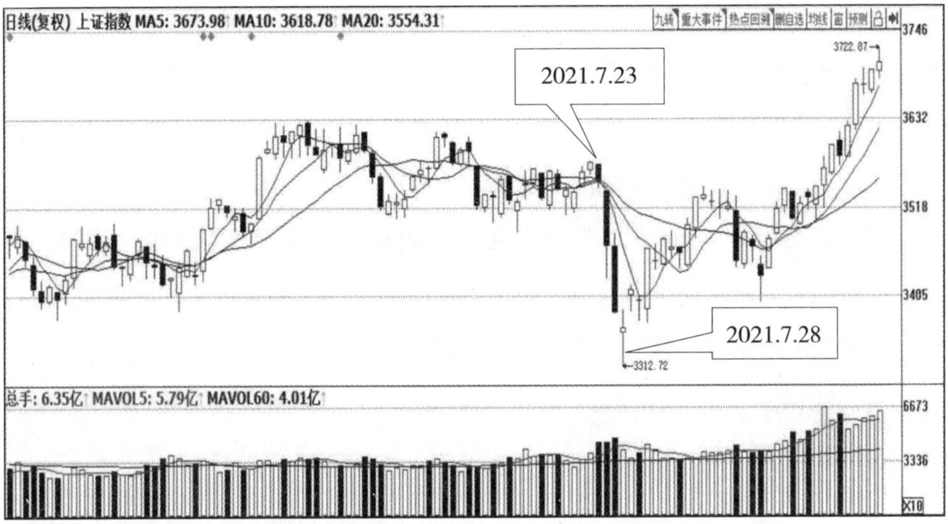

图 6-4　上证指数（000001）日 K 线走势图

再来观察一下上证指数在 2021 年 7 月 27 日的分时走势图。

如图 6-5 所示，2021 年 7 月 27 日，上证指数早盘开盘之后出现了一波上

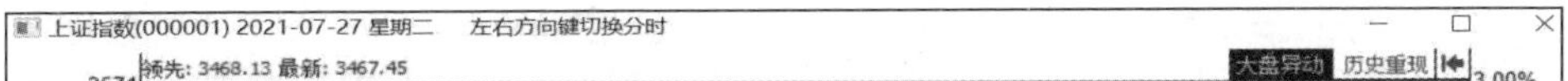

图 6-5　上证指数（000001）分时走势图（2021.7.27）

涨走势，其后指数明显下跌。随后出现了反弹，不过反弹至前日收盘价附近时再度下跌。大盘的上升与回调都可能影响个股的走势。

（2）个股走势

下面看一下林洋能源的分时走势图。

如图 6-6 所示，2021 年 7 月 27 日，林洋能源的股价早盘开盘之后经历了一波上涨走势，但很快跟随大盘出现了下跌行情，并且跌幅远大于大盘指数。股价线迅速跌破均价线，说明该股的卖出时间已经到了。

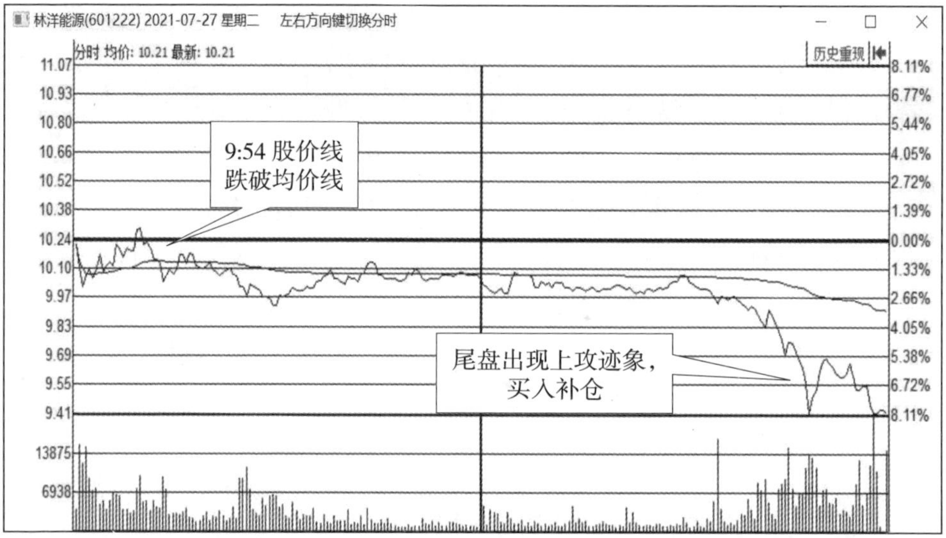

图 6-6 林洋能源（601222）分时走势图（2021.7.27）

此时，持有林洋能源的短线交易者可以做出如下判断。

第一，大盘目前处于下跌趋势，尽管早盘出现反弹，但反弹力度较弱，继续下跌的概率仍然很大。大盘上升不久就出现回调，并且回调力度非常强，说明此时行情非常适宜进行逆向 T+0 交易。

第二，林洋能源的股价开盘之后经历了短暂的上升，但在大盘下跌的带动下，已经出现了明显下跌，说明该股继续走低的可能性很高。交易者应该把握这次逆向 T+0 交易时机，在 9:54 执行第一次卖出。

第三，进入 10:00 之后，在大盘下跌的带动下，林洋能源出现了大幅下跌，交易者只需持币观望。

第四，进入尾盘时分，该股股价出现反弹向上的迹象，交易者可在尾盘时段将卖出的股票赎回补仓。

当日 T+0 交易收益可能大于 7%，是一次非常成功的交易。

（3）交易总结

本次 T+0 交易成功的关键在于以下两点。

第一，能否成功把握股价线跌破均价线的卖出时机（有时股价开盘后一路低于均价线，交易者可在股价线反弹回落时执行卖出操作）。如果错过这一时间点，将损失大量的投资收益，交易者宜慎之。

第二，补仓。T+0 交易要求当日卖出的股票，当日一定要补回。从图 6-6 中可以看出，该股到收盘时段出现反弹迹象，但继续走低的概率很大。这可能会使得交易者有放弃补仓的意向，不过，大家出于对 T+0 交易纪律的维护，还是要坚决补仓的。只有完成补仓，下一交易日才能有继续做 T+0 交易的机会。

第二节 T+0 交易的基本原则

相比其他超短线交易，T+0 交易的风险更大，因而进行 T+0 交易的交易者必须牢牢地坚持如下 4 项基本原则。

一、没有波动，就没有 T+0

整个 T+0 交易系统都是建立于股价在日内交易过程中出现剧烈波动基础上的。没有了这种波动，也就失去了 T+0 交易的基本意义。

先来看一下中国银行的股价日内走势情况。

如图 6-7 所示，2021 年 8 月 23 日全天，中国银行股价的波动范围都比较小。交易者要想在这只股票身上完成 T+0 交易是很困难的，既没有明确的入场时机，也没有离场时机，并且股价日内波动幅度过小。交易这类股票不仅无法获得利润，还会浪费资金成本。

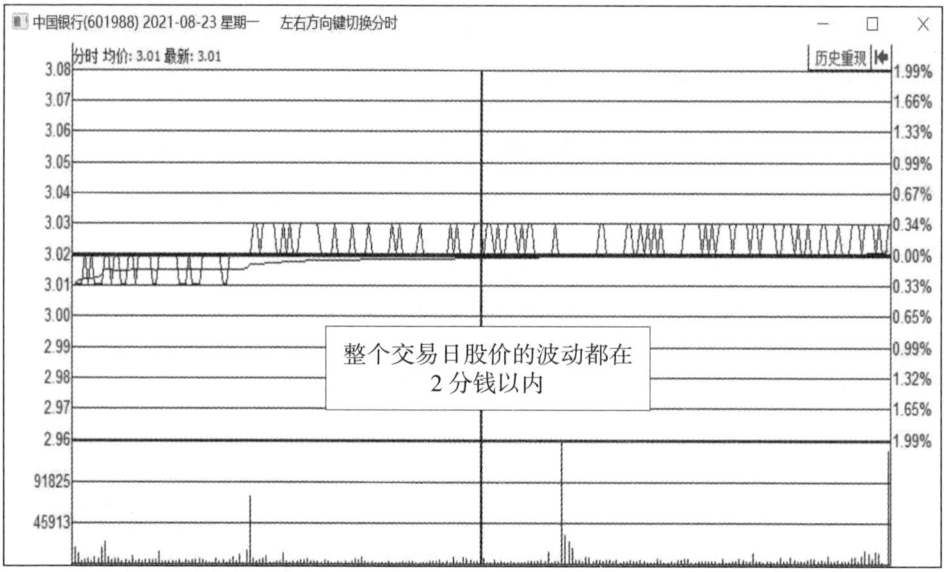

图 6-7　中国银行（601988）分时走势图（2021.8.23）

下面再来看一下三美股份的股价走势情况。

如图 6-8 所示，2021 年 8 月 18 日整个交易日下来，三美股份的股价波动幅度超过了 10%。也就是说，交易者即使只拿到了一半的波动量，也可以获利超过 5%。由此可见，该类股票是比较理想的 T+0 交易标的。

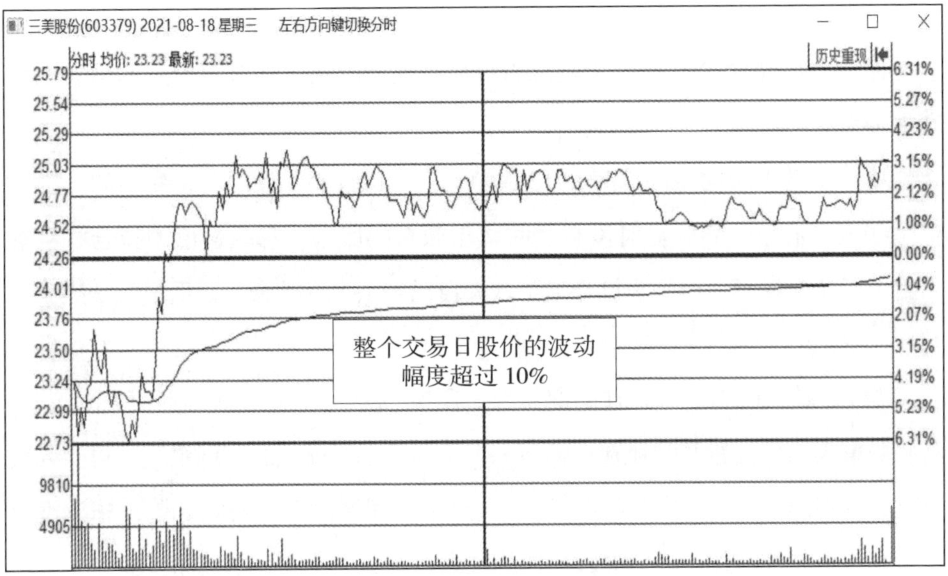

图 6-8 三美股份（603379）分时走势图（2021.8.18）

一般来说，能够成为 T+0 交易标的的股票，应该符合以下 3 项要求。

第一，选择股性活跃的股票。有些股票的股性天生比较活跃，每日波动都比较大；有些股票的股性不太活跃，整日波动幅度较小。在选择股票时，交易者应该选择那些股性一直比较活跃的个股。

第二，选小不选大。中小盘股票的波动性一般都大于大盘股，因此同等条件下，选择中小盘股票操盘更为适宜。

第三，选择热门板块股票。越是热门板块股票，波动性越强烈，毕竟资金流入与流出的规模都比较大，这类股票的波动幅度和空间也比较大。

二、日内完成交易

T+0 交易，本身就是一种日内交易技术。不过，从 T+0 交易的应用实践来看，很少有交易者能够坚持日内完成交易的。原因无外乎两类：其一，股价后期的上涨或下跌超过自己的预期，想要留到下个交易日再看；其二，由于日内交易出现亏损，不愿意承认自己的损失，希望在下个交易日降低亏损。

无论采用何种 T+0 操作策略，当日没有完成交易，都会对以后的交易活动产生较大的影响。

第一，基于顺向 T+0 策略的交易者，手中有股票，盘中又将剩下的一部分资金买入了股票，若收盘时没有及时卖出原有的股票，那么自己的持仓将会翻倍。下一个交易日，一旦股价开盘下跌，自己将会全仓被套，以后都无法顺利进行 T+0 操作了。

第二，基于逆向 T+0 操作的交易者，手中有股票，采用先卖出后买入的策略。若将股票卖出后没有及时补仓，则下一个交易日手中就只剩下现金了，再买入股票就无法继续完成 T+0 交易了。当然，这个失误要比满仓持股好些，毕竟没有被套牢。但如此操作，将会导致后面的交易日失去一次 T+0 交易机会。

总之，这都是 T+0 交易的大忌。

三、交易不可过于频繁

尽管 T+0 交易属于超短线交易，理论上交易者每天都可以进行交易，但并不意味着必须进行交易。事实上，T+0 交易的精髓并不在于每日能够交易，而是在合适的机会出现时，随时可以进行交易，这就保证了交易者不会因为规则的限制错失交易机会。

在 T+0 交易中，交易者必须注意这样 3 点。

第一，控制交易频次。很多交易新手开始进行 T+0 交易时，总是急于交易，每日早早地将交易次数用尽。其实，这本身就是一种修炼不到位的体现。与其这样，还不如不进行 T+0 操作。也就是说，作为交易新手，控制自己的交易冲动，尽量减少交易次数，才是明智之举。有交易机会而不轻易使用，或者说只在较佳的交易机会出现时才出手，才是明智之举。

第二，成功率是盈利的根本，而非交易次数。本质上，进行 T+0 交易就是为了博取日内波动的收益，因此耐心等待合理的时机出现，才是获胜的根本。如果过早地将交易次数用完，当机会真正来临时，就只能望洋兴叹了。

第三，考虑 A 股交易的特点，14:10 经常会出现一些变盘的情况，为此交易者要有足够的准备。

四、避开熊市

从理论上来说，T+0 交易是无论牛市还是熊市都可以做的。但事实上并非如此，毕竟当前的市场还缺乏卖空机制。即使交易者通过融资融券获得股票，想要从事卖空作业也是很难的。

第一，市场上的融资融券标的仅限于大盘股票，这些股票的波动性相对较小，往往并不适合进行 T+0 操作。

第二，尽管有些融资融券标的的波动性尚可，但并不意味着交易者一定可以借到股票。事实上，熊市开启后，交易者是很难从证券公司融到股票的。

第三，尽管可以通过先卖出后买入的 T+0 操作来降低仓位成本，但若整个市场大趋势向下，市价越来越低，那么市场下跌速度肯定要快于大家降低成本的速度，这就使得自己的持仓股票一直处于亏损状态，这肯定不是理想的短线操作选择。

因此，即使 T+0 交易，最为明智的选择仍是要避开熊市。

尽管 T+0 交易不需要特别大的行情来支持，但如果整个市场都处于下跌趋势中，那么短线交易要想获利，就会变得特别困难。孙子曰：古之所谓善战者，胜于易胜者也。引申到短线交易中就是，一个优秀的短线交易者，只做最容易成功的交易。也就是说，只有大盘趋势向好的时候，才是短线交易者最佳的行动时机。

第三节 T+0 顺向交易买卖点

T+0 顺向交易的核心要点，是在每日的盘中时段寻找最佳的买入与卖出时机，而且是先有较佳的买入时机，再有不错的卖出机会。事实上，从以往的股价波动来看，很多股票的日内波动幅度都比较大。当然，要想及时、准确地抓住这些波动带来的利润并不容易，这里选择了 4 种把握比较大的技巧，供读者参考。

本节介绍的基于 T+0 顺向交易的技术，都是假定交易者已经实现持有某只股票的底仓后才开始交易的。

一、低开振仓，拉高出货

早盘，往往可以成为顺向 T+0 交易最重要的出手时机。很多主力在拉升股价前，都有在早盘时段向下打压股价的习惯，这也是一种欲扬先抑吧。不过，交易者在操盘过程中，要结合当时的大盘环境、个股情况以及市场炒作风向综合考虑。

其具体操作要点如下。

第一，在大盘环境向好的情况下，个股没有利空条件却出现了小幅低开情况。开盘后，分时线被迅速向下打压（一般在 2 ～ 3 个百分点为宜）。此时，交易者需要关注大盘和个股相关板块的动向。

第二，若大盘并未出现大幅走低，并且个股相关板块同步出现向好迹象，交易者需要密切关注个股分时线的变化。

第三，当个股分时线放量向上突破均价线时，交易者可执行 T+0 买入操作。

第四，股价连续拉升后，出现滞涨状况或已经向下跌破了均价线，则可考虑执行 T+0 卖出操作。

一般来说，早盘时段股价的波动比较大，机会把握得当，是可以获得不错收益的。

下面来看一下天喻信息的案例。

如图 6–9 所示，2021 年 5 月 24 日，天喻信息的股价早盘低开之后快速走低，跌幅一度达到 2.5% 左右。其后，股价被迅速拉升，向上突破均价线。

之后，股价全天振荡走高，一直到 14:31 左右，该股分时线冲高没有突破前期高点而回落时，交易者可执行卖出操作。

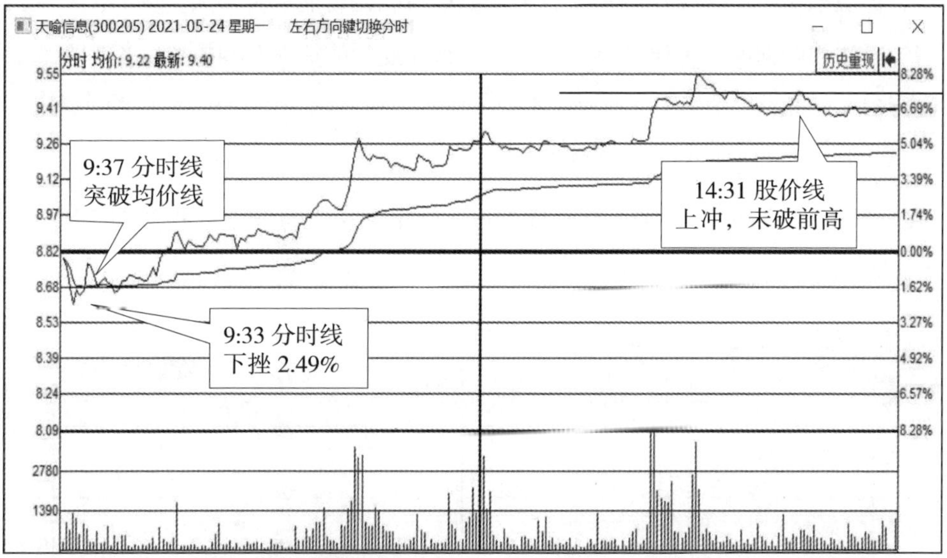

图 6–9　天喻信息（300205）分时走势图（2021.5.24）

二、最佳买点：盘中直线暴跌

处于平稳运行的大盘，在某些因素的作用下会出现突然下挫。此时，很多个股也会随之出现无理由的急速暴跌。当这种恐慌气氛过后，很多被错杀的股票就会快速反弹，这是很多股票分时线出现深“V”形的原因。

其具体操作要点如下。

第一，在大盘环境突然下挫的影响下，个股随之出现大幅下挫走势。也就是说，个股出现的暴跌走势其实是一种被动的下跌走势。

第二，股价下挫时，恐慌感要强，分时线几乎是直线下挫的。只有这种形态，后面反弹的力度才会大。

第三，当大盘与个股企稳后，立即入场执行买入操作。

第四，当股价反弹至先前下跌起始位附近或略低于该位置时，可执行 T+0 卖出操作。

一般来说，这种操作的风险较大，但短线收益可能也会很大。同时，对交易者的手法和心理要求都比较高，交易者必须在反弹的第一时间抢入，否则可能会错过很多利润。

下面来看一下柏楚电子的案例。

如图 6-10 所示，2021 年 6 月 1 日，处于振荡上行的上证指数在 10:14 左右突然出现跳水走势，分时线急速下挫。

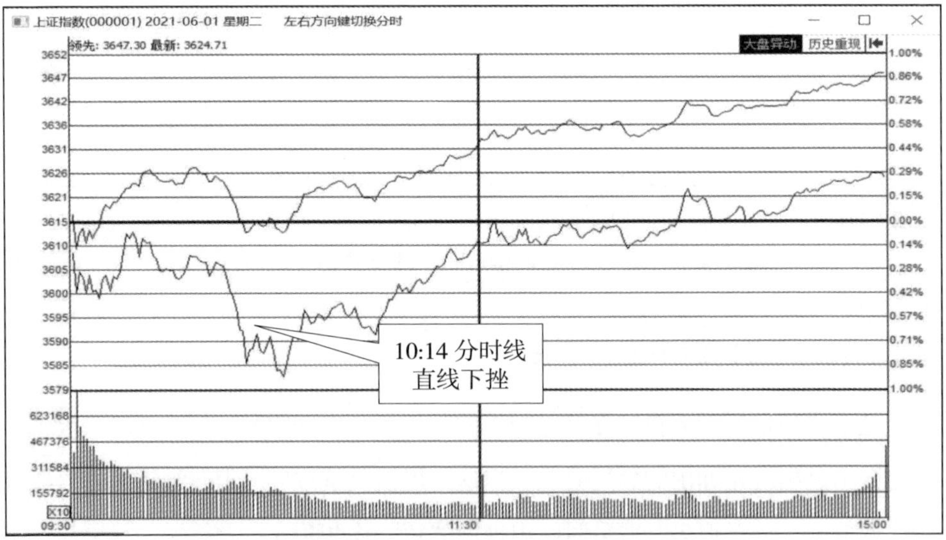

图 6-10　上证指数（000001）分时走势图（2021.6.1）

由于大盘出现急速跳水情况，很多个股受其影响也大幅下挫，柏楚电子就是其中一只，如图 6-11 所示。

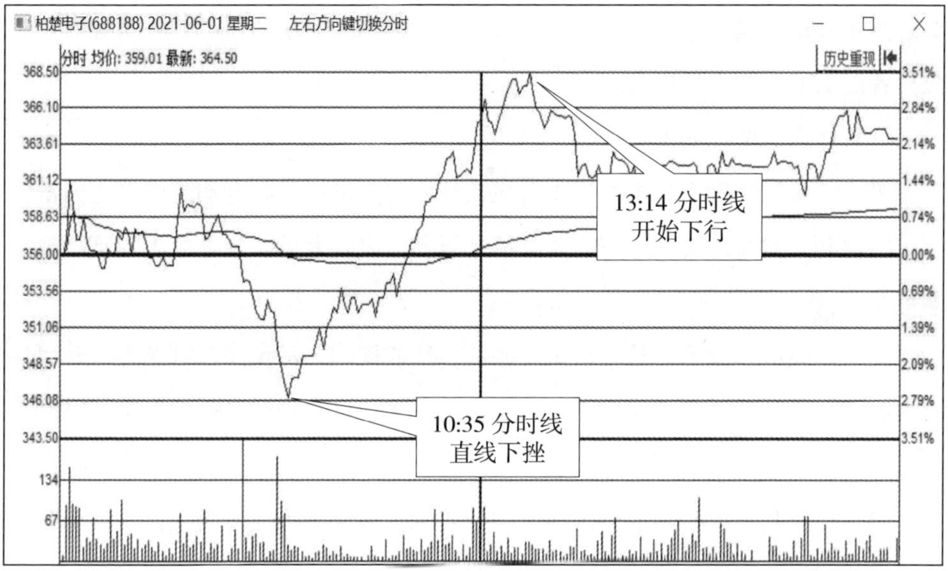

图 6-11 柏楚电子（688188）分时走势图（2021.6.1）

从图中可以看出，2021 年 6 月 1 日，柏楚电子的股价早盘开盘后，经过一波上冲后出现振荡走势。

10:15 左右，受大盘大幅下跌的影响，分时线出现了大幅走低的态势。在大盘与个股同步企稳反弹时，交易者可以入场买入该股。

10:35，该股下跌幅度达到 2.76% 左右。此后，个股分时线同步反弹向上，交易者可立即跟进买入股票。

13:14，该股分时线创下新高后开始回调，其后分时线出现下跌迹象，交易者可择时执行卖出操作。

如果操作得当，此次 T+0 操作的获利幅度将达到 5% 左右。

三、迎风起舞：拐头直线拉升

在临盘操作过程中，有些股票原本不温不火的分时线，在盘中可能会出现拐头直线上扬的态势。其实，这类股票无论最终能否真的攻下高点，都可为 T+0 交易者提供绝佳的交易机会。

其具体操盘要点如下。

第一，多数情况下，主力启动直线拉升，大多是由于利好消息或者主力蓄谋已久的行动，因而对大盘环境的要求不是很高，只要大盘不是处于大幅下跌行情即可。

第二，股价开盘后，若一直呈现振荡下行或横向振荡走势，则这种拉升更具有突然性，交易者通常会反应不过来。不过，操作这类股票必须要在第一时间入手，不能在拉升较大幅度后再入场。

第三，当股价拐头向上突破均价线，或股价遇均价线支撑再度拐头向上时，就是最佳的入场点。

第四，从 T+0 交易的角度来看，只要股价的波段拉升停止，交易者就可以执行卖出操作，不一定要等到出现明确的卖点，毕竟这类股票的股价上攻和下跌可能都是在几分钟内完成的。

下面来看一下新开普的案例。

如图 6-12 所示，2021 年 9 月 9 日，新开普的股价早盘开盘后出现了横向向下振荡的态势，股价波动的幅度不大，整体上与均价线纠缠一起。

10:02 左右，该股股价突然放量拉升，分时线拐头向上突破均价线，此时交易者可积极入场执行买入操作。

5 分钟后的 10:07，该股分时线无力继续向上冲击，交易者可干脆地执行卖出操作。当然，交易者也可以在 10:07 之前或之后的时间卖出股票。

如果操作得当，此次 T+0 操作的获利将达到 10% 以上。

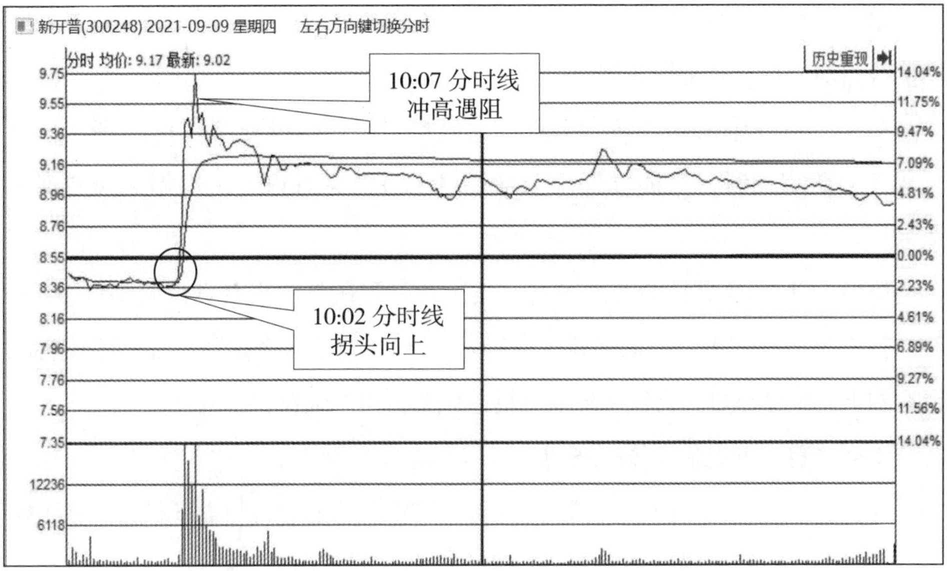

图 6-12 新开普（300248）分时走势图（2021.9.9）

四、临门一脚：尾盘拉升

股市中有这样一种说法，开盘价是由散户决定的，收盘价则是由主力决定的。当然，事实上并没有这么绝对，只是开盘阶段散户参与的更多一些，而在收盘或者尾盘阶段，主力从整体操盘角度，可能会对股价进行一定的修正，如拉升或打压等。因此，进行 T+0 交易，绝不能为了交易而交易，一定要等到出现最佳的交易时机再出手。

也就是说，大家觉得一天的交易都比较平淡时，在临近收盘的尾盘阶段可能会出现惊喜。从以往的经验来看，多有 14:30 以后甚至临近收盘的 15 分钟时，主力才开始行动的先例，因而耐心是赢得交易成功的关键。

其具体操盘要点如下。

第一，经过近乎全天的激烈争夺，股价走势逐渐趋于波澜不惊，交易者自然已经对当日的大行情不抱任何期望了。

第二，临近收盘时段（14:45 左右），该股股价突然由向下转为上攻或突破均价线启动上升，并呈拐头加速态势。

第三，当股价由向下转为上攻或突破均价线时，就是最佳的入场点。有时候，股价启动时，可能已经位于均价线上方，这时只要出现拐头动向就可以入场。

第四，从 T+0 交易的角度来看，交易者只要在收盘集合竞价或临近 14:57 时执行卖出操作即可。一般来说，这种基于 T+0 的抢尾盘操作，都不应该将股票留到下一个交易日。有很多尾盘上扬的股票，第二天常常低开。

下面来看一下惠伦晶体的案例。

如图 6–13 所示，2021 年 6 月 28 日，惠伦晶体的股价早盘开盘后出现了振荡上升走势。该股在振荡过程中，出现了多次可进行 T+0 交易的机会。

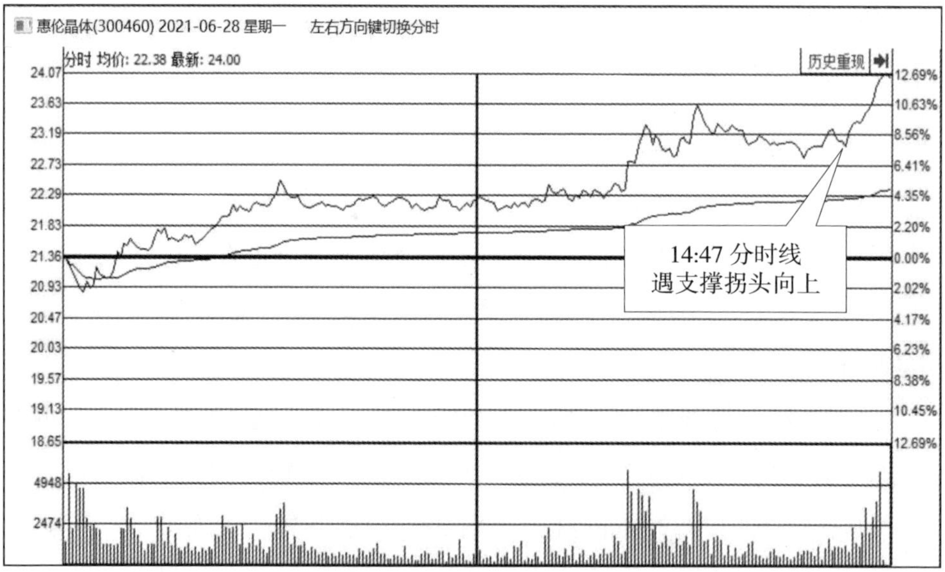

图 6–13 惠伦晶体（300460）分时走势图（2021.6.28）

14:47 左右，该股股价突然放量拉升，分时线拐头向上，此时交易者可积极入场执行买入操作。

在该股股价临近收盘时段，该股的上升势头接近停滞，此时可执行卖出操作。如果操作得当，此次 T+0 操作的获利幅度将达到 4% 以上。

第四节 T+0 逆向交易买卖点

T+0 逆向交易要求交易者先卖后买，要求事先建立一定的持仓仓位。当股价启动下跌或即将下跌时，先执行卖出操作，待股价下跌一定幅度后再补回仓位。相比顺向 T+0 操作，这种操作方法的难度可能会更大一些，毕竟 A 股市场的逻辑和大家的主要思维模式都是看涨后执行买入的，因此，该技巧对交易者的技术要求更高，也需要交易者具备更为丰富的短线交易经验。

一、早盘急速拉升，反向下行

早盘是股价波动性最高的一个时段。很多主力希望在早盘阶段进行反向操作，即明明准备打压股价，却在早盘先向上拉升；明明想要拉升股价，却先打压股价。因此，逆向 T+0 交易者可以将早盘阶段看成一个非常重要的操作窗口。

其具体的操作要点如下。

第一，个股股价早盘开盘之后直线拉升，给人一种即将大涨的感觉。很多喜欢早盘买入的交易者，可能会随之入场追高。

第二，经过几分钟的拉升后，股价不涨，却开始反向下跌，并很快跌破了均价线。

第三，一般来说，当分时线跌破均价线时，交易者即可执行卖出操作。当然，由于这类股票短线拉升幅度较大，分时线与均价线偏离较大，交易者也可在股价跌破均价线之前执行卖出操作。

第四，股价经过一波下跌后，特别是跌破了开盘价之后，交易者择一低点重新买回股票即可。当然，这类股票全天走低的概率很高，交易者买回时，也可以分批操作，以降低成本。

一般来说，早盘时段股价的波动比较大，机会把握得当，还是可以获得不错收益的。

下面来看一下安洁科技的案例。

如图 6−14 所示，2021 年 7 月 14 日，安洁科技的股价早盘高开之后被迅速拉升，涨幅一度达到 3% 左右。其后，该股股价被迅速打压，向下跌破均价线。此时，交易者可执行卖出操作。

之后，该股股价全天振荡走低，一直持续到下午阶段。临近收盘时，股价下跌幅度超过 1%，交易者可执行赎回补仓操作。

若操作得当，当天的盈利可能会超过 3%。

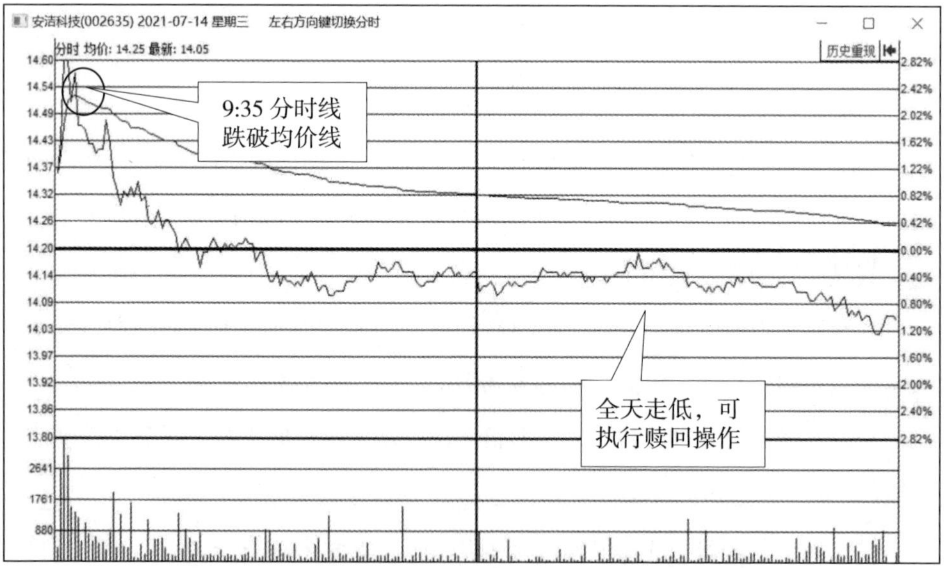

图 6−14 安洁科技（002635）分时走势图（2021.7.14）

二、二度冲高不破前高

二度冲高不破前高，说明股价上攻动能有所不足，短线有回调的可能。T+0 交易者则可趁此机会进行逆向 T+0 操作。

其具体操作要点如下。

第一，股价冲高往往不是一蹴而就的，而是需要连续几次不间断的拉升完成的。不过，股价创下新高回调一段时间后，若股价再度上冲，但并未创出新高即回落，则意味着股价上冲动力不足。

第二，股价二度上冲失败，向下跌破均价线或出现明显拐点时，即可执行卖出操作。

第三，股价经过振荡回调，并且出现明显拐头向上的拐点时，再执行买入补仓操作。

第四，若股价并未出现明显的拐点，也可在临近收盘阶段补仓买回股票。

下面来看一下中来股份的案例。

如图 6-15 所示，2021 年 7 月 1 日，中来股份的股价早盘高开之后出现了大幅振荡走势。盘中时段，也出现了多次振荡走高态势。

10:46 左右，该股股价第一次冲高后出现回落，分时线回落至均价线下方，但仍位于开盘价上方附近，说明多方实力尚可。

13:55 左右，该股分时线二次冲高，同样以回落收场，并且第二次冲高形成的高点要低于第一个高点，说明多方实力明显不足。交易者可在二次冲高回落，分时线跌破均价线时，执行卖出操作。

其后，该股分时线曾三度冲高，但高点低于第二次，这也是看跌信号，若交易者手中仍有股票，可第二次卖出。

之后，该股股价振荡走低，交易者可在临近收盘时段执行买回补仓。

若操作得当，当天的盈利可能会超过 7%。

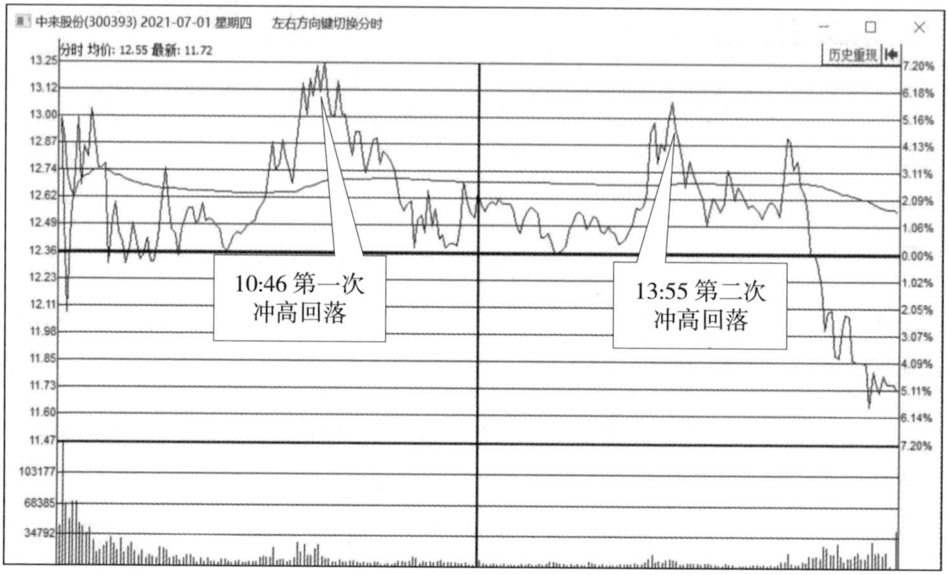

图 6-15 中来股份（300393）分时走势图（2021.7.1）

三、盘中直线暴跌

盘中直线暴跌，是一种突发性的股价下跌形态，大多是由盘中受到利空消息冲击或被其他股票、大盘指数连累，交易者出现恐慌性抛售引发的。

其具体操作要点如下。

第一，股价沿着均价线（有时略高或略低于均价线）振荡运行过程中，突然出现大幅走低态势，成交量线拉升，股价线下挫，并且很快跌破了均价线，则意味着股价短线有大幅走低的可能，交易者可迅速跟进卖出股票。

第二，分时线向下跌破均价线时，就是 T+0 卖出操作的最佳时机。

第三，股价经过一波快速打压后，出现企稳态势，交易者可补回仓位。

第四，若股价被迅速打压至跌停板，则可考虑在后面交易日补回仓位。

下面来看一下诚志股份的案例。

如图 6-16 所示，2021 年 9 月 1 日，诚志股份的股价早盘高开之后被迅速拉升。不过，该股股价经过一波振荡后，9:48 左右突然出现放量下跌走势，9:50 该股分时线向下跌破了均价线。当日，该股下跌的力度和幅度非常之大，交易者需及时执行卖出操作。

其后，该股股价直线大幅走低。10:09 左右，股价线开始企稳反弹，交易者可择机入场补仓。

若操作得当，当天的盈利可能会超过 5%。

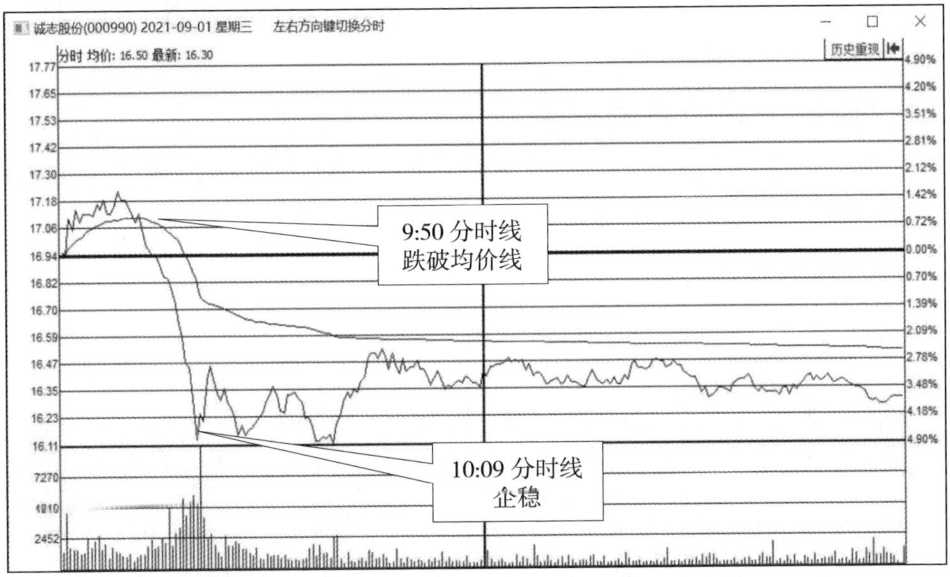

图 6-16 诚志股份（000990）分时走势图（2021.9.1）

四、涨停板打开

盘中股价涨停，说明股价走势极强，也说明主力已经下定决心要拉升股价。不过，股价封住涨停板后，若被对手盘砸开，则意味着股价短线存在回调的可能。

其具体操作要点如下。

第一，股价被封于涨停板后，特别是巨量大单封住涨停板，一般来说，这种封板都是比较稳固的。盘中时段，若该股出现大量的抛盘，将涨停板砸开，则意味着股价短线有回调的可能，交易者可第一时间执行卖出操作。

第二，股价封于涨停板后，若封单不大，很快被砸开，并且回调后，经过一波拉升，并未再度封上涨停板，则可以考虑执行卖出操作。

第三，对于涨停板被砸开的股票，交易者可先观望一下，待股价企稳反弹后，再重新补回仓位即可。

第四，若股价直线振荡走低，可在收盘阶段补仓。

第五，若出现天地板情况，即涨停板直接被打压至跌停板位置，此时可暂不回补仓位，待股价跌势企稳后再行回补。

下面来看一下科华数据的案例。

如图 6-17 所示，2021 年 8 月 26 日开盘后，科华数据的股价经过一波振荡拉升，9:48 左右被封于涨停板位置，说明该股股价走势很强。

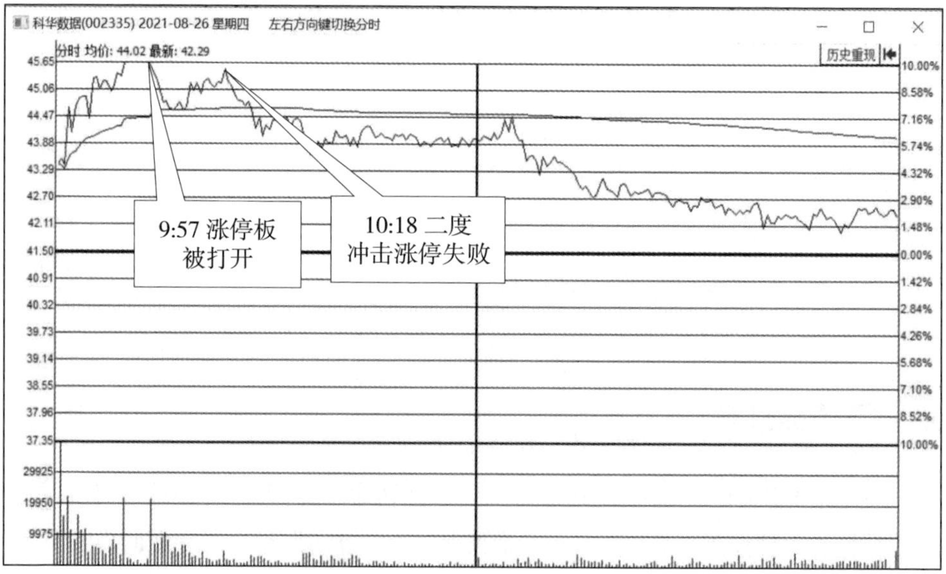

图 6-17　科华数据（002335）分时走势图（2021.8.26）

9:57 左右，该股的涨停板被砸开，分时线直线下行。此时 T+0 交易者可执行卖出操作，也可在 10:18 左右，该股分时线二度冲击涨停未果时执行卖出操作。

此后，该股股价振荡走低。整个下午时段，分时线都运行于均价线下方。交易者可耐心等到临近收盘时段，再执行买入补仓操作。

若卖出及时，当天获利幅度可能超过 5%。

第七章
狙击涨停板

涨停板是短线交易、超短线交易领域内的一颗明珠，也是 A 股市场比较有特点的一种技术形态。通常情况下，股价被封于涨停板后，都能有一波或大或小的行情。正因如此，很多短线交易者特别是超短线交易者，常把涨停板作为自己选股和操盘的目标。

第一节
涨停板形成动因

出现涨停板可能基于各种各样的原因，如业绩超预期、突发利好、市场情绪高涨等。但从主力的角度来看，一只股票最终能够涨停，并且将涨停板封死，无外乎以下 3 种原因。

一、低位抢筹：无量拉升

无论是突发利好还是业绩超预期，只要股价处于低位，并且主力没有完成吸筹，这时主力就必须通过拉升涨停的方式完成抢筹。主力就是要在短期内将股价拉升至较高的位置，不让散户和其他资金入场与自己抢筹。待股价到达高位后，很多资金畏惧短线高位而不敢入场，很多先前持仓的交易者会将其看成较佳的离场时机，主力则趁机在此阶段完成吸筹。其实，这是很多股票在一波上升行情初期经常出现一字涨停板的主要原因。一般来说，这类股票后市走势往往比较理想。

下面来看一下森特股份的案例。

2021 年 3 月 4 日晚，森特股份发布公告称：该公司控股股东将所持的占公司总股本 27.25% 的股份转让给隆基股份，转让价格为 12.50 元。公告发布前，该股股价不足 9 元。此公告的发布，对于该公司来说属于重大利好消息。另外，将部分股权转让给隆基股份后，该公司就与整个光伏行业的龙头正式融为一体，对该公司以后的发展具有很大的影响。此消息发布后，市场反应非常积极，次日该股股价直接以一字板开盘。

如图 7-1 所示，2021 年 3 月 4 日公告没有发布时，森特股份的股价就已经拉升至涨停板，说明有一些先知先觉的资金已经率先入场。其后，在利好消息的刺激下，股价拉升拉出涨停板。由于此前股价处于低位，并且股权转让价格大幅高于当时股价，因而主力想要吸收更多筹码，就不得不先向上大幅拉升股价，否则就会有很多资金入场抢筹。

其后，该股股价在连续 5 个涨停后的 3 月 12 日打开涨停，开始振荡整理。由于此时的涨停属于主力低位抢筹形成的涨停板，其后的股价振荡期，自然也是主力的吸筹期。在很多散户获利了结后，股价重新进入上升通道，如图 7-2 所示。

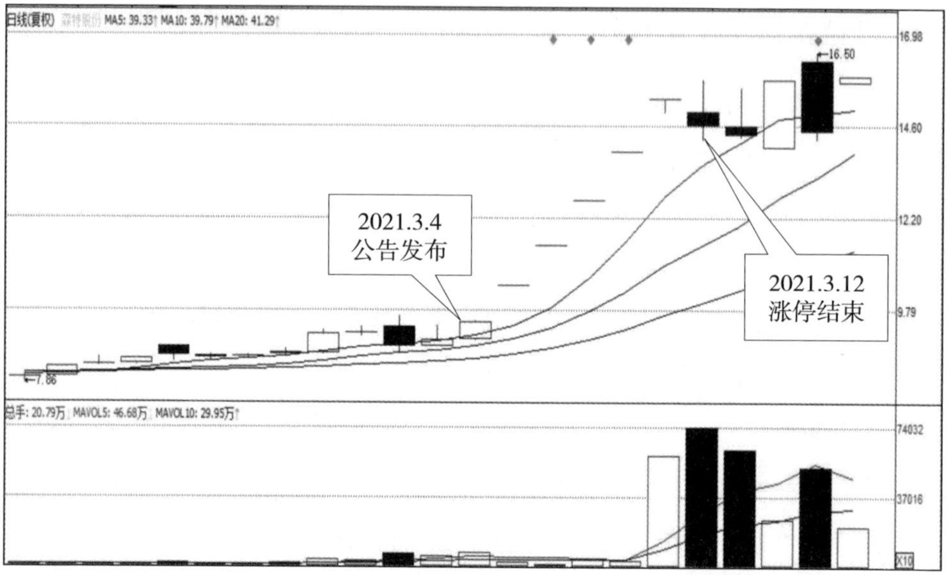

图 7-1　森特股份（603098）日 K 线走势图（1）

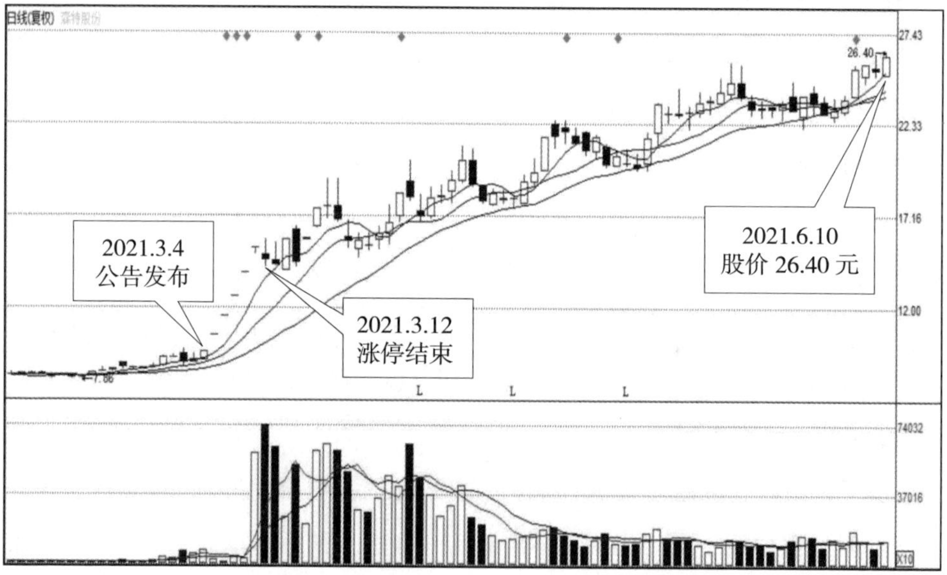

图 7-2　森特股份（603098）日 K 线走势图（2）

森特股份的股价在结束涨停后，并没有出现大幅下跌的走势，而是大幅振荡上升。从这种走势可以看出，该股 3 月 4 日后开始的拉升涨停，完全属于主力的抢筹行为。那么，其后的振荡拉升也是顺理成章的，毕竟主力费力拉升吸筹后，肯定还有更好的回报，股价的涨幅肯定要大于之前拉升抢筹时的涨幅。其后，该股的上涨幅度超过了 1 倍。

二、拉升派筹：边拉边派

股价经过一段时间的上涨后进入高位，主力势必要兑现盈利。当然，主力兑现盈利并不容易，需要大量的资金来接盘。吸引接盘的方法不外乎股价持续拉升，特别是拉出涨停板。一旦连续走出涨停板，赚钱效应就会凸显，整个市场的情绪很容易被调动起来，于是很多资金就会入场追涨买入股票，主力则趁机出货了结。该阶段的涨停板往往伴随着成交量的增加。

下面来看一下金种子酒的案例。

如图 7-3 所示，进入 2020 年 12 月后，金种子酒的上攻明显加速，意味着股价上升的顶点即将到来。同时，主力经过一个大波段拉升后，也将进入出货期。

2020 年 12 月 22 日和 28 日，该股股价在顶部区域连续拉出两个涨停板。观察这两个涨停板的形成可以发现，伴随着股价涨停，成交量出现了放大迹象，说明此时的涨停很可能属于主力的出货行为。

此后，该股股价在顶部区域振荡一段时间后，转入了下跌通道。也就是说，2020 年 12 月 22 日和 28 日，该股出现的涨停板属于典型的主力拉升派筹行为。

三、超跌自救：放量拉升

主力不是每次交易都能够成功。有时候，市场环境的变化可能会超出主力的

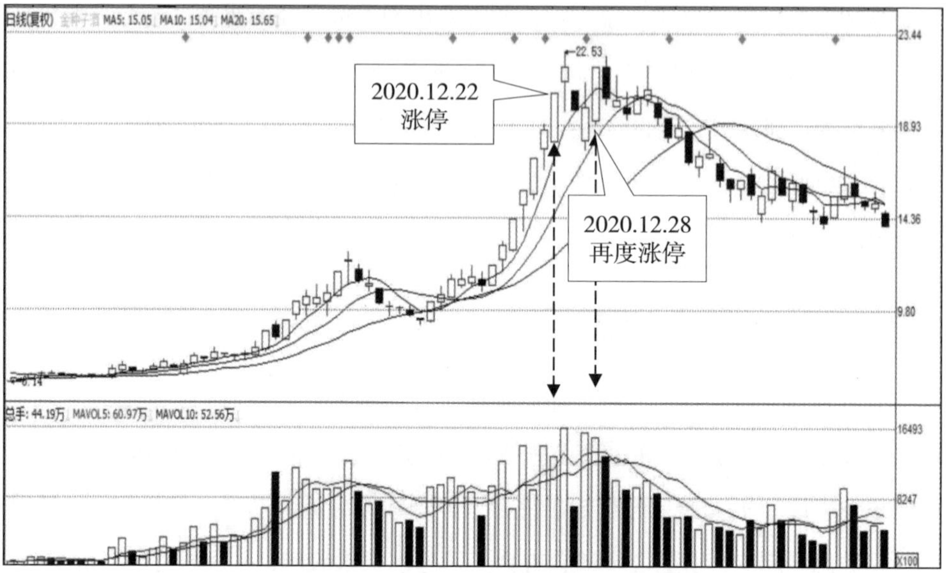

图 7-3　金种子酒（600199）日 K 线走势图

预估。比如，大盘行情急转直下，主力还没有完成出货，个股股价就出现了连续大幅下挫走势，并且这种走势还会持续数个交易日，导致主力持仓大幅亏损。这时，主力为了能够继续出货，或弥补一定的持仓亏损，就会采取自救式拉升，即股价超跌后，通过拉升涨停的方式吸引外部资金入场，从而推动股价上行。

下面来看一下银宝山新的案例。

如图 7-4 所示，2021 年 4 月中旬，银宝山新的股价出现了一波急速上升行情。4 月 26 日，该股股价触顶回落，并连续走出跌停板。此前股价拉升过程中，由于主力耗费了大量的资金，因而股价转入下跌通道时，还有很多筹码并未出清。股价短期大幅下跌，给主力带来了较大亏损。

2021 年 5 月 21 日，该股的下跌态势稍有缓和，主力立即大幅向上拉升股价，直至涨停。其实，此时的涨停属于主力的一种自救行为。若市场资金并不认可，那么就有可能成为主力自说自话的行为，未来股价还将重归下跌通道。主力通过这种自救式拉升，获得了一定的出货机会，但很难出尽手中的筹码。

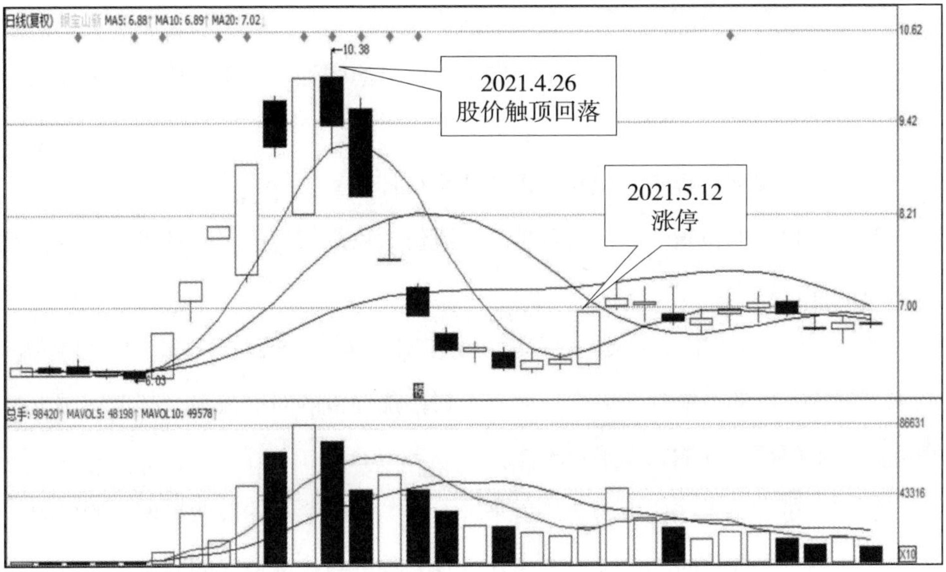

图 7-4　银宝山新（002786）日 K 线走势图

第二节 分时图涨停形态分析

分时图涨停形态不同，反映了股价上攻力度的差别，会间接影响次日股价上冲的幅度。交易者可以根据分时图上透露出来的信息，有针对性地采取下一步行动。

庄家拉升股价时，会在分时走势图上留下各种形态的曲线，这些曲线可以分成 4 种：一是缺口波；二是尖角波；三是平滑波；四是 N 字波。

一、强力涨停形态——缺口波

缺口波是指股价以跳空高开的方式开盘，在当天的交易中，股价一直没有回补缺口，并最终封上涨停板的形态，如图 7-1 所示。

出现缺口波分时形态，说明主力向上拉升意愿强烈，未来股价继续上攻的概率很高。

在具体的实战过程中，交易者需要注意这样 3 点。

第一，缺口的位置。缺口位置越高，股价上攻涨停板的可能性越大，次日高开的可能性也越大。

第二，缺口出现后封住涨停的时间。缺口出现后，若股价线立即封住涨停板，则未来继续上攻的可能性较大。反之，若封住涨停板的时间较晚，甚至到尾盘时段才封住涨停板，预期未来走势不佳。

第三，对于抢入涨停板的交易者来说，这类分时形态的股票是理想的标的。不过，交易者在操作时，应尽量选择开盘几分钟内封住涨停板的股票，回避尾盘时段才封住涨停板的股票。

下面来看一下盛剑环境的分时走势图。

如图 7-5 所示，2021 年 7 月 5 日，盛剑环境的股价以跳空高开的方式开盘，并一路直线式拉升，开盘不久就封住了涨停板，由此可见，庄家拉升该股具有很强的自信。鉴于该股涨停时间较早，主力只一波拉升，股价就封住了涨停板，未来继续走高的可能性较大。

再来看一下盛剑环境的日 K 线走势图。

如图 7-6 所示，盛剑环境的股价在 2021 年 7 月 5 日涨停之前，已经经历了一波短暂的调整，说明该股已经积蓄了一定的上涨动力。7 月 5 日，该股跳空高开并涨停。在此之前，股价已经完成了向上突破均线的动作，各条均线也形成了多头发散排列形态，属于典型的看多形态。观察筹码分布图可知，此时股价位于主筹码峰的上沿，未来上升的阻力较小。也就是说，当日若能在股价封涨停板前抢入该股，则下一交易日高开高走的可能性很大，属于比较理想的火线抢入标的。

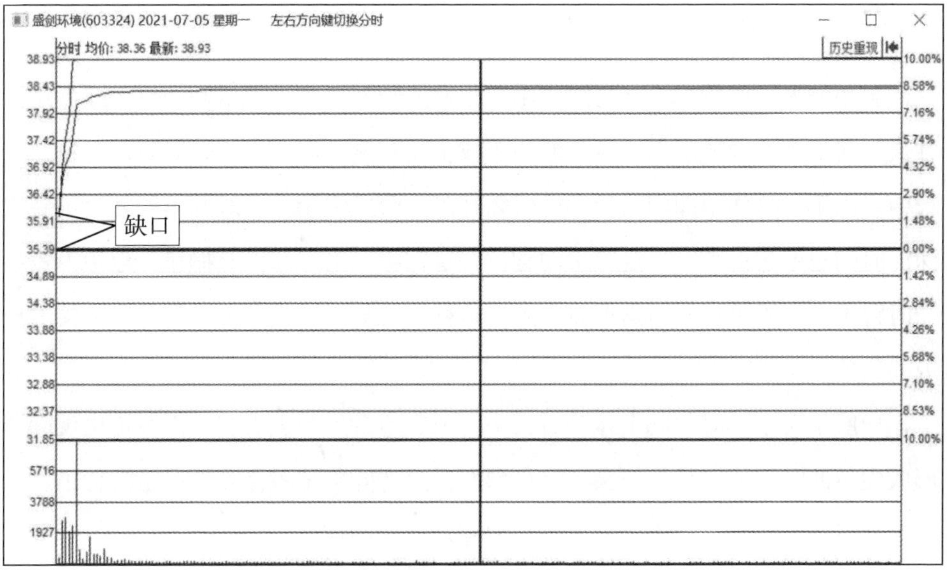

图 7-5 盛剑环境（603324）分时走势图（2021.7.5）

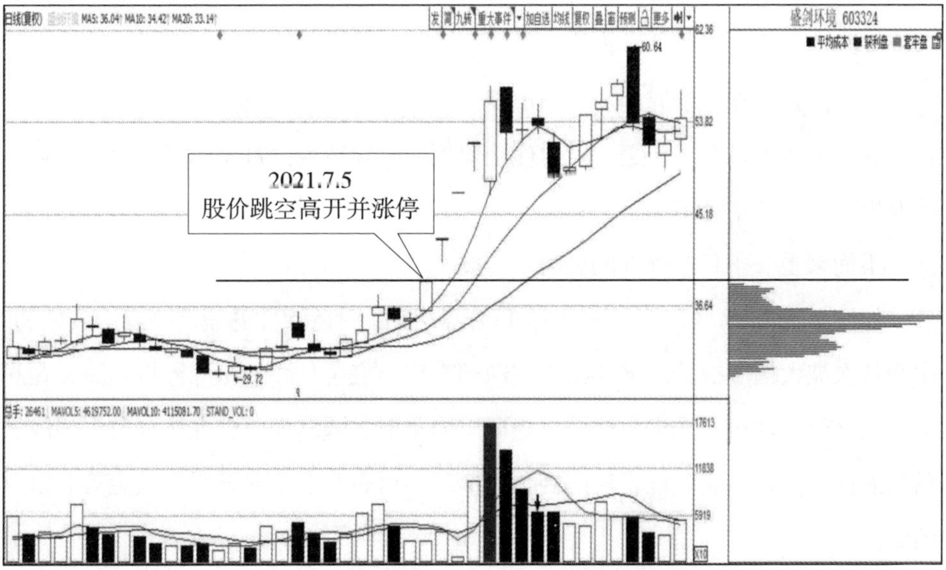

图 7-6 盛剑环境（603324）日 K 线走势图

二、强力涨停形态——尖角波

尖角波是指股价向上运行过程中，因遭遇到抛盘而出现瞬间回落形成尖角，并最终封上涨停板的形态。尖角波的形成主要有两种形式：一是股价向上拉升过程中，由于抛盘作用而使股价出现瞬间回落，形成尖角，一般回落的程度不会太深，时间也不会很长；二是股价向上拉升过程中，上方并没有抛盘，但主力资金一时跟不上，股价自然下落形成尖角，这种情况形成的尖角要小于前一种情况形成的尖角。

一般情况下，股价向上拉升过程中，成交量会呈放大态势。而股价出现回调形成尖角波时，成交量往往会呈缩量形态，这意味着该股会有一番上涨行情。

在具体的实战过程中，交易者需要注意这样两点。

第一，尖角的数量。尖角数量较多，说明主力实力不够强大，或者拉升意愿不太强烈，未来走势存疑。反之，股价上升过程中，若只出现一个或两个尖角，则未来继续上攻的可能性较大。

第二，封住涨停的时间。尖角出现后，若股价线立即封住涨停板，则未来继续上攻的可能性较大。反之，若封住涨停板的时间较晚，甚至到尾盘时段才封住涨停板，则未来走势不佳。

下面来看一下科蓝软件的分时走势图。

如图 7–7 所示，2021 年 6 月 11 日开盘之后，科蓝软件的股价经过一波振荡，中间几次被大幅度拉升，又几次出现回调整理，直至最终封上涨停板。该股在封涨停板之前出现了两次尖角波，都是属于缩量形态的，即股价在拉升时出现成交量放大情况，在回调时成交量出现萎缩情况，这表明庄家对该股后续走势非常有信心。

下面再来看一下科蓝软件的日 K 线走势图。

如图 7–8 所示，科蓝软件的股价在 2021 年 6 月 11 日涨停前一交易日，已

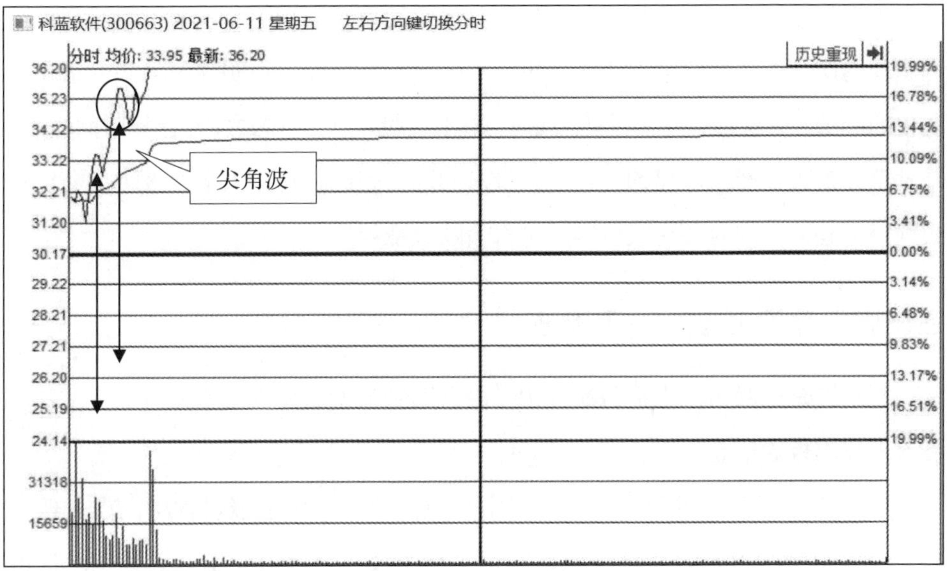

图 7-7 科蓝软件（300663）分时走势图（2021.6.11）

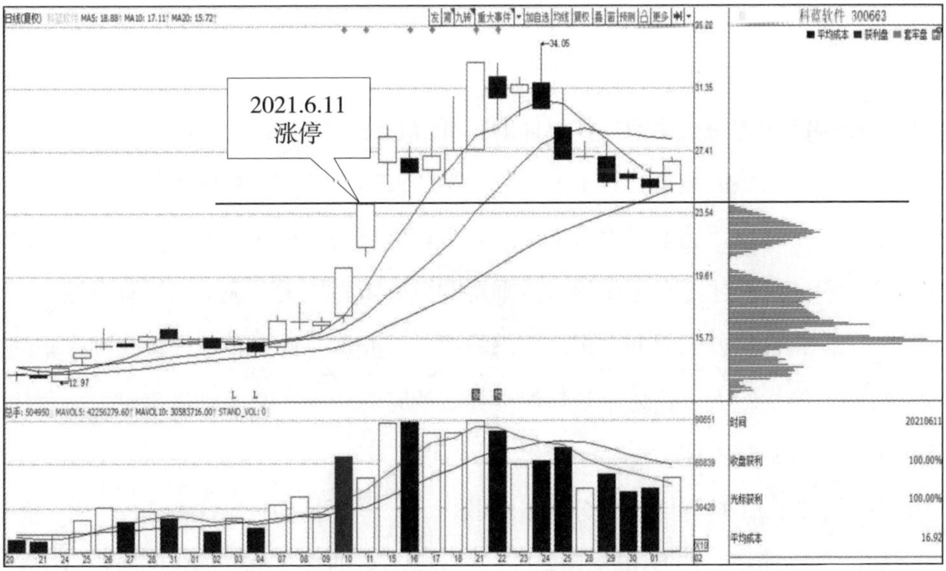

图 7-8 科蓝软件（300663）日 K 线走势图

经出现涨停走势。也就是说，此涨停板为该股的第二次涨停。一只股票能够短期内出现两次涨停，一方面说明股价走势之强，另一方面也说明该股多头力量存在弱化的趋势，毕竟有些发力过猛。同时，鉴于该股 6 月 11 日封住涨停板时间较早，并且全天封板较严，次日的上行应该没有问题。因此，在抢入涨停板时，交易者必须降低仓位，同时关注股价其后是否会跌破涨停位。

三、强力涨停形态——平滑波

平滑波是指股价向上运行过程中，没有遇到强大的抛盘或者抛盘极少，并最终封上涨停板的形态。

平滑波主要有 3 种形态：一是平滑长波，是指股价上涨过程中，没有任何阻力，股价被一气拉升至涨停板；二是平滑中波，是指股价上涨过程中，仅遇到一次或两次抛盘压力而出现回调，最终被拉升至涨停板的情况；三是平滑短波，是指股价在上涨过程中被不断平滑拉升，并不断出现回调，最终被拉升至涨停板的情况。

与缺口波和尖角波相似，在具体的实战过程中，需要注意这样两点。

第一，平滑波的数量。若主力只有一个长波将股价拉升至涨停板，说明主力拉升态度非常坚决，想要卖出者很少，未来走势可高看一线。反之，若股价经过了多个波段的拉升才拉升至涨停板，则说明拉升阻力较大，或主力另有企图。

第二，封住涨停的时间。出现平滑波后，若股价立即封住涨停板，则未来继续上攻的可能性较大。反之，若封住涨停板的时间较晚，甚至到尾盘时段才封住涨停板，未来走势不佳。

下面来看一下林洋能源的分时走势图。

如图 7-9 所示，2021 年 9 月 2 日，在早盘开始时段，林洋能源的股价被庄家一气拉升至涨停板，中间几乎没有任何调整，说明主力资金十分看好该股未来的走势。单从当日分时走势图上即可判断，下一个交易日该股高开几乎是一种必然。

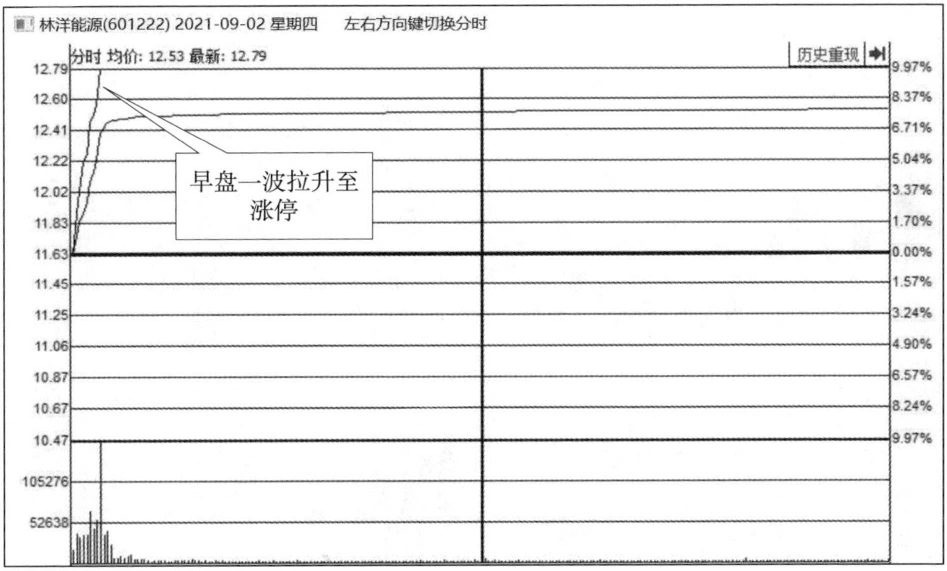

图 7-9　林洋能源（601222）分时走势图（2021.9.2）

下面来看一下林洋能源的日 K 线走势图。

如图 7-10 所示，林洋能源的股价在 2021 年 9 月 2 日涨停之前，已经经历了一段大幅度的上涨。9 月 2 日，该股开盘后以一段平滑长波封住涨停板，预示该股后市向好。尽管该股已经上涨至高位，但观察该股的筹码分布图可知，此时股价仍位于主筹码峰的上方，也就是说，股价上方没有任何阻力，主力想要向上拉升股价非常容易。喜欢火线抢入涨停板的交易者，可在 9 月 2 日当天股价未封死涨停板前入局，然后在后续的交易日股价无力封上涨停板时卖出该股。

当然，鉴于该股已经处于高位，随时有暴跌的风险，次日交易者可在股价高开之后离场。

四、强力涨停形态——N 字波

N 字波是指股价向上拉升过程中，有一个明显的回落，回落之后股价再次被拉升，从而形成 N 字形走势。N 字波的形成主要有两类原因：一是股价向上

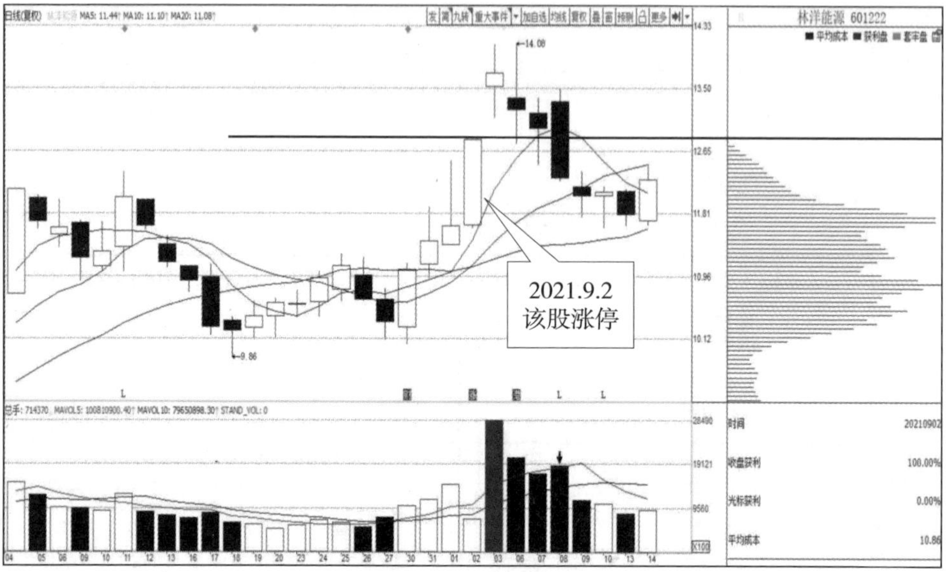

图 7-10　林洋能源（601222）日 K 线走势图

拉升过程中遭遇了抛盘阻力，出现一波下跌走势，随后新资金不断涌入，将股价重新拉起；二是股价向上拉升过程中，由于资金没有跟上股价上涨的速度，出现了一波自然的回落，随后由于资金的进入，股价被重新拉起。

在具体的实战过程中，交易者需要注意这样两点。

第一，N 字波的数量。N 字波的数量较多，说明主力实力不够强大，或者拉升意愿不太强烈，未来走势存疑。反之，上升过程中，若股价只出现一个或两个 N 字波，则未来继续上攻的可能性较大。N 字波越少，说明股价拉升至涨停板期间的回调次数越少，主力做多意愿越坚决。

第二，封住涨停的时间。N 字波出现后，若股价线立即封住涨停板，则未来继续上攻的可能性较大。反之，若封住涨停板的时间较晚，甚至到尾盘时段才封住涨停板，未来走势不佳。

下面看一下思特奇的分时走势图。

如图 7-11 所示，2021 年 6 月 10 日，思特奇的股价早盘开盘之后一路上涨，中间只经过一次调整就封上了涨停板，分时线在分时图上留下了一个 N 字形走势。由此可见，庄家十分看好该股后期走势，短线交易者可在该股将要涨停时强行买入股票。由于该股涨停时间非常早，第二天大概率会有一个惯性上冲的动作。

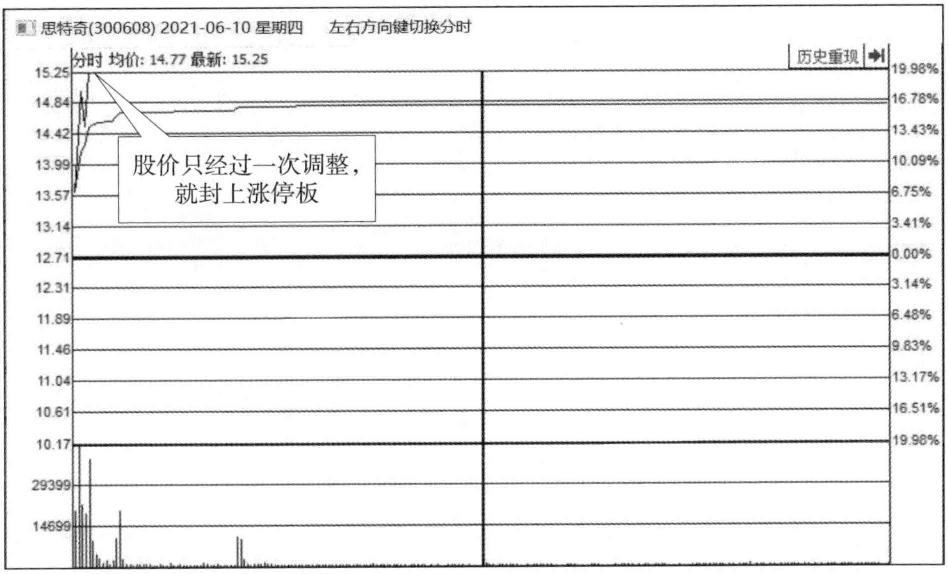

图 7-11 思特奇（300608）分时走势图（2021.6.10）

下面再观察一下该股的日 K 线走势图。

如图 7-12 所示，2021 年 6 月 11 日，思特奇的股价在前一交易日涨停的基础上，再度以涨停报收，由于该股涨停板出现的时间属于股价刚刚启动上升走势的初期，股价又位于各条均线之上，并且各条均线呈多头发散排列，这都属于典型的买入信号。

观察筹码分布图可知，此时股价位于底部筹码峰的上方，并且股价上方未见明显筹码，未来股价上攻的阻力较小。

基于以上分析，想火线抢入涨停板的超短线交易者，可在 6 月 10 日当日股价未封涨停板前执行买入操作，并在两个交易日后的 6 月 15 日卖出该股。尽管此后，该股股价经过调整后又上升了一波，但对于超短线交易者来说，这种收益已经比较可观了。

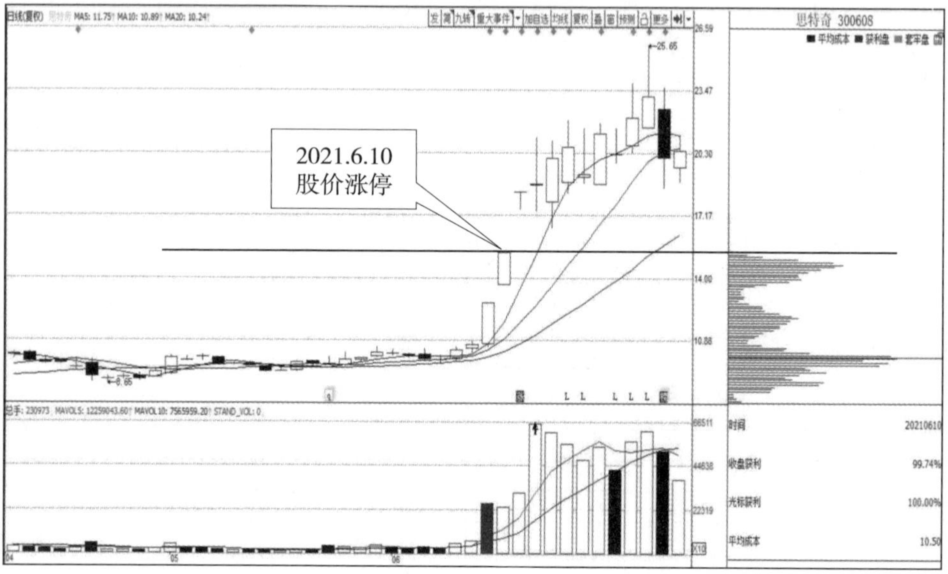

图 7-12　思特奇（300608）日 K 线走势图

第三节 涨停板量价结构及其操作技巧

涨停板的出现，既有主力操作的原因，也有整个市场环境推动的因素。很多交易者都试图寻求涨停板出现前的一些迹象。当然，在这个市场上，没有百分之百准确的涨停板建构模式，本节介绍的几种涨停板建构模式，只是出现的频率相对较高，可以帮助交易者寻找涨停板。

一、慢牛提速涨停及其量价建构

慢牛提速涨停，是指股价经过一波长时间的缓慢振荡上升后，突然加速上攻的走势形态。股价在加速上升过程中，常常走出涨停板。如图 7-13 所示。

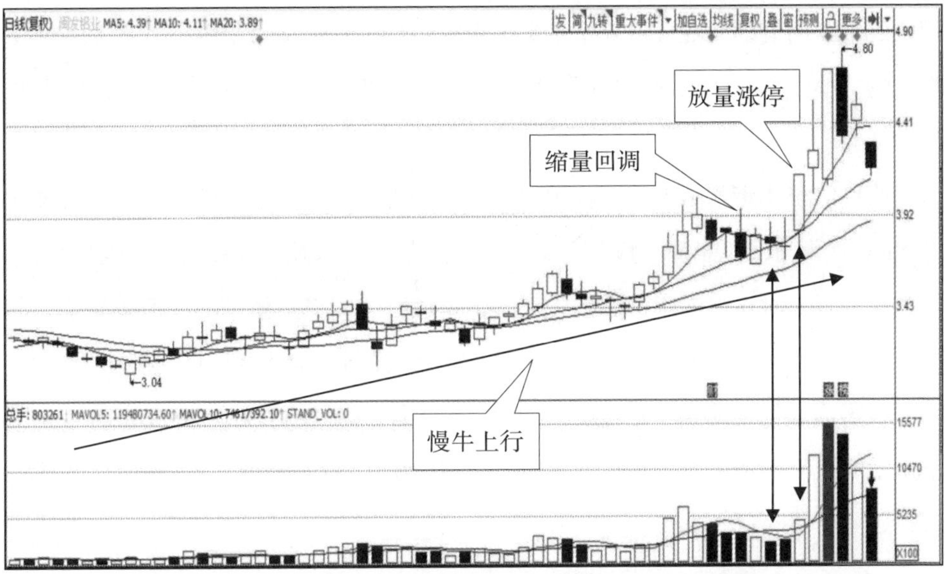

图 7-13　闽发铝业（002578）日 K 线走势图

当一只股票的股价总是以自己特有的缓慢节奏向上攀升，而且股价在上涨过程中不断出现调整，成交量时高时低。如果该股成交突然出现大幅缩量的情况，那么就说明这只股票距离被快速拉升已经不远了。

股价的运行趋势与操盘的主力有很大的关系。当一只股票总是以缓慢的节奏上涨时，说明主力有足够的耐心和信心来做一把大行情。在长达半年乃至一年的时间里，主力不断地吸筹、洗盘，耗尽普通交易者的耐心，然后正当普通交易者毫无防备的时候，也就是成交量出现萎缩时，突然发动一波规模较大的上涨行情。涨停板往往会出现在股价加速上涨阶段，只要抓住股价加速上涨的阶段，就能轻松捕捉涨停板。

1. 量价建构

一只股票的股价从底部启动后，一直保持缓慢向上攀升的状态，并且股价攀升过程中，每上升一段时间后，就会出现一段时间的调整走势，也就是股价每前进一段距离，随后都会后退一段距离。与此相对应，成交量会随股价上涨而放大，随股价下跌而萎缩，这样成交量走势图上就出现了一个又一个由高低不等的量柱构成的“小山”。山顶对应的就是股价上涨的短期顶部，山谷对应的就是股价调整的低点。

股价的整体走势近似于小幅缓慢振荡式前进，而且由于股价波动的高点与低点之间的距离很近，非常不利于短线交易者的波动操作。股价这样运行一段时间后，许多交易者会对这样的走势感到失望，于是该股的成交量就会出现萎缩态势，表明市场交易清淡，多空双方缺乏交易的意愿。此时，往往就是该股即将启动的时机。

该股成交量萎缩到一定程度，表明许多交易者已经不看好该股的走势。此时，主力就会趁人不备突然快速拉升该股，使股价出现连续上涨行情。涨停板经常出现在这一阶段。

2. 操作要点

第一，股价在振荡上涨过程中，会不断地出现回调走势，一方面说明主力在不断地吸筹，为将来的上涨做准备，另一方面也说明主力在不断地清洗“浮筹”，将意志不坚定者清洗出局。

第二，股价创下阶段高点后出现回调时，成交量应该呈现萎缩态势，表明主力并没有出货。这就为该股未来的上涨提供了必要条件。

第三，股价的整体运行趋势应该是向上的。也就是说，如果将股价运行的低点连接出一条趋势线，那么这条趋势线应该向右上方倾斜。

第四，股价在快速上涨前，应该有一段明显的缩量回调过程。当股价被迅速拉起时，成交量就会迅速放大，此时就是交易者最佳的入场时机。很多涨停板就是在此时出现的。

3. 实战案例

下面一起来看一下攀钢钒钛的案例。

如图 7-14 所示，攀钢钒钛的股价从 2021 年 7 月初开始启动，一路振荡上涨。股价上涨几个交易日后，就会出现一波下跌，如此往复。成交量随着股价上涨而放大，随着股价下跌而萎缩，于是成交量走势图上留下了一个又一个“小山”式的图形。2021 年 8 月中旬，该股的成交量出现萎缩的情况，并且萎缩持续时间超过了以前的时段，说明该股将要开始一波快速拉升。8 月 20 日，股价被迅速拉升，随后展开了一波规模较大的上涨行情。8 月 23 日，股价更是以涨停板报收。

图 7-14　攀钢钒钛（000629）日 K 线走势图

二、蓄势突破涨停及其量价建构

前期高点往往聚集了大量的套牢盘，也是空方防守的重要防线。股价冲破前期高点，往往需要聚集起较多的实力，因此很多时候，多头发力上攻时多出现涨停板。如图 7–15 所示。

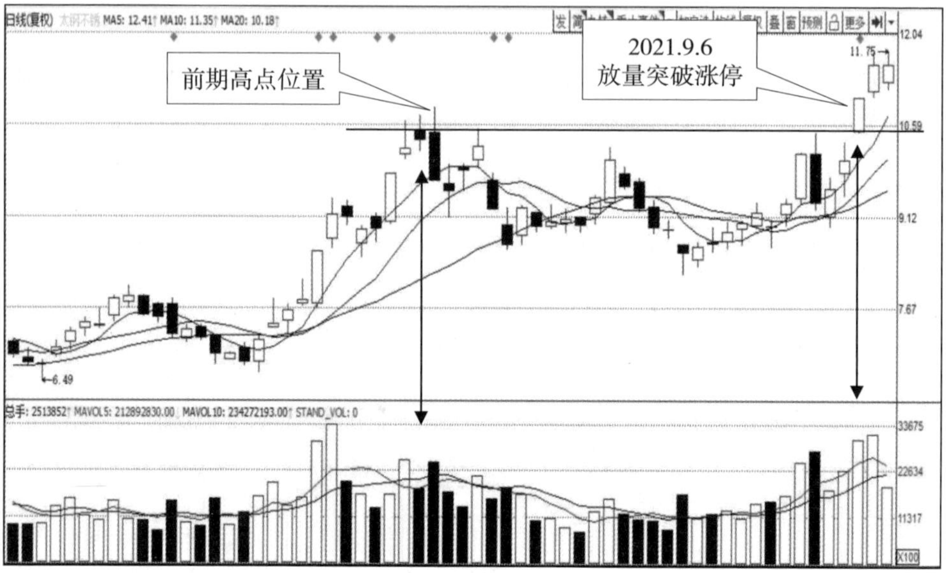

图 7–15　太钢不锈（000825）日 K 线走势图

前期高点往往会聚集很多的套牢盘，每当股价自下而上来到前期高点附近时，很多套牢盘就会争相涌出，从而促使股价下跌，这就是前期高点对股价的阻力作用。多方如果想冲破前期高点，就不得不聚集起超过卖盘的实力，从而一举突破前期高点的封锁。在多方突破前期高点封锁时，股价就会大幅上涨，大多会出现涨停板。

1. 量价建构

股价越过前期高点时，必然出现成交量放大的态势，而当股价下跌后，成交量同步出现缩小态势。股价重新上涨并冲击前期高点时，成交量会随之放大。股价第一次冲击前期高点未果说明两点：一是多方只是试探性进攻，为后面的大举进攻探路；二是多方聚集的实力仍没有前期高点一线的空方实力强，多方需要进一步积聚力量。

股价第一次冲击前期高点未果，重新开始下跌时，成交量会出现缩小态势，并且K线多出现小阴线、小阳线形态，表明多空双方不断地相互试探。

也就是说，股价冲破前期高点并出现涨停板之前，至少已经两次来到前期高点附近，但因迫于前期高点的阻力而重新下跌。多方在不断冲击未果中积累实力，最后当多方再次来到前期高点附近时，往往会经过一段时间的振荡整理，然后一鼓作气冲破前期高点的阻力，并形成涨停板。

2. 操作要点

第一，股价突破前期高点前，已经数次来到前期高点附近，因而交易者可以依据这一标准选择目标操作股。

第二，股价突破前期高点前，有一个高位振荡的过程，这一过程是多方积聚实力必不可少的环节，交易者可以依照这一标准判断哪些股票即将冲破前期高点。

第三，股价冲高前有一个假摔动作，即有一个股价下跌的过程。这一过程持续时间不会太长，一旦重新开始上涨，并且突破前期高点，就是交易者买入的最佳时机。

3. 实战案例

下面来看一下金禾实业的案例。

如图7–16所示，2021年6月7日，金禾实业的股价创出一个阶段最高价之后，开始了一波下跌行情。经过多次振荡反弹，2021年8月31日，该股股价冲击前期高点未果，重新开始了一波振荡整理。随后，股价又走出一波上涨行情，股价再次逼近前期高点。当股价到达前期高点后，随即收出一根中阴线。这根中阴线很可能就是操作要点中介绍的假摔走势。9月7日，该股收出一根大阳线，并以涨停报收，同时突破了前期高点。根据对该股的判断，这一日就是该股最佳的入场时机。

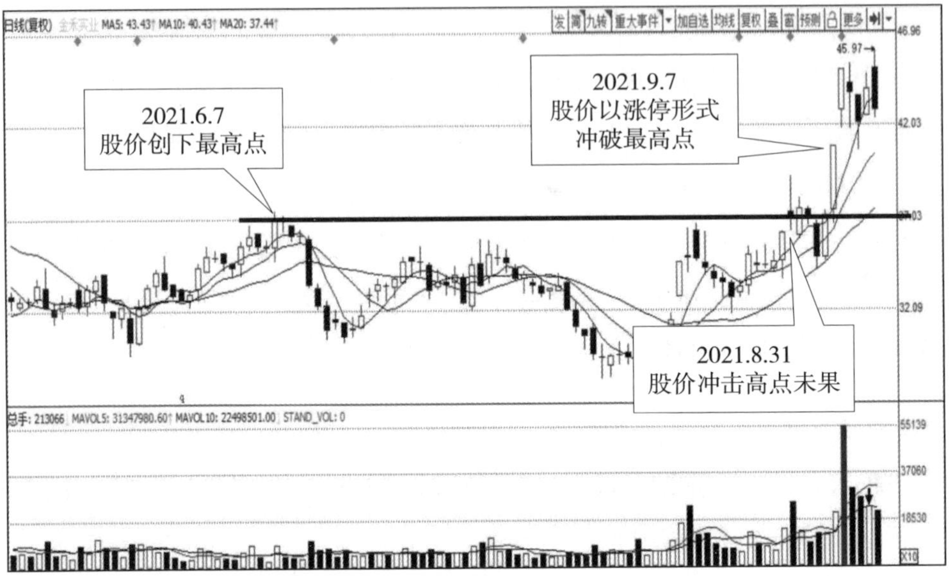

图 7-16　金禾实业（002597）日 K 线走势图

三、洗盘调整涨停及其量价建构

涨停一般是主力拉升一段时间之后，借助散户的力量有意无意地制造出来的，因此，当价位处于高点时，出现涨停的概率远大于价位处于低点时。尤其是高位洗盘之后，更容易出现涨停。如图 7-17 所示。

高位洗盘是指股价被拉升到较高位置后，股价出现振荡调整形态。高位洗盘与高位出货最明显的不同在于成交量的变化。高位洗盘时，股价下跌，成交量随之萎缩；高位出货时，股价下跌，成交量却出现异常放大态势。

主力进行高位洗盘的目的有两个：一是将意志不坚定者清洗出局，这样便于后面的拉升；二是通过增大换手率来提高交易者的持仓成本，这样新进入的交易者就可以帮助主力锁定筹码。

1. 量价建构

股价创下阶段高点时，必然出现成交量放大的态势，而当股价振荡下跌后，

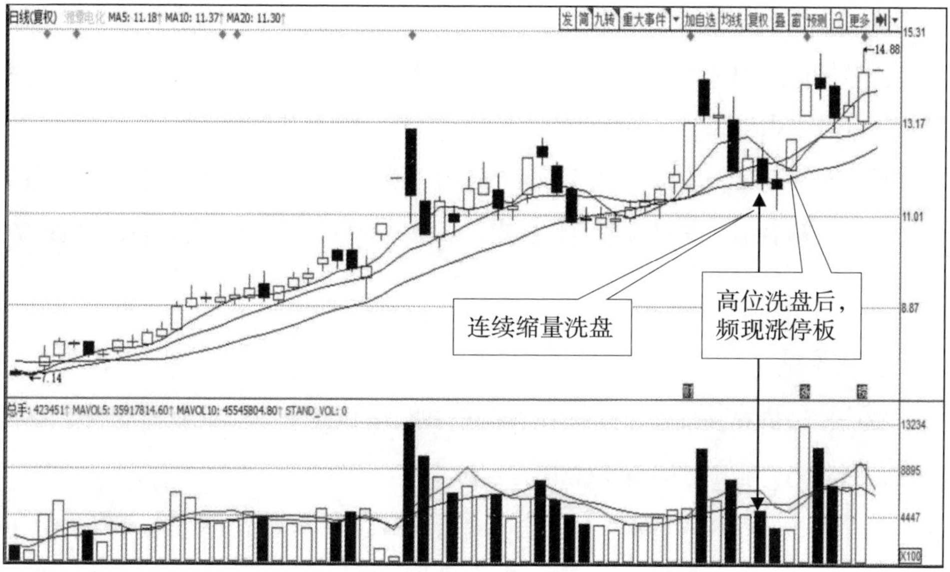

图 7-17　湘潭电化（002125）日 K 线走势图

成交量同步出现缩小态势。在洗盘过程中，会交叉出现涨跌情况，每当股价上涨时，成交量就会出现放大，每当股价下跌时，成交量就会出现萎缩，这是洗盘时段成交量变化的显著特征。同样，在整个洗盘过程中，股价的低点会一次比一次高，而成交量会出现逐步走低态势。

当洗盘接近尾声时，成交量就会提前结束萎缩状况，并先于股价上涨出现增长态势，这时若 K 线图上出现反转信号，则往往意味着股价上涨的时机马上就要到来了。

追击高位洗盘后的涨停板，是风险较高的一种追涨方式。当一只股票的股价经过一轮拉升已经上涨到较高位置后，许多获利盘就有了兑现的动机，也有许多继续看好该只股票的交易者想买入该股。这样，股价在高位时，就会出现较高的换手率。同时，由于买盘与卖盘的相互作用，股价会出现振荡走势，这就是通常所说的高位洗盘。

有时，主力为了加快洗盘的节奏，会故意拿出一定的筹码来砸盘，这时 K

线图上就会留下一些较长的大阴线。交易者如果仔细观察 K 线图就会发现，尽管大阴线频出，但是股价振荡的低点却是越来越高。在振荡调整将要结束时，K 线图上往往会出现一些行情转向的反转信号，如十字星线等。

洗盘结束之后，股价就会迎来新一轮的上涨，这时涨停板出现的频率是很高的。如果交易者能在某只股票高位洗盘之后第一时间介入该股，就有可能捕捉数个涨停板。

2. 操作要点

第一，股价在高位整理过程中，不能有明显的放量情况，也就意味着主力不能有出货行为，否则该股就不会继续上涨。

第二，该股在振荡过程中经常会出现大阴线或中阴线，但股价又很快收复下跌的失地，表明主力的打压只是为了加速洗盘。股价下跌，并且成交量萎缩得越明显，未来起涨的概率越高。

第三，股价在高位振荡持续的时间可长可短，有的股票可能几个交易日就能完成振荡洗盘，有的股票则需要很长时间才能完成洗盘。

第四，通常情况下，越是在上涨阶段频繁出现涨停板，经过缩量回调后重新上升时，出现涨停板的概率越大。

3. 实战案例

下面来看一下恒润股份的案例。

如图 7-18 所示，恒润股份的股价经历了一波振荡上升后，进入了高位区域。

2021 年 9 月 7 日，恒润股份收出一个涨停板后出现回调走势。该股股价在回调过程中，成交量出现了大幅萎缩态势。此时，交易者需要保持关注，这类缩量回调的股票随时可能杀出回马枪。

9 月 13 日，该股股价低开高走，并以涨停报收，说明主力已经完成洗盘，交易者可在当日及时跟进买入股票。

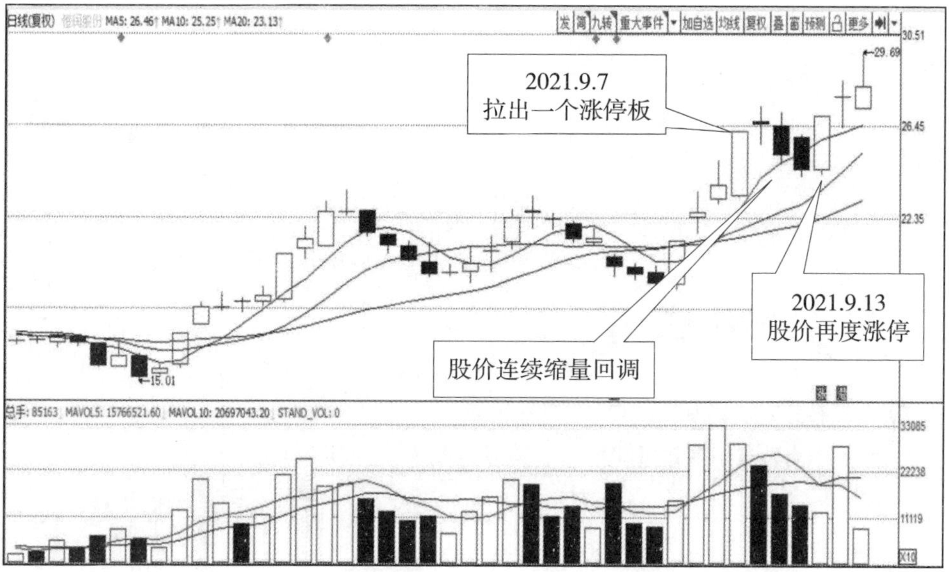

图 7-18　恒润股份（603985）日 K 线走势图

四、底部缩量涨停及其量价建构

股票价格经过长时间的下跌后，做空动能势必会得到极大的消耗，成交量会随之不断萎缩。股价与成交量萎缩至极点时，往往意味着新一波上升趋势即将来临。其中一些股票可能会走出涨停板。如图 7-19 所示。

无论股价如何变动，成交量也不会一味地紧缩。当一只股票的成交量随股价下跌不断萎缩，并且萎缩到极点时，往往就是多方反攻，股价即将上涨之际，此后成交量必然随之放大。

一只股票在下跌过程中，成交量先是逐步萎缩，其后又随着股价的加速下跌出现放大的情形，最后股价趋于稳定。当成交量再次出现萎缩，并且萎缩到极点时，往往意味着股价很可能会出现报复性上涨。也就是说，此时出现涨停板的概率较大。

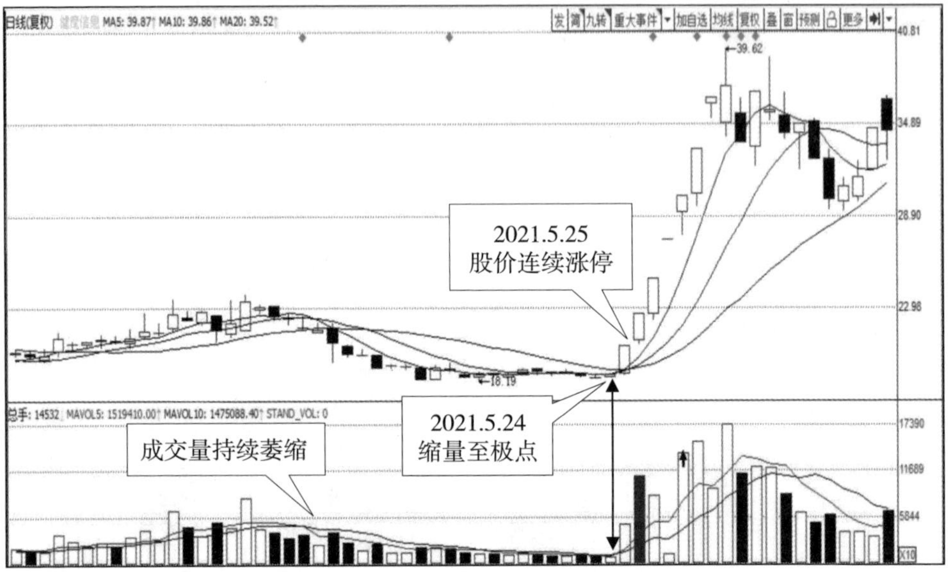

图 7-19　健麾信息（605186）日 K 线走势图

1. 量价建构

当股价振荡下跌后，成交量会同步出现缩小态势。当股价下跌一段时间后，突然出现加速下跌的迹象，并且成交量出现了放大，说明主力正在打压该股走势。

其后股价走稳，成交量却出现极度萎缩，这就是通常所说的“地量见地价”。一般情况下，此后股价都会出现一定的上涨，尤其是前面已经出现了主力建仓的情况，更说明该股其后有一波快速拉升。

底部极度缩量形态是一种趋近于股价反转的成交量形态。当一只股票的成交量随股价下跌出现极度萎缩之后，尤其之前有过成交量放大情形，那么该股票出现涨停板的概率远大于其他股票。

某一只股票的股价创下高点后出现回落，成交量同步出现萎缩情况，预示股价还将进一步走低。股价在下跌途中，突然出现加速下跌状态，并且成交量出现了放大，说明主力正利用打压该股走势的方式吓退散户，从而达成建仓的目的。

其后股价走稳，成交量却出现极度萎缩，说明散户筹码已经锁定，持有该股的交易者已经不愿意再以较低的价格卖出股票，这时主力再向下打压该股已经失去意义了。向上大幅拉升该股股价，使股价迅速脱离建仓区域，就成了主力的首要目标。因而，在这一阶段股价常常会出现大幅拉升，甚至出现涨停板。

2. 操作要点

第一，在股价下跌的初始阶段，并没有出现明显的放量情况，说明很多交易者仍坚持持有该只股票。

第二，该股加速下跌阶段，成交量出现放大情况，这是未来该股涨停必须要经历的一个阶段，因为此时正是主力建仓的时机。

第三，股价加速下跌之后出现企稳，而成交量出现萎缩，说明无论主力还是散户都不愿意卖出手中的股票，也说明该股反弹时机就要来临。反弹的关键点就是成交量极度萎缩之时。

第四，股价在成交量极度萎缩之后会出现报复性上涨，此时多出现涨停板。这时主力建仓完毕，需要将股价迅速脱离自己的成本区域，这样做有两个用意：一是防止其他主力来与自己争夺筹码；二是市场出现异动之时，自己有一个退守的屏障。

3. 实战案例

下面看一下新纶新材的案例。

如图 7-20 所示，从 2021 年 3 月 25 日开始，新纶新材的股价一路下跌，成交量随之不断萎缩。在下跌的最后阶段，股价下跌突然加速，此时成交量却出现放大形态，说明主力利用打压股价的方法建仓，其后股价逐渐企稳，成交量却持续萎缩。

2021 年 5 月 21 日，该股成交量萎缩至极点，这时 K 线图上出现了一根小十字线，预示该股走势将出现转向，未来有出现涨停板的可能，此时激进交易者可以分批建仓该只股票。

2021 年 5 月 25 日，该股开盘之后被迅速拉升至涨停板。

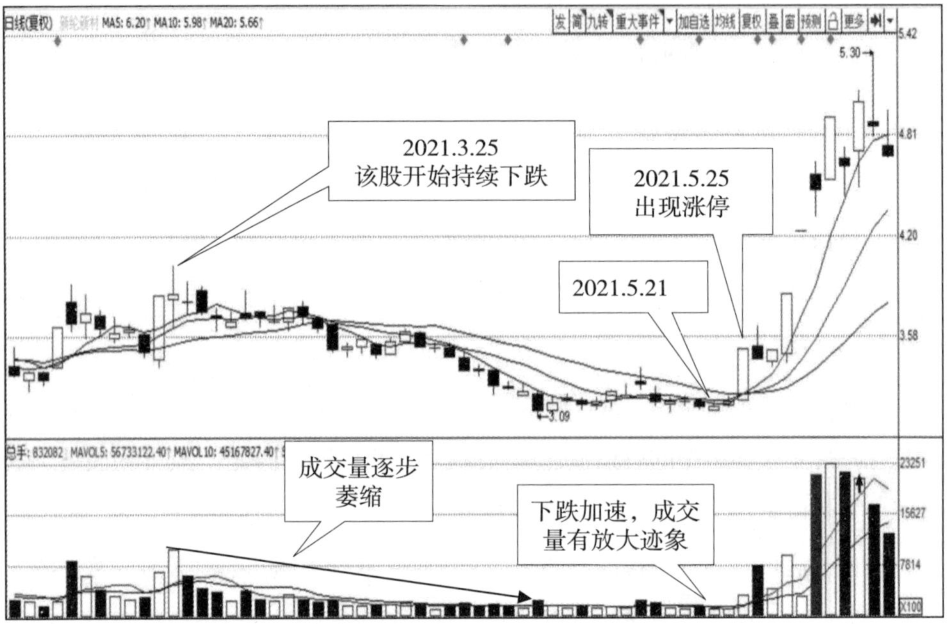

图 7-20　新纶新材（002341）日 K 线走势图

第四节 火线抢入涨停板技巧

出现涨停板后，股价受惯性的影响，大多数次日会有一波冲高的走势。对于短线交易者来说，在涨停板封板前入场，并在次日卖出，是本节要向大家介绍的几种常用的抢入涨停板的实战操作技巧，以供参考。

一、涨停板上抢黄金

追击涨停板成功率最高的方法，莫过于在涨停板形成时追涨买入。但是，并不是所有时间、所有的涨停板都可以追涨买入的。

在涨停板出现时段，交易者追涨买入股票的操作要点如下。

第一，大盘环境。

大盘当日走势要稳健，如果能够强势上涨更好。交易者切记：如果大盘出现破位下跌的情况，那么尽量不要追击涨停板。

第二，涨停时间。

个股到达涨停板的时间越早越好。交易者要尽量选择那些开盘半小时内就到达涨停板的股票。交易者可借助炒股软件中的【涨幅排名】和【涨速排名】来寻找最佳的操作标的。

第三，股价位置。

交易者要秉持一个原则，即股价不涨停不追。只有股价到达涨停板，并且有大单开始买入时，方可追涨买入。

第四，成交量关系。

股价在上涨过程中需要保持这种价量关系，即股价上涨时成交量放大，股价下跌时成交量缩小。

第五，涨停板数量。

尽量选择某只股票出现第一个涨停板时买入。如果某只股票已经连续出现涨停，那么尽量不要买入。

第六，KDJ 指标分析。

买入股票前，日 KDJ 指标出现黄金交叉，指标线 J 能到达 80 线上方区域，若能到达 100 线更佳。

第七，筹码分布。

买入股票前，若股价位于主筹码峰上方，并且股价上方无明显筹码峰更佳。

第八，仓位控制。

火线抢入涨停板的操作面临非常大的风险，因而以少量资金参与为宜。参与该项操作的资金，占资金总额的比重不能超过 20%。

第九，股票的卖出。

交易者尽量在次日开盘后寻一高点卖出股票。当然，若该只股票再次冲击涨停板，则可继续持有该股。若次日开盘后，股价并未上升，而是直接以低于前一交易日收盘价开盘并直接下跌，则应立即出货，不可恋战。

下面来看一下诺德股份的案例。

假如交易者拟于 2021 年 8 月 4 日按照火线抢入涨停板的技法操作诺德股份的股票，那么首先需要对当时大盘的走势有所了解。

如图 7−21 所示，上证指数在 2021 年整体上呈横向振荡走势。上证指数在上升过程中虽然出现了几次回调，但都很快重新回到上升趋势中，说明大盘走势较稳，比较适宜进行短线和超短线操作。

2021 年 7 月底，上证指数出现了反弹走势。8 月 3 日，上证指数呈现横向振荡态势。8 月 4 日，大盘低开高走，呈现上升态势。该态势比较有利于个股操作。

交易者若想对诺德股份进行火线抢入涨停板的操作，还需对该股的走势情况以及股价所处的位置进行研判，图 7−22 为诺德股份的日 K 线走势图。

从图中可以看出，诺德股份的股价经过一段时间的调整后，出现了明显的缩量迹象。随着股价在洗盘区域盘整，筹码逐渐向该区域聚集。2021 年 8 月 4 日，股价启动上升时，主筹码峰已经处于股价下方，并且股价上方再无明显的筹码峰，说明股价未来上攻面临的压力较小。观察该股的 KDJ 指标可知，KDJ 指标刚刚完成黄金交叉形态，指标线 J 刚刚越过 80 线，正向 100 线移动。此时，属于较佳的短线操作时机。

图 7-21　上证指数（000001）日 K 线走势图

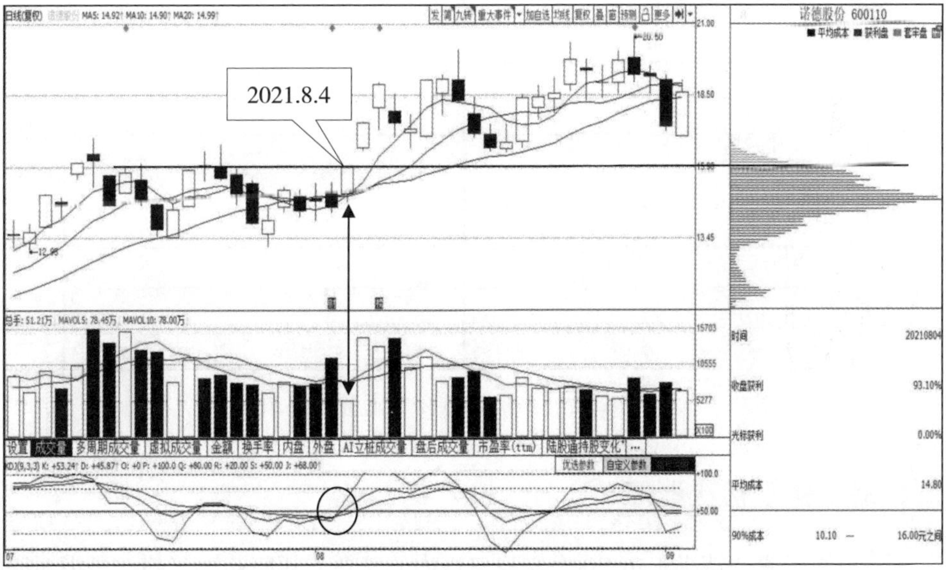

图 7-22　诺德股份（600110）日 K 线走势图

交易者可结合诺德股份的分时走势线来寻找最佳的买入点，如图 7-23 所示。

2021 年 8 月 4 日，诺德股份的股价开盘后，一直呈振荡上升走势。进入 9:50 之后，股价线已经临近涨停位。喜欢抢涨停板的交易者可考虑火线抢入涨停板。一般来说，临近涨停时，大卖单会频出，交易者可保持观望。当卖盘再无大单，而买单频现时，就是最佳的买入时机。

交易者买入该股后，在次日股价涨停时继续持有，待其后的交易日股价无力封住涨停板时再行卖出。

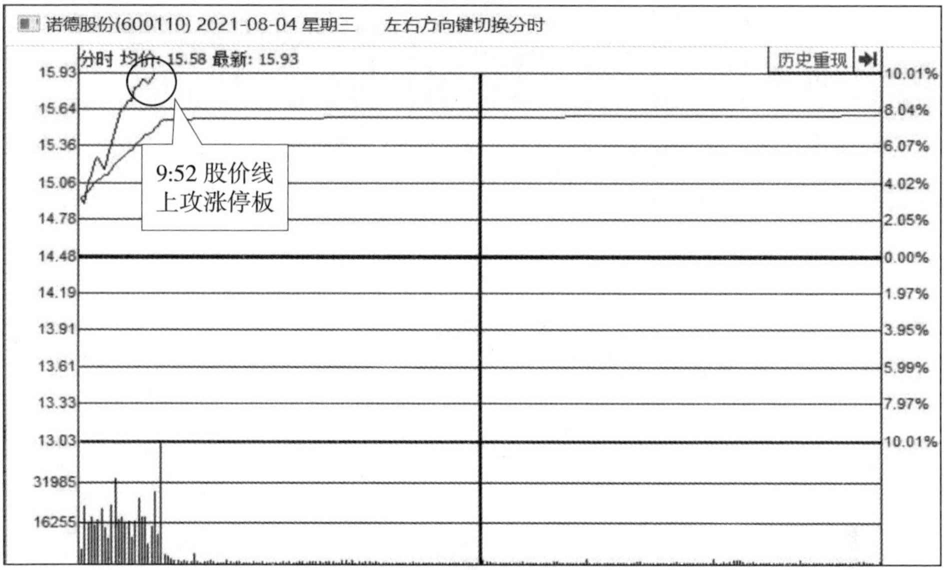

图 7-23 诺德股份（600110）分时走势图（2021.8.4）

二、追涨新股初次涨停

这里的新股，特指上市 20 个交易日以内的股票。新股初次涨停，是指新股上市后第一波无量拉升（有时没有这一波拉升）结束后出现的第一个涨停板。当一只新股的第一个涨停板出现时，往往意味着该股在第二个交易日也会有一波冲高走势。相对于其他类抢入涨停板的情况，抢入新股的涨停板相对安全一些。

交易者追涨新股初次涨停时，需要注意以下 7 点。

第一，新股第一波拉升的幅度。

鉴于新股涨跌停的限制，新股上市后很可能会出现一波一字板涨停行情。若一字板出现的数量较多，则该股其后可能会出现回调走势，回调的幅度与拉升的幅度往往成正比。

第二，涨停板出现的位置。

涨停板出现在以下两个时段最好：一是股价经过回调整理之后，出现第一个涨停板；二是股价创新高时，出现第一个涨停板。

第三，追涨时机。

交易者要秉持一个原则，即股价不涨停不追。只有股价到达涨停板，并且有大单开始买入时，方可追涨买入。

第四，成交量关系。

涨停板出现当天，成交量若能相比前几个交易日有所放大，则可以增加股价继续上涨的可能性。

第五，KDJ 指标分析。

买入股票前，日 KDJ 指标出现黄金交叉，指标线 J 能到达 80 线上方区域，若能到达 100 线更佳。

第六，筹码分布。

买入股票前，若股价位于主筹码峰上方，并且股价上方无明显筹码峰更佳。

第七，仓位控制。

火线抢入涨停板的操作面临非常大的风险，因而以少量资金参与为宜。参与该项操作的资金，占资金总额的比重不能超过 20%。

下面来看一下鑫铂股份的案例，如图 7-24 所示。

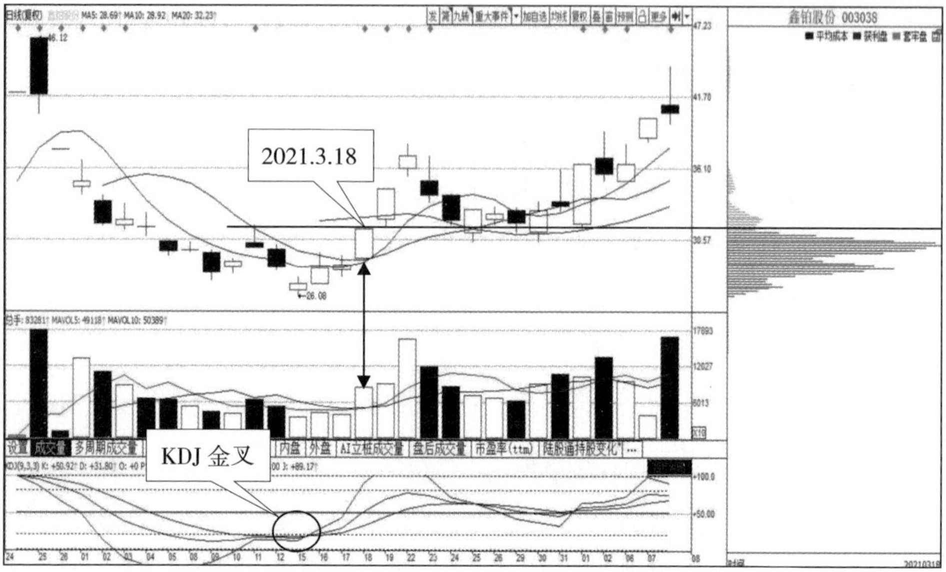

图 7-24　鑫铂股份（003038）日 K 线走势图

鑫铂股份上市后，该股股价经过一波拉升，随后出现回调整理走势。2021 年 3 月 15 日，该股触底反弹。3 月 18 日，该股开盘后直线拉升并最终封于涨停板。

观察此时的筹码分布图可知，当日该股股价已经位于主筹码峰的上方。由于新股上市不久，没有任何套牢盘，因而股价上攻的阻力不大。

观察此时的 KDJ 指标可知，KDJ 指标刚刚形成黄金交叉，并且指标线 J 迅速上升，属于典型的买入形态。

基于以上分析，喜欢火线抢入涨停板的交易者，可在 3 月 18 日当日股价即将封于涨停位时抢入该股，如图 7-25 所示。

2021 年 3 月 18 日，鑫铂股份的股价开盘后，出现振荡上升走势。10:30 之后，股价线拐头向上直冲涨停位。对于想要进行抢入涨停板的交易者来说，股价上涨至涨停价位，卖盘再无大单，而买单频现时，就是最佳的买入时机。

交易者买入该股后，在次日股价涨停时继续持有，待 3 月 22 日该股无力继续上冲涨停板时卖出。

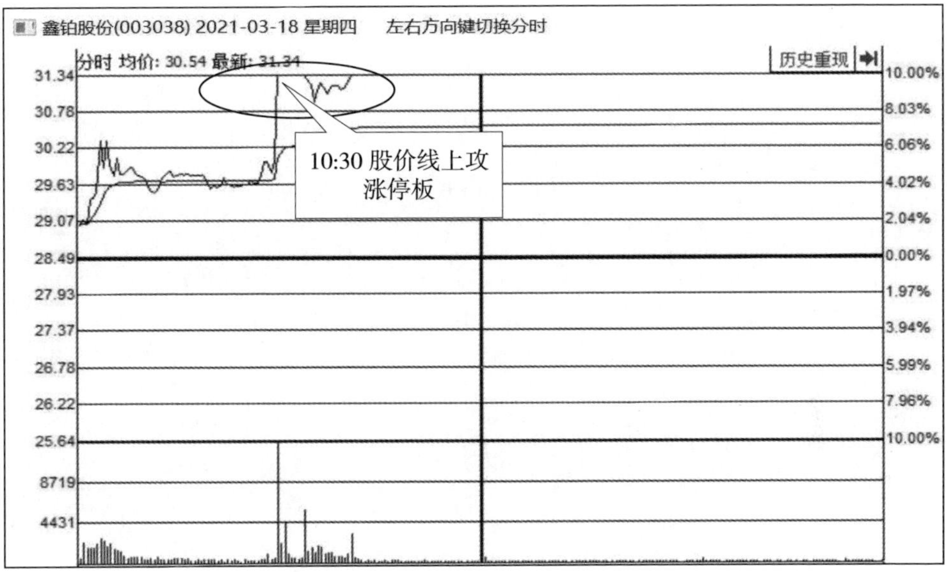

图 7-25 鑫铂股份（003038）分时走势图（2021.3.18）

第三篇

短线攻击三部曲

短线攻击，涵盖了日常短线交易所需的短线交易信号识别、强势股操作以及追逐主升浪操作等内容。

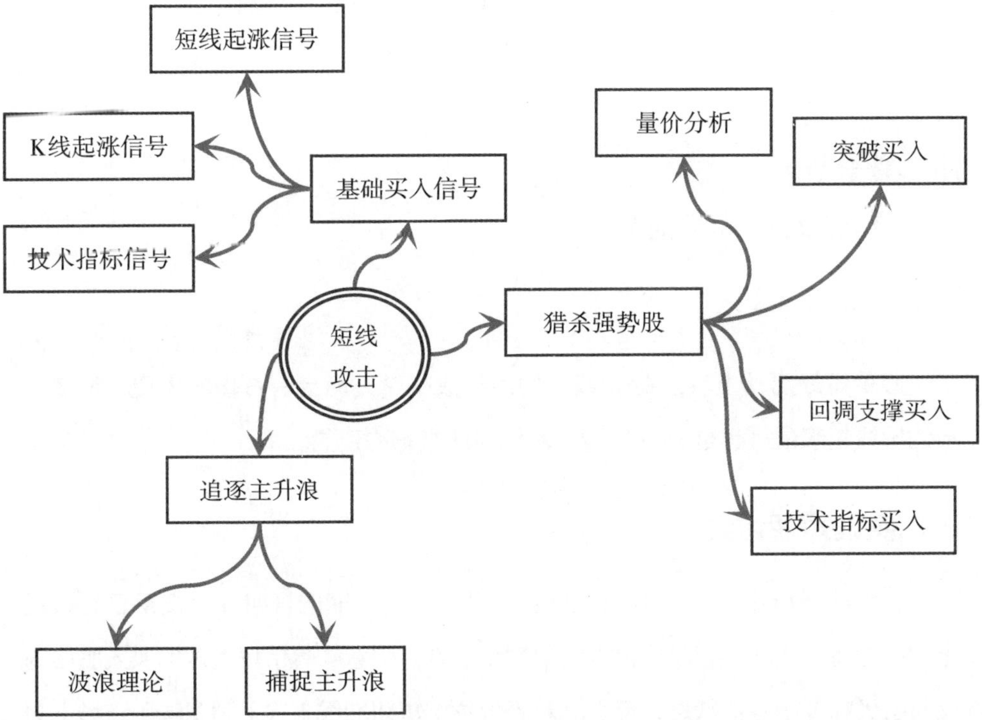

短线攻击知识导图

第八章

基础买入信号

股价短线强攻开启时，在盘面上势必会留下很多可以追溯的痕迹和特征。交易者利用这些特征进行操作，就能更及时地捕捉到股价短线启动的信号。

第一节
经典短线起涨信号

股价短线启动上攻，在 K 线、均线与成交量方面会有直接的体现。很多经典的短线起涨信号也是围绕 K 线、均线与成交量构建的。

一、突破短期均线买入

在均线系统中，短期均线反映的是最近一个时期内（如 5 个交易日）市场上的平均持仓成本。若股价位于短期均线下方，则意味着市场上短期买入股票的交易者大都处于亏损状态；反之，若股价位于短期均线上方，则意味着市场上短期买入股票的交易者大都处于盈利状态。因此，若股价自下而上突破短期均线，则意味着股价将会短期走强，属于典型的看涨信号。

该技巧的操作要点如下。

第一，股价K线完成对5日均线的突破时，中期均线（如20日均线、30日均线）的方向应该呈现放平或向右上方倾斜态势。

第二，股价K线完成突破时，成交量应该呈现温和放大态势。

第三，股价向上突破时，若KDJ指标或MACD指标同步发出买入信号，则可增强买入信号的有效性。

下面来看一下歌尔股份的案例。

如图8-1所示，歌尔股份的股价经过一波下跌后，2021年3月26日启动反弹，股价向上突破了5日均线。观察K线图可知，此时尽管股价完成了对5日均线的突破，但10日均线和20日均线仍处于下行状态，这并非理想的买入时机。

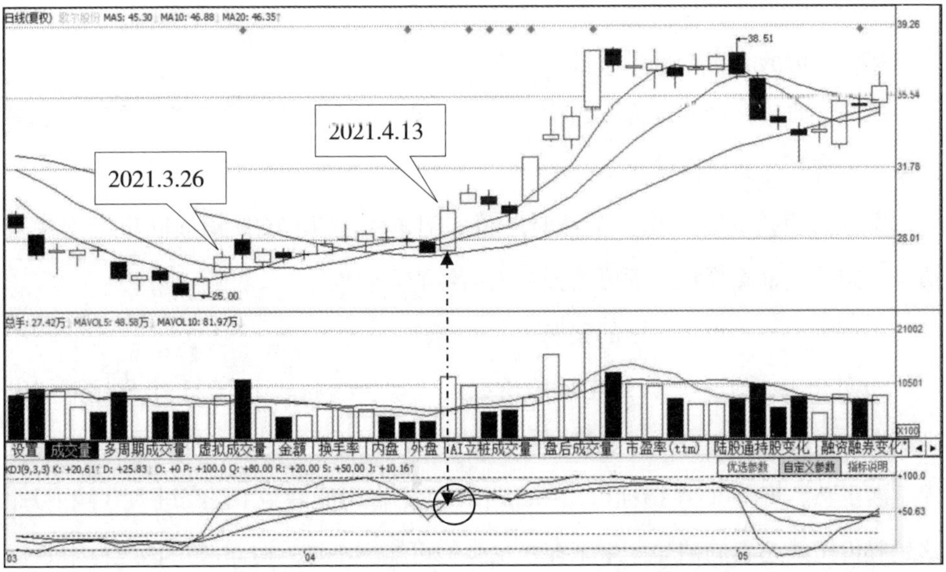

图8-1 歌尔股份（002241）日K线走势图

此后，经过一段时间的振荡回调，该股股价又回到了 5 日均线下方。

4 月 13 日，该股股价重新放量上攻，10 日均线和 20 日均线同步拐头向上。与此同时，KDJ 指标在高位出现黄金交叉形态。以上诸多信号都属于典型的股价看涨信号，交易者可积极入场做多。

二、回抽上行买入

回抽上行是股价经过一段时间上涨后出现回抽，遇支撑重新上涨的运行态势。一般来说，股价遇到某些重要支撑位（比如中长期均线、前期高点等），更容易获得支撑。准确把握股价遇支撑后重新启动的上涨点位，就相当于获得了一次绝佳的短线买入机会。

该技巧的具体操作要点如下。

第一，个股经过一段时间的上涨后出现回调迹象，股价在回调过程中，成交量出现萎缩态势。

第二，股价回调过程中遇到支撑后重新启动上涨，并且成交量温和放大相配合，这种量价形态有助于股价进一步走高。

第三，股价回调遇支撑的点位，最好为较强的支撑位，如中长期均线、前期高点或者某一密集成交区等。

第四，股价遇支撑重新上涨时，若 KDJ 指标或 MACD 指标同步出现买入信号（如二度金叉等），则可增强买入信号的有效性。

下面来看一下惠天热电的案例。

如图 8-2 所示，惠天热电的股价经过一波上涨后，于 2021 年 8 月下旬出现回调走势。8 月 31 日，该股股价回调至 30 日均线位置时，因受 30 日均线支撑重新上涨。观察 KDJ 指标可知，此时 KDJ 指标中的曲线 J 已经进入 0 线下方，这是股价短线超卖的信号，未来存在反弹的可能。不过，此时股价仍运行于 5 日均线下方，交易者还是应该谨慎的，可考虑少量建仓参与。

9 月 3 日，该股股价跳空上扬，并突破了 5 日均线，属于典型的看涨信号，此时 KDJ 指标刚刚形成黄金交叉形态。以上诸多信号都属于典型的股价看涨信号，交易者可积极入场做多或加仓。

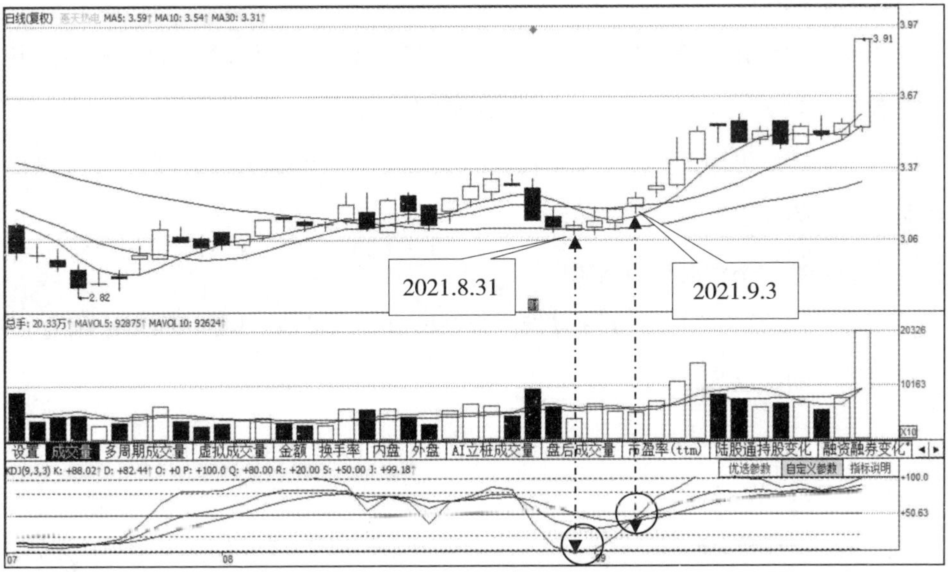

图 8-2　惠天热电（000692）日 K 线走势图

三、超跌地价见地量买入

一只股票的价格和成交量同步走低，说明股价正处于下行趋势中。不过，若某日股价与成交量双双到达极低点后出现反弹迹象，则意味着股价即将迎来反弹。

该技巧的操作要点如下。

第一，股价处于下跌行情中，买入者和卖出者都会相对减少，这使得股票的成交价格与成交量逐渐走低。不过，凡事都会物极必反。当股价和成交量达到一个极低水平时，说明卖出者不愿意继续卖出，在此价位买入者也买不到股票，这就是股价即将反弹的先兆。

第二，在熊市的末端，经常会出现“地量”，这时还要等待股价企稳。牛市中出现“地量”的情况，往往都是上涨回调中的缩量情形。牛市中出现的地量和低价往往都是相对的，而非绝对的。

第三，成交量不再萎缩，就是地量出现之时。此时若股价也不再下跌，则说明量价配合默契。

第四，地价见地量出现时，交易者可以通过 KDJ 指标进行判断。此时，若 KDJ 指标出现黄金交叉，则意味着股价即将出现反弹。

第五，地价见地量，并不要求两者出现在同一个交易日，相差两三个交易日不影响形态的成立。

下面来看一下台海核电的案例。

如图 8-3 所示，2017 年 6 月初，台海核电走出了地价见地量形态，预示股价很可能会触底反弹。

从 2021 年 7 月初开始，该股股价加速下跌，成交量同步出现萎缩。

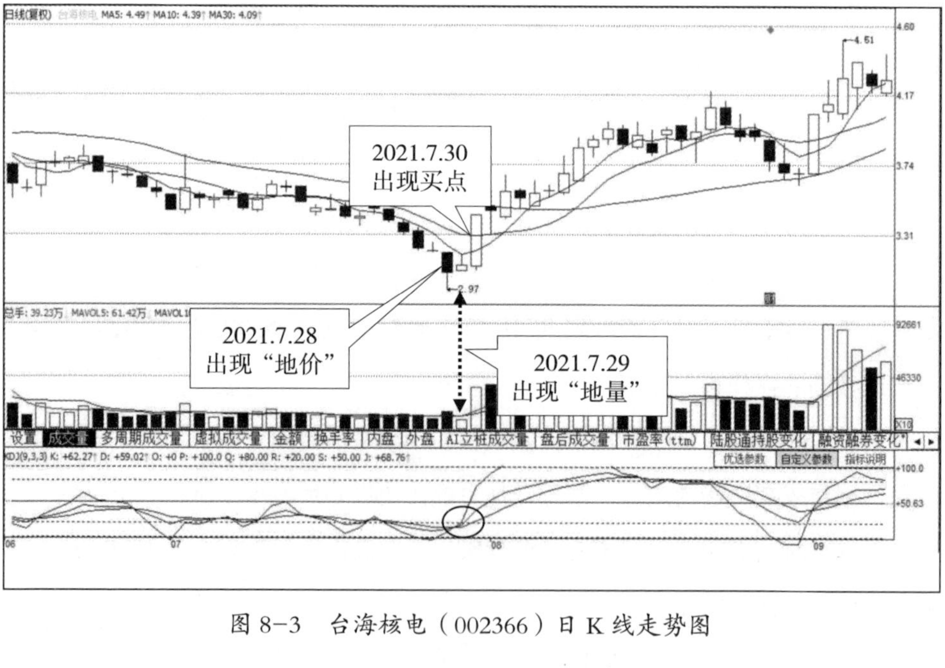

图 8-3　台海核电（002366）日 K 线走势图

2021年7月28日，股价下跌到阶段最低点的2.97元。次日（即7月29日），成交量也创下了一段时间以来的最低点。之后，股价与成交量同步出现回升。7月30日，股价向上突破5日均线，成交量也出现放大，说明7月28日的股价与7月29日的成交量都是阶段最低值，即地价遇见了地量。

观察KDJ指标可知，7月30日之前，KDJ指标已经完成了黄金交叉，此时已经进入了超买区域，而股价与主筹码峰的距离较远，意味着该股若出现向上反弹走势，可能会有一段较大幅度的反弹。交易者应在7月30日股价上涨时买入该股。

四、缺口支撑买入

股价上攻过程中若产生缺口，则该缺口会对股价产生一定的支撑作用。若股价回调至缺口位置，则会因缺口的支撑再度上攻。

期间，该技巧的具体操作要点如下。

第一，股价在上涨过程中出现缺口，说明市场上的交易者普遍看好后市，并愿意以较高的价格买入股票，缺口的上沿就是交易者比较认可的一个买入价格，于是在此位置就会有相当多的交易者设下买盘等待股价回调。股价经过一段时间的上涨后，重新下跌到缺口上沿位置时，先前预设的买单就会成交，从而促使股价发动新一轮上涨。

第二，一般情况下，缺口越大，支撑力就越强。股价下跌到缺口位置时，遇阻上涨的可能性就越大。

第三，股价创下阶段高点后出现回调时，成交量应该呈现萎缩态势，表明主力并没有出货，这就为该股未来的上涨提供了必要条件。

第四，股价遇缺口支撑出现上涨时，如果KDJ指标能同步发出买入信号，将增加股价上涨的可能性。

下面来看一下大金重工的案例。

如图 8-4 所示，2021 年 9 月，大金重工的股价出现了回落遇缺口支撑重新上涨的情况，预示股价将有一波上涨行情。

从 2021 年 8 月下旬经过整理后，该股股价开始大幅上涨。9 月 3 日，股价以一字线涨停报收，使 K 线图上出现一个较大缺口。经过一波上涨后，股价开始回调。

9 月 10 日，该股股价在缺口区域获得支撑，此后重新上攻，并于 9 月 13 日重新站稳 5 日均线。观察 KDJ 指标可知，此时该指标刚刚完成黄金交叉，属于典型的买入信号。交易者可在 9 月 13 日这一天执行买入操作。

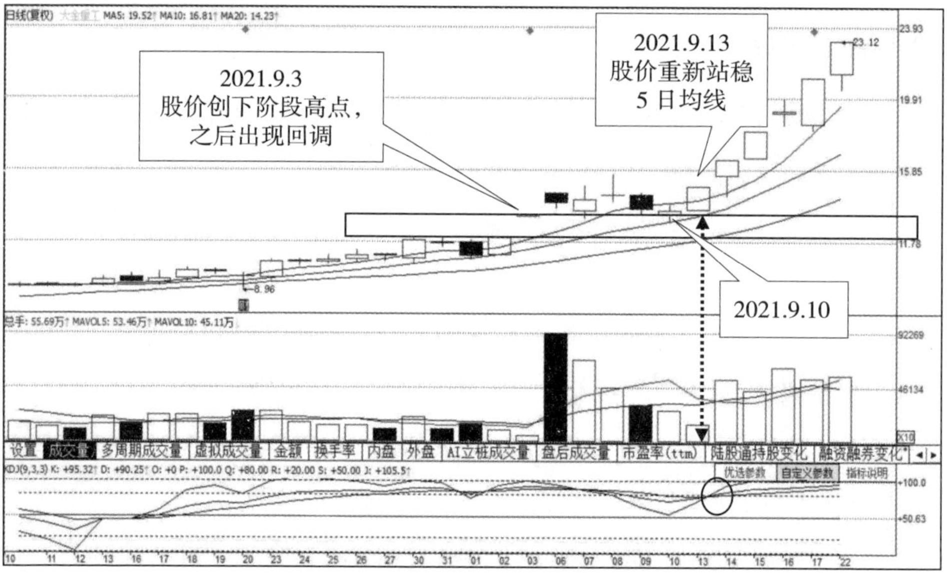

图 8-4　大金重工（002487）日 K 线走势图

第二节 经典K线起涨信号

在实战中，一些经典K线组合的出现，往往意味着股价将要发动一波上升行情。

一、红三兵

红三兵又称前进三兵，通常由三根屡创新高的小阳线组成，是一种典型的看涨形态，属于比较典型的短线起涨信号，如图8-5所示。

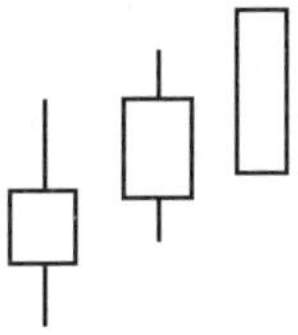

图8-5　红三兵

红三兵形态中屡创新高的小阳线反映出多方实力不断增强，空方力量不断减弱。当红三兵形态完成后，往往是多方已经积累了引领股价上涨的足够实力，股价未来走高的可能性非常大。

红三兵形态的具体交易含义如下。

第一，经过一段时间的下跌后，股价出现红三兵形态，此时该形态属于典型的止跌反弹信号，具有很强的看涨意义。见此信号后，持币交易者可积极入场做多。

第二，经过一段时间的上涨后，股价出现红三兵形态，说明股价还将继续走高，交易者可考虑加仓或追涨买入。

第三，股价已经到达顶部区域，或红三兵形态出现前股价连续拉出多根大阳线，则红三兵可能会成为滞涨形态，此时交易者不宜再加仓买入。

第四，交易者可在红三兵形态完成后，即第 3 根小阳线出现后执行买入操作。此后，若股价不涨反跌，交易者可在股价向下跌破红三兵最低价时执行止损操作。

第五，通常情况下，标准的红三兵形态，要求 3 根阳线中后一根阳线的实体一定要大于前一根，表明多方实力越来越强。

下面来看一下奥园美谷的案例。

如图 8-6 所示，经过一波振荡整理之后，2021 年 4 月 19 日、20 日和 21 日这三个连续的交易日里，奥园美谷的股价形成了红三兵形态。

2021 年 4 月 19 日，该股收出一根小阳线。

4 月 20 日，该股低开高走，又形成一根小阳线。

4 月 21 日，该股平开高走，收出一根中阳线。

这三根阳线共同组成了红三兵形态。该形态出现在低价位区域，属于股价继续前行的信号。股价回调至红三兵最高价，并且不破该价位时，交易者可以买入该股。

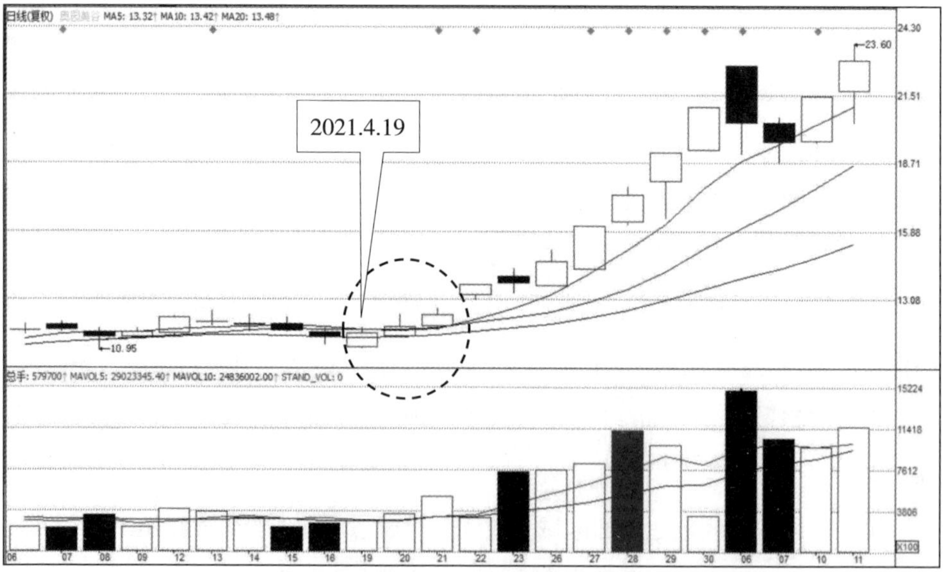

图 8-6　奥园美谷（000615）日 K 线走势图

二、早晨之星

早晨之星又称晨星、启明星、希望之星，通常由三根K线组成，第一根大阴线将股价打压至较低位置，第二根拉出向下跳空十字星线，第三根大阳线重新将股价拉升至较高位置（如图8-7所示）。出现早晨之星形态，往往意味着股价下跌趋势有终结的可能，股价短线存在上行的可能。

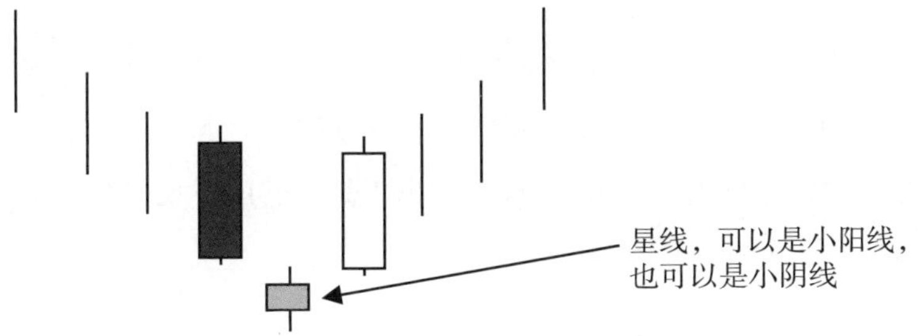

图8-7 早晨之星

早晨之星形态中的第一根大阴线，表明空方仍占据绝对优势，多方无任何还手之力。次日，空方再度发力，股价跳空低开，但多方开始发动反攻，双方经过激烈交锋，最终形成了一个相对平衡的局面，在K线图上留下了一根小星线。第三个交易日，多方在前一交易日反攻的基础上再度发力，趁机巩固成果，将空方击退。至此，三根K线形成了一个趋势转折形态，预示股价将企稳反弹。

早晨之星形态的交易含义如下。

第一，早晨之星形态是典型的多空转换形态，它的出现说明股价已经由空方主导转为多方主导，未来股价上升的可能性较大。

第二，早晨之星形态中，中间的十字星（星线也可以是锤头线、倒锤头线、十字线、T字线、倒T字线等）实体越小，与阴线之间的跳空距离越大，未来股价反弹向上的概率越大。如果该十字线与前后两根K线之间均出现缺口，就构成了弃婴（舍字线）状态，反转信号更强烈。如图8-8所示。

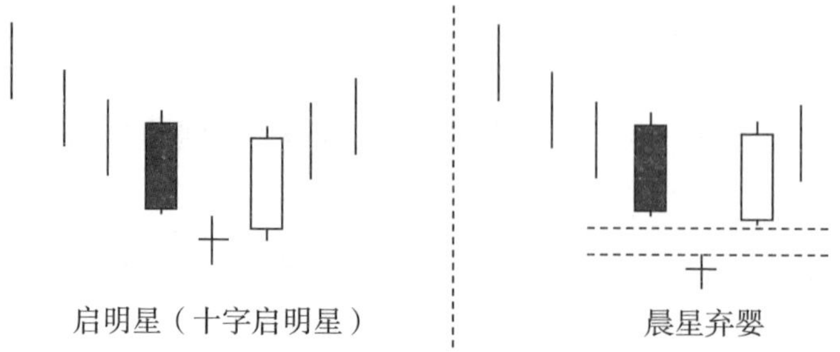

图 8-8　启明星和晨星弃婴形态

第三，交易者按照早晨之星形态买入股票，可将中间十字星线的最低价设置为止损位，一旦股价跌破此位置，即可执行卖出操作。

第四，早晨之星形态中，第 3 根阳线出现时，若成交量同步放大，可增加股价进一步上涨的概率。

下面来看一下宏润建设的案例。

如图 8-9 所示，在回调行情末期三个连续的交易日（即 2021 年 4 月 26 日、27 日和 28 日），宏润建设的股价形成了早晨之星形态。

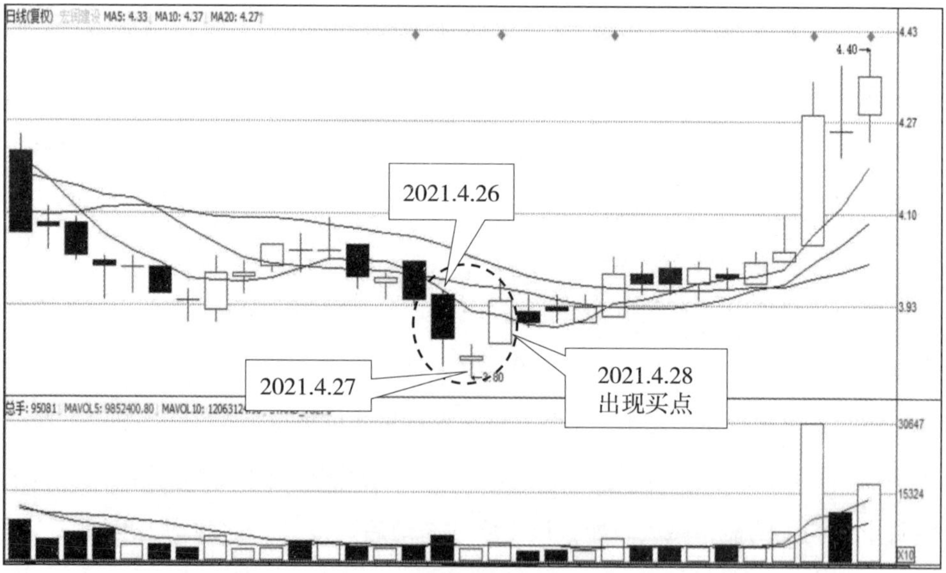

图 8-9　宏润建设（002062）日 K 线走势图

2021 年 4 月 26 日，该股收出一根大阴线。

4 月 27 日，该股跳空低开，收出一根十字星。这表明多空双方你争我夺，行情具有不确定性。

4 月 28 日，该股高开高走，收出一根光脚阳线，说明市场已经进入多头状态。

这三根 K 线共同组成了早晨之星形态。交易者可在 5 月 28 日这一天适量买入股票，并把十字星的最低价设为止损位。

三、多方炮

多方炮又称两阳夹一阴、两红夹一黑，由两根大阳线或中阳线和一根被夹在中间的阴线组成，其中，阴线的实体部分被两根阳线的实体完全覆盖，如图 8-10 所示。

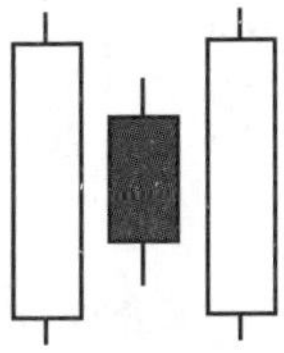

图 8-10　多方炮

多方炮形态中，第一根大阳线或中阳线出现，说明多方实力占据了较大优势。其后出现的低开阴线，表明空方有意向下打压股价，并且与前一根阳线形成阳孕阴形态，股价未来走势充满变数。最后一根低开高走的大阳线或中阳线又与前一根阴线形成阳包阴形态，说明多方重新占据了优势，未来股价继续走高的概率很大。

多方炮形态的具体交易含义如下。

第一，多方炮形态中，若阳线出现的同时成交量同步放大，而阴线出现时，成交量同步萎缩，将增加股价上行的概率。

第二，经过一段时间的盘整后，股价出现多方炮形态，表明股价经过休息调整后，多方将向空方发炮，未来股价将继续上升。

第三，经过一段时间的下跌后，股价出现多方炮形态，说明空方力量有所不济，多方已经开始向空方开炮，股价迎来反弹的概率很大。

第四，经过一段时间的上涨，股价到达顶部区域后出现多方炮形态，存在主力故意“诱多”的嫌疑，交易者切勿入场交易。

第五，交易者按照多方炮形态买入股票，可将多方炮形态的最低价设置为止损位，一旦股价跌破此位置，说明多方炮形态失败，宜反向止损卖出股票。

第六，有时，多方炮形态出现后，股价并不会立即上攻，而是再次收出一根低开小阴线和一根大阳线，从而形成了一个“叠叠多方炮形态”（如图 8-11 所示）。相比普通的多方炮形态，该形态具有更强的攻击性。

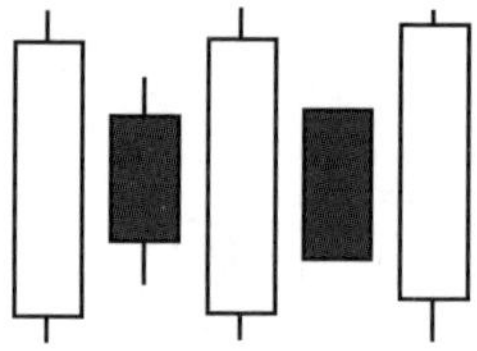

图 8-11　叠叠多方炮

下面来看一下景兴纸业的案例。

如图 8-12 所示，2021 年 8 月 27 日、30 日和 31 日，景兴纸业的 K 线图上出现了多方炮形态，预示股价未来将有一波上涨行情。

2021 年 8 月 27 日，在前一交易日上涨的基础上，该股股价再次收出中阳线。次日（即 8 月 30 日），该股低开低走，收出一根隐藏在中阳线内部的小阴线。该阴线与之前的中阳线构成了阳孕阴形态，给股价的未来走势带来了很大的不确定性。8 月 31 日，股价低开高走，收出一根大阳线，至此多方炮形态正式确立。

庄家在这一区域设计了该形态可谓寓意明显，就是为了洗盘，然后拉升。但是，持股的交易者只要多加警惕，还是能避免落入庄家圈套的。此外，激进的交易者可以次日买入股票或加仓。

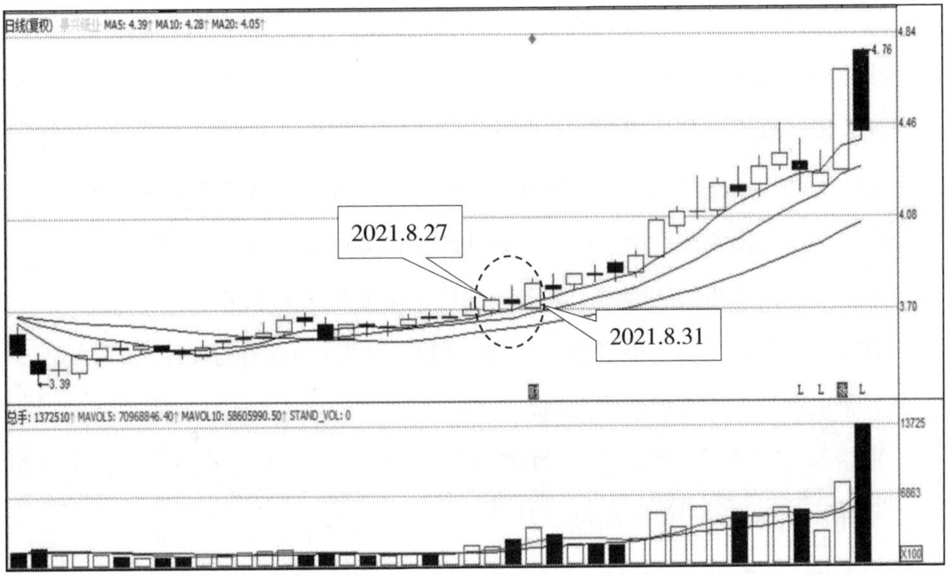

图 8-12　景兴纸业（002067）日 K 线走势图

四、仙人指路

仙人指路，是由一根带长上影线的小阳线或小阴线和一根中阳线或大阳线组成。第一根 K 线长长的上影线就像仙人的手指（如图 8-13 所示）。该形态预示后市股价将有一波上涨行情。

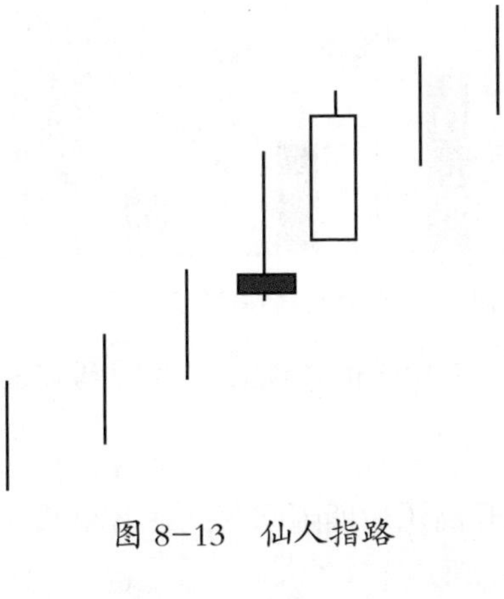

图 8-13　仙人指路

仙人指路形态中，第一根带长上影线的 K 线，属于多方的试盘行为，次日的阳线成功越过前一交易日的上影线，这是主力坚决做多的意志表现。

仙人指路形态的具体操作要点如下。

第一，仙人指路形态只有出现在上升趋势中，才具有典型的看涨意味。

第二，仙人指路形态中，第二根阳线的实体要超过前日上影线的最高点。

第三，仙人指路形态中，阳线对应的成交量要呈放大态势。

第四，股价超过第一根 K 线长上影线最高点时，是该股的最佳买点。

下面来看一下云海金属的案例。

如图 8-14 所示，2021 年 9 月 13 日—15 日，云海金属的股价走出了一组仙人指路形态，预示股价短期将走强。

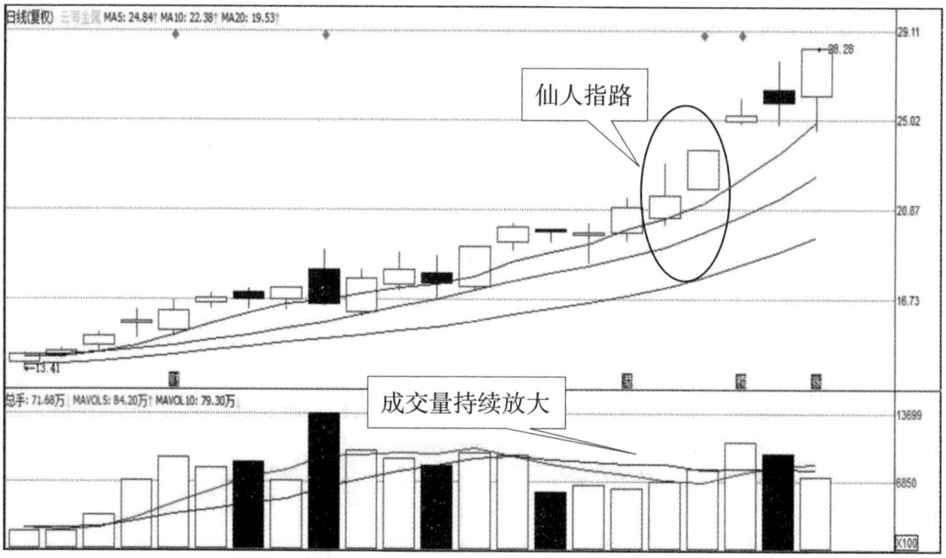

图 8-14　云海金属（002182）日 K 线走势图

2021 年 9 月 13 日，该股股价在前日回调的基础上平开高走，最终收出一根大阳线。

9 月 14 日，股价低开高走后遇阻回落，在 K 线图上留下了一根带长上影线的 K 线。

9 月 15 日，股价高开高走，并突破了前日长上影线最高点，说明仙人指路形态完成。当日或次日股价走强时，交易者可以买入股票。

五、葵花向阳

葵花向阳与上涨分离相似，也是由一阴一阳两根 K 线组成。第一根阴线属于股价上升过程中的回调，而第二根阳线则将阴线的跌幅全部收复（如图 8-15 所示）。该形态预示后市股价将有一波上涨行情。

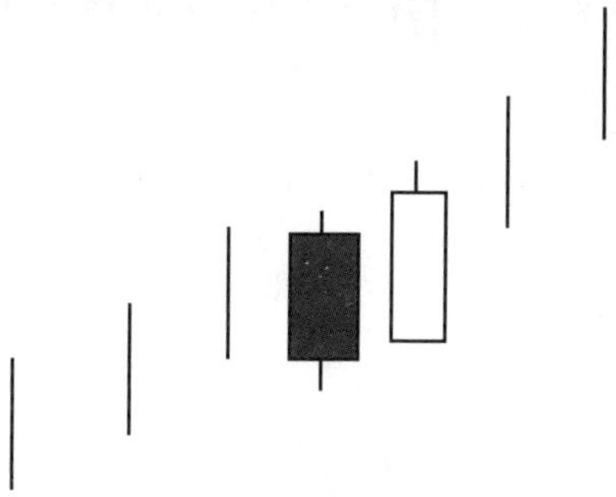

图 8-15　葵花向阳

葵花向阳形态中，第一根中阴线，多数情况属于主力在拉升过程中的洗盘动作，次日的阳线成功越过前一交易日的最高价，这就是主力坚决做多的意志表现。

葵花向阳形态的具体操作要点如下。

第一，葵花向阳形态只有出现在上升趋势中，才具有典型的看涨意味。

第二，葵花向阳形态中，第一根阴线出现时，成交量若出现明显的萎缩，则更可印证此时的下跌属于主力的洗盘行为。

第三，葵花向阳形态中，阳线对应的成交量要呈放大态势。

第四，葵花向阳形态前一个交易日收出中阳线或大阳线时，该形态也可能会与之共同构成多方炮形态，这更属于典型的看多形态。

第五，股价超过第一根 K 线开盘价时，是该股的最佳买点。

下面来看一下永福股份的案例。

如图 8-16 所示，永福股份的股价经过一波下跌后，从 2021 年 6 月中旬重新开始上涨，并且在上涨途中走出葵花向阳形态，预示股价将继续上涨。

2021 年 6 月中旬，永福股份的股价结束了盘整走势，启动了上涨行情。在上涨过程中，股价连续突破多条均线，说明该股短期呈强势。

7 月 27 日，该股股价出现了回调走势，全天振荡走低，最终收出了一根中阴线，表明行情有向坏的可能。次日，股价低开高走收出一根中阳线，并且这根阳线的收盘价位于前一根阴线的开盘价之上，表明葵花向阳形态正式形成，未来股价还将进一步上涨。

交易者观察 MACD 指标可知：此时，该指标的快线呈现拐头向上态势，是一种加速上涨的信号，这意味着股价将重新进入快速上升通道，交易者可积极买入或加仓。

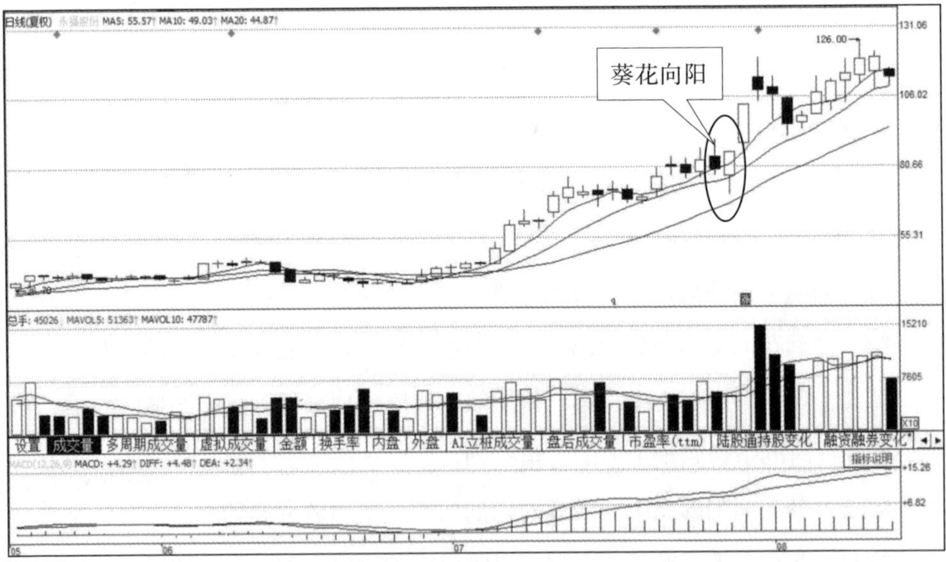

图 8-16　永福股份（300712）日 K 线走势图

六、低位大阳线

低位大阳线是指在股价下跌过程中或底部盘整过程中，突然出现一根阳线，打破了 K 线原来的运行轨迹，如图 8-17 所示。

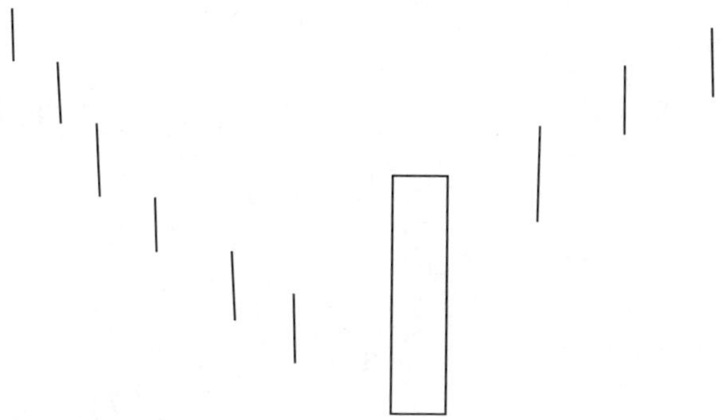

图 8-17　低位大阳线

低位大阳线是一种很极端的 K 线形态，它表示开盘时股价开在一个较低的价位，但多方牢固地控制着盘面，攻势明显，步步逼空，并在收盘时将股价稳步抬升至当日的高点。低位大阳线的实体越长，越接近涨停状态，越能表明多方上升力量的强大。

低位大阳线的操作要点如下。

第一，大阳线出现在低价位区域或深度下跌之后，预示着股价或将进入上涨行情，交易者可考虑买入。

第二，大阳线出现在股价盘整过程中或上涨初期，表明上涨趋势将持续，交易者可以适时进行加仓操作。

第三，大阳线的开盘价是一个重要的点位，一旦股价后期展开的调整跌破这一价位，就说明该股行情有进一步恶化的风险，交易者应考虑卖出止损。

下面来看一下西昌电力的案例。

如图 8-18 所示，西昌电力的股价经过一波下跌后，在 2021 年 2 月 18 日突然发动上涨行情，收出一根低位大阳线，预示股价将要大涨。

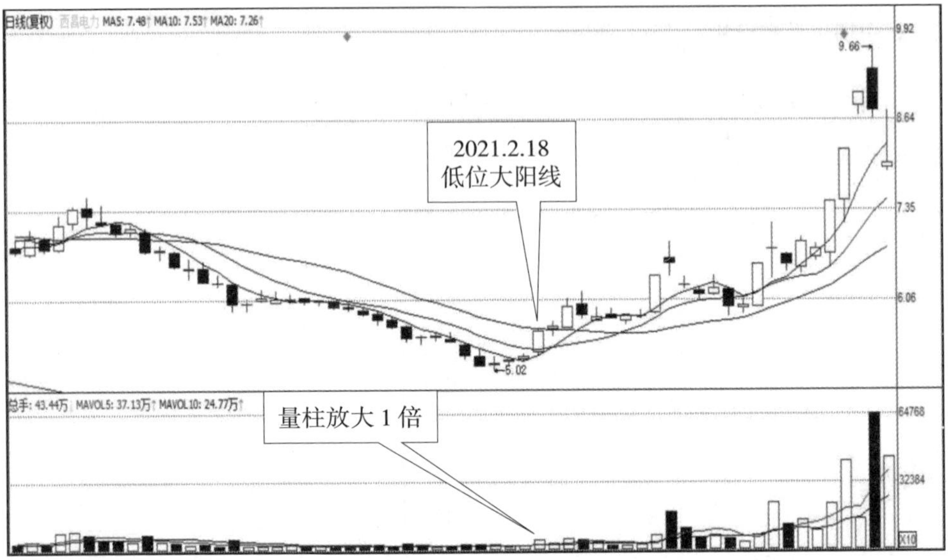

图 8-18 西昌电力（600505）日 K 线走势图

从 2020 年 4 月开始，西昌电力的股价一路下跌，成交量随之不断萎缩。

2021 年 2 月 18 日，该股股价突然大幅上涨，并且成功站稳 5 日均线和 10 日均线，说明股价将走出一波上涨行情。随后，5 日均线上穿 10 日均线，形成黄金交叉，成交量同步放大，说明该股短期将走强。出现大阳线的次日，交易者可以买入该股。

第三节 技术指标起涨信号

在预警和发现股价短线起涨方面，很多技术指标都有独到之处。本节简单介绍几类技术指标的经典买入信号，供读者参考。

一、均线黄金交叉

均线黄金交叉，简称均线金叉，是指由于股价持续走高，短期均线自下而上穿过长期均线形成的交叉。出现均线金叉，说明短期持仓成本超过了中长期持仓成本，近期买入股票的交易者处于盈利状态，这就比较有利于股价的进一步上涨。

均线黄金交叉的买点操作要点如下。

第一，黄金交叉形成时，短期均线与长期均线的方向必须都是向上的，并且股价一定位于交叉点的上方。

第二，如果股价位于交叉点上方很远的地方，那么交易者不宜买入，因为股价距离均线太远，很容易出现回调。

第三，黄金交叉发生时，如果成交量能够同步放大，那么将增加股价进一步上涨的概率。对于交易者来说，均线金叉，尤其是较长周期的均线出现黄金交叉，通常会有一波股价上涨，这是入场操作的最佳时机。

下面来看一下协鑫能科的案例。

如图 8-19 所示，2021 年 5 月初，处于整理走势中的协鑫能科股价开始反弹，从而带动 10 日均线、20 日均线向上移动。

5 月 19 日，10 日均线上穿了处于上升状态的 20 日均线。与此同时，股价位于黄金交叉点的上方，成交量也放大了很多。这属于比较明确的买入信号，此时交易者可以买入股票。

其后股价一路上行，由此可见，黄金交叉发出的买入信号是非常有效的。

二、股价放量突破布林线中轨

在布林线指标中，布林线中轨本质上就是一根中期均线。布林线中轨对股价具有很强的助涨、助跌与支撑、阻力作用。股价放量突破布林线中轨，是股价短线启动最显著、最主要的一个特征。

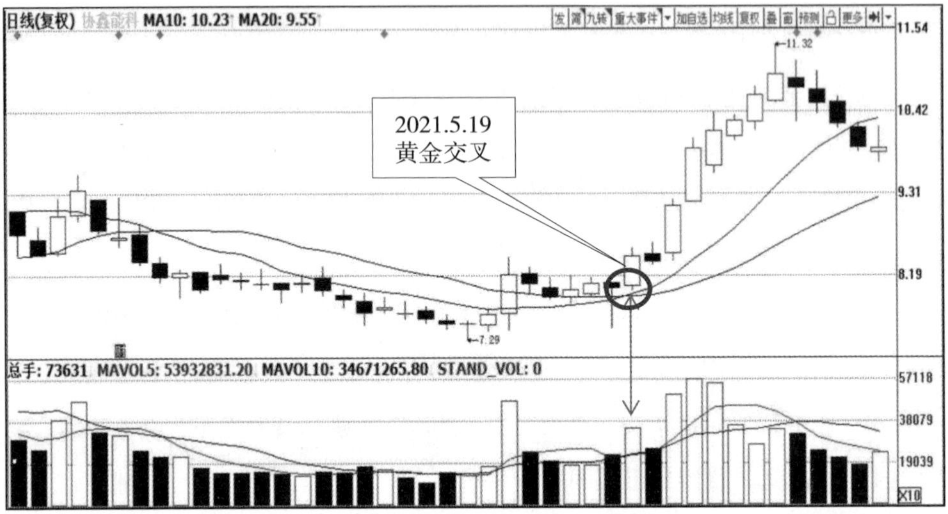

图 8-19 协鑫能科（002015）日 K 线走势图

股价放量完成对布林线中轨的突破，则意味着股价中线走强的趋势基本确立。如图 8-20 所示。

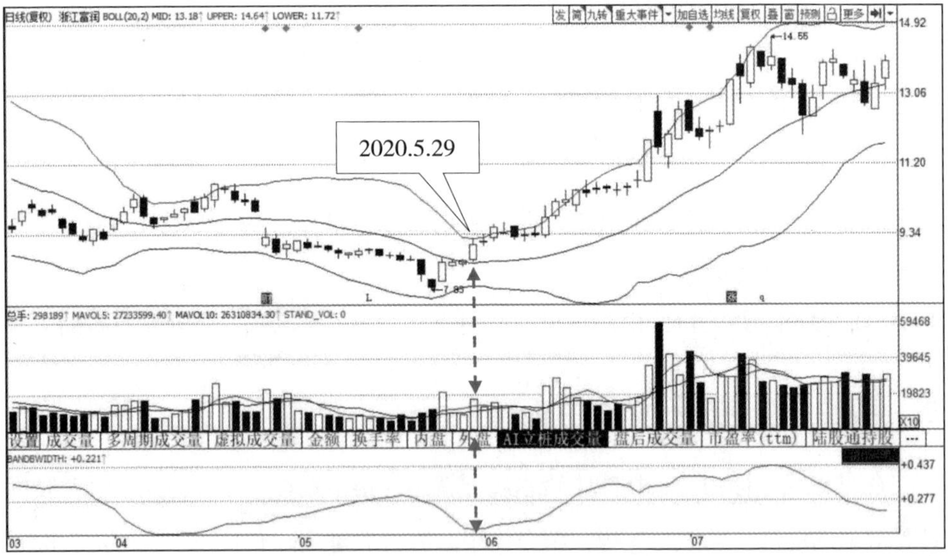

图 8-20 股价放量突破中轨线

从图中股价与布林线之间的位置关系，可以看出如下 5 个特征。

第一，股价经过一段时间的振荡上升后，出现了加速上攻的态势。从 K 线形态来看，这属于典型的触底回升走势。股价触底回升能否最终演化为股价运行趋势的反转，其实主要是看能否完成对中轨线的有效突破。

第二，股价对中轨线的有效突破需要具备这样 2 个特征：其一，成交量温和放大；其二，股价突破后能够站稳中轨线（连续 3 个交易日没有跌破中轨线）。

第三，股价突破中轨线时，布林通道的喇叭口迅速放大，这是股价进入高波动区间的一个显著特征。借助布林通道宽度指标，交易者可以观察布林通道喇叭口的波动情况。

第四，从成交量方面来看，股价向上突破时，成交量明显放大，这也是股价进入上行通道的显著特征。

第五，股价完成对中轨线的突破后，中轨线会呈现拐头向上的态势，说明股价中线运行趋势已经进入上升通道，比较有利于交易者进行中线交易。

基于以上判断，交易者可在股价向上突破中轨线时入场追涨，并在股价跌破中轨线时执行卖出操作。

下面来看一下林洋能源的案例。

如图 8-21 所示，2021 年 4 月—6 月，林洋能源的股价出现了一波横向盘整走势。该股股价振荡过程中，布林通道的喇叭口越来越窄，说明股价波动幅度越来越小，正在选择未来的突破方向，交易者宜密切关注该股其后的走势。

2021 年 5 月底，该股股价出现了小幅下跌，并且股价触及了布林线下轨，但由于布林通道的喇叭口继续收缩，交易者也可仍然将其看成股价的正常盘整。

6 月 10 日，该股股价放量向上突破了布林线中轨，说明股价进入了快速上

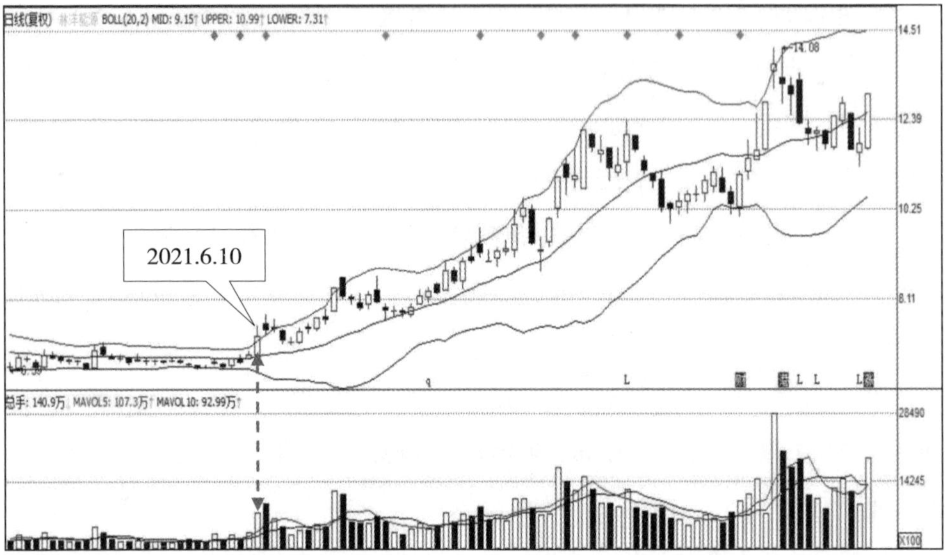

图 8-21　林洋能源（601222）布林线指标走势图

涨区间。观察当时的布林通道宽度情况可知，布林通道宽度指标开始自底部向上反弹，说明布林通道的喇叭口开始放大，股价的波动幅度开始放大，这也是股价启动上涨的一个较为明确的信号。

综合以上分析，股价放量向上突破中轨线时，交易者可以入场建仓。其后，若股价有效跌破中轨线，则可考虑清仓。

三、MACD 指标 0 轴金叉

MACD 指标是短线交易者经常使用的一种技术指标，有“指标之王”的美誉。MACD 指标的金叉、死叉、穿越 0 轴等动作，可看作主要的交易参照信号。

MACD 指标出现黄金交叉，意味着股价短线有上升的可能。交叉点出现的位置，往往会对买入信号产生不同的增强或减弱作用。其中，在 0 轴附近的黄金交叉，属于成色最足的交叉，未来继续看涨的意味较为强烈。

MACD 指标的操作要点如下。

第一，股价触底反弹后，经过一波回调，股价重新上升，此时 MACD 指标在 0 轴附近形成的黄金交叉质量最高。

第二，如果 MACD 指标在 0 轴附近形成黄金交叉前，已经在底部出现了一次黄金交叉，那么也可以增强本次黄金交叉的看涨意味。

第三，MACD 指标在 0 轴附近形成黄金交叉时，股价放量向上突破某一阻力位，则未来上涨的概率更高。

下面来看一下凌钢股份的案例。

如图 8-22 所示，2021 年 7 月下旬，凌钢股份的股价回升到短期顶部区域后，开始振荡下跌。8 月 2 日，MACD 指标出现高位死叉，此后股价开始振荡下跌。鉴于 MACD 指标仍位于 0 轴上方，交易者可考虑部分减仓而非清仓。

8 月 11 日，该股股价放量上升，向上突破多条均线。与此同时，MACD 指标在 0 轴附近形成黄金交叉形态。该金叉位置较佳，属于较强的看涨信号，先前减仓的交易者可考虑重新加仓。

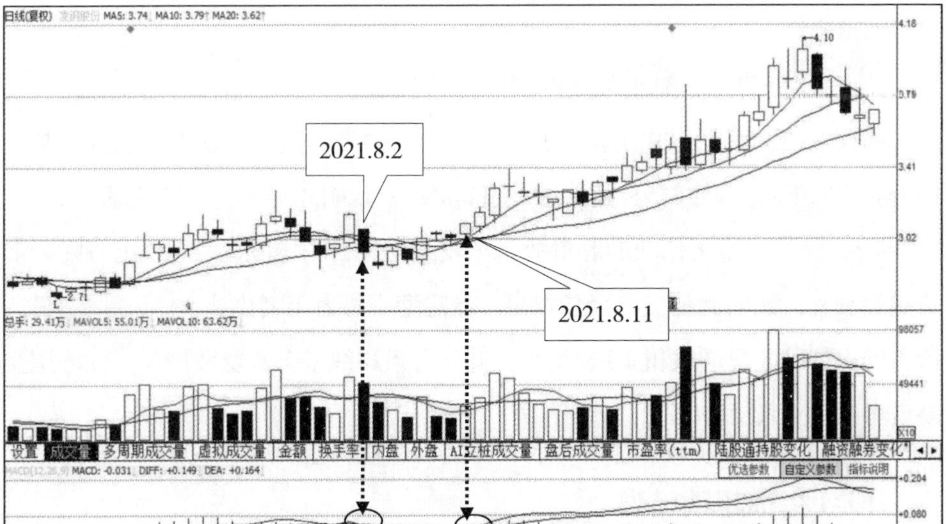

图 8-22 凌钢股份（600231）MACD 指标走势图

四、KDJ 金叉，短线启动

KDJ 指标是短线交易者最喜欢使用的一种技术指标。特别是，因为 KDJ 指标灵敏度较高，所以该指标成为短线、超短线交易者的最爱。

通常情况下，大家习惯将曲线 K 自下而上穿越曲线 D 形成的交叉称为黄金交叉。也就是说，黄金交叉之后，曲线 K 会逐渐走高，股价也会逐步走高。但不可否认，其中有大量的黄金交叉并没有带动股价上涨。因此，质量较高的黄金交叉，是交易者最需要关注的一种形态。

一般情况下，富有质量的黄金交叉应该满足以下 4 个条件。

第一，曲线 K 和曲线 J 同时自下而上穿越曲线 D，交叉点位于 20 线上方附近，说明股价已经启动反弹或上涨，并且短期内存在一定的反弹或上涨空间。

第二，若曲线 K 与曲线 D 在底部多次金叉，则可增强买入信号的准确性。

第三，金叉出现时，股价应以阳线收盘，并且成交量同步放大。

第四，金叉出现时，若股价同步上穿某条重要均线或阻力位，则可增加买入信号的准确性。

下面来看一下澄天伟业的案例。

如图 8-23 所示，2021 年 7 月，澄天伟业的股价突然出现大幅杀跌走势。随着股价的下跌，KDJ 指标随之进入超卖区域，说明此时空头力量较强。

7 月 22 日，澄天伟业的股价放量上攻，同时 KDJ 指标在 20 线上方附近形成黄金交叉，说明此金叉含金量很足，激进型交易者可考虑买入。7 月 27 日，股价向上突破 5 日均线和 10 日均线，并且各条均线呈多头发散排列，保守型交易者可执行买入操作。

五、KDJ 指标超跌反弹

股价短期内出现了大幅走低形态（以中阴线或大阴线出现为显著标志），

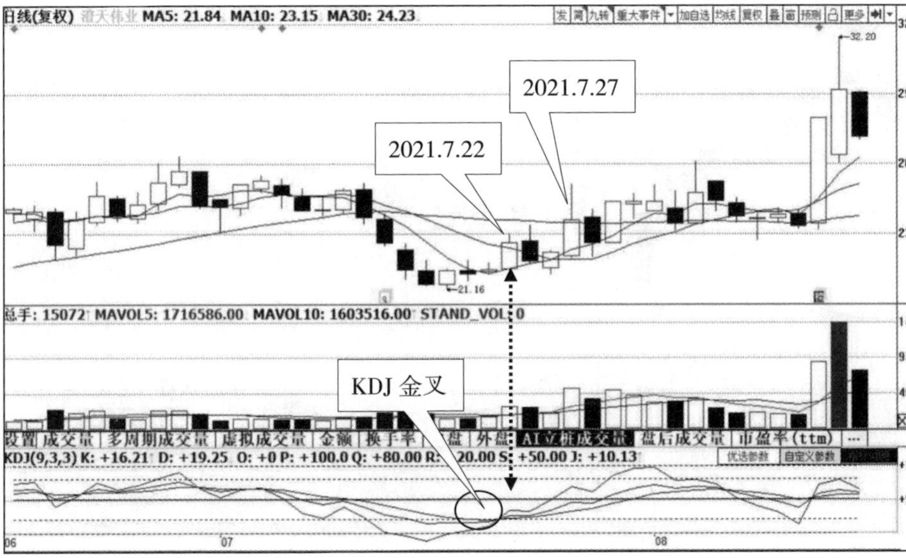

图 8-23　澄天伟业（300689）日 K 线走势图

KDJ 指标同步大幅下行，曲线 J 更是到达了 0 线。此后股价出现反弹，并且曲线 J 拐头向上，曲线 K 在 20 线下方完成对曲线 D 的穿越，形成了低位金叉。

如图 8-24 所示，股价经过一波大幅下行后，K 线连续收出大阴线，表明空方实力到达极强状态，也意味着这种状态很难持续太长时间。KDJ 指标在低位区域形成黏合形态，这是股价单边下行趋势的典型特征。此后，该股股价出现了止跌反弹迹象。KDJ 指标随即出现低位金叉，并向上突破了 50 线，说明该股下行趋势有终结的可能。

KDJ 指标超跌反弹的具体操作要点包括以下 3 点。

第一，股价经过一段时间的下跌后，连续收出大阴线，说明空方在做最后一搏，曲线 J 同步进入 0 线以外。这种情形，一方面说明空方实力较强，另一方面也说明这是一种不可持续的情形，未来股价反弹的概率很大。

第二，随着股价的反弹，曲线 K 迅速拐头向上，与曲线 D 形成低位黄金交叉，并且交叉点在 20 线下方。

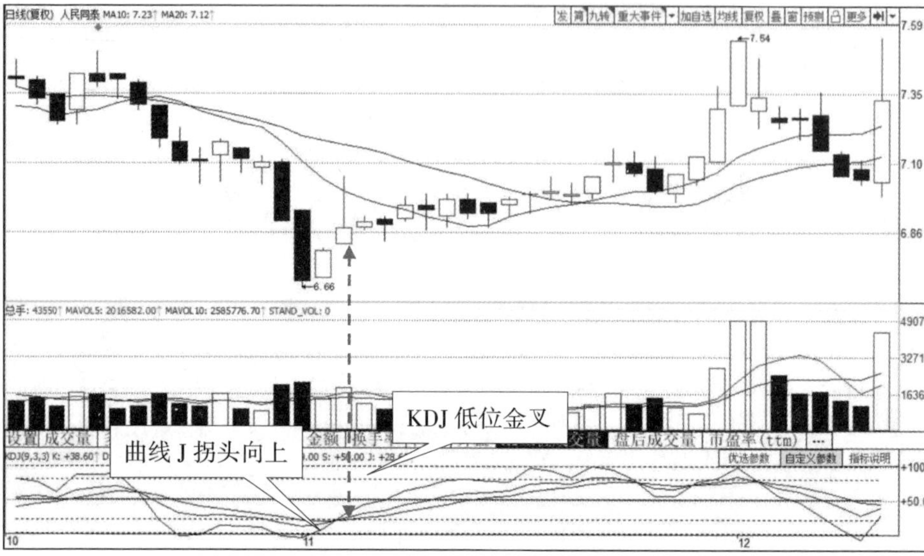

图 8-24　KDJ 指标超跌反弹

第三，股价经历急跌后，特别是放量大跌，则未来企稳反弹的概率相对更高。

下面来看一下天禾股份的案例。

如图 8-25 所示，天禾股份的股价经过一波大幅下行后，在 2020 年 10 月月 30 日再度收出一根大阴线，同时曲线 J 进入 0 线以外。这表明空方实力到达极强状态，也意味着这种状态很难持续太长时间。

11 月 4 日，经过前两个交易日的小幅上升后，该股股价再度收出一根小阳线，同时曲线 J 已经自 0 线外拐头向上，KDJ 指标在 20 线附近形成低位金叉，属于典型的看涨信号。此时，喜欢抄底反弹的交易者可考虑少量建仓该股。

六、三线黏合再发散

三线黏合是均线黏合形态中一种非常典型的形态，常用的是 5 日均线、10 日均线和 30 日均线黏合。其波动范围一般在 2% 以内，最多不能超过 5%。均

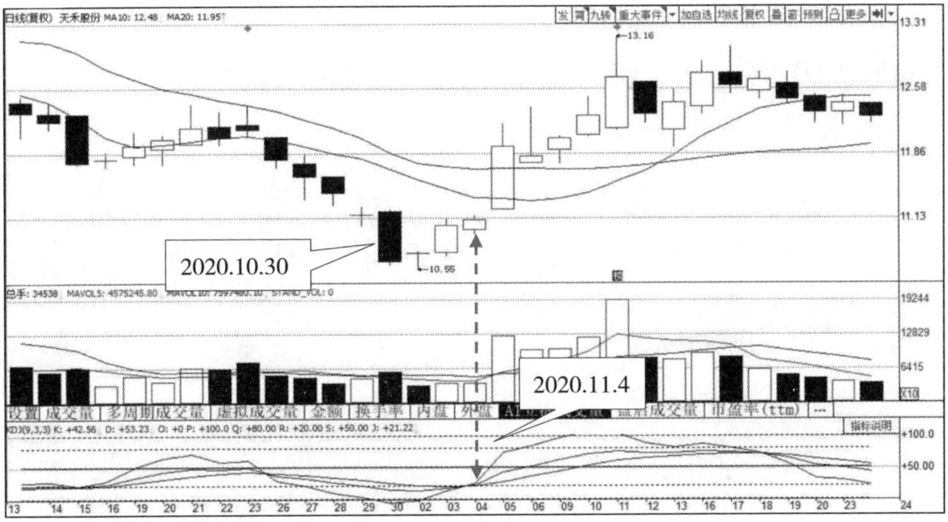

图 8-25　天禾股份（002999）KDJ 指标走势图

线黏合说明股价开始盘整，一旦均线结束黏合，将对股价的方向进行抉择，上涨或下跌都将持续一段时间。

三线黏合形态的操作要点包括如下 4 点。

第一，均线结束黏合后，出现拐头向上形态，并且均线呈多头排列，往往意味着股价将出现一段上涨行情，交易者宜买入股票。

第二，均线黏合结束后，出现拐头向下形态，并且均线呈空头排列，往往意味着股价将出现加速下跌行情，交易者宜赶紧卖出股票。

第三，均线黏合结束时，如果均线方向向上，有成交量放大相配合，那么后期上涨的可能性较大。如果均线方向向下，有成交量放大相配合，那么后期下跌的可能性较大。

第四，股价启动上涨，多头均线开始发散时，如果 MACD 指标同步发出买入信号，那么股价未来上涨的可能性更大。

下面来看一下国旅联合的案例。

如图 8-26 所示，2021 年 6 月，国旅联合的股价开始一段整理行情，5 日均线、

10 日均线和 30 日均线呈黏合状态。2021 年 8 月 24 日，股价出现上涨行情，均线由黏合变成发散，并且呈多头排列，同时成交量呈放大态势。

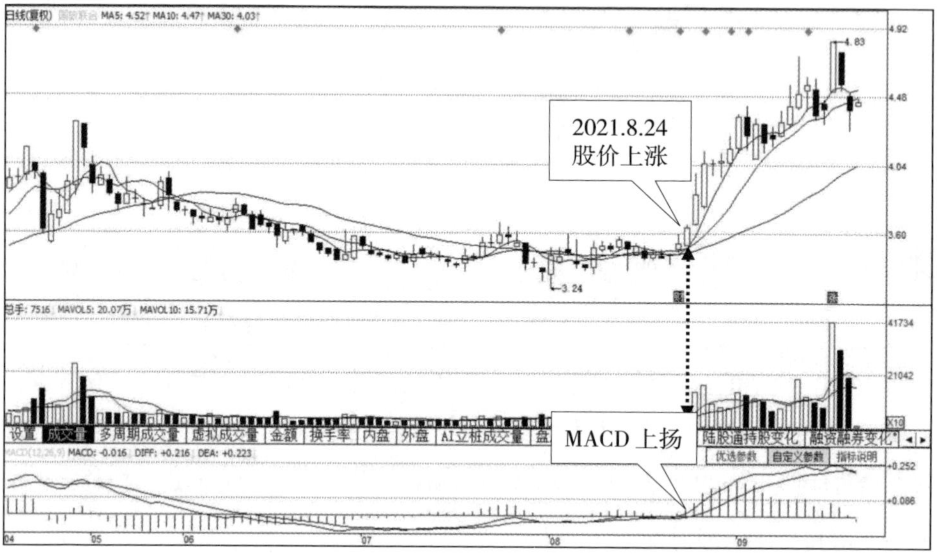

图 8-26　国旅联合（600358）日 K 线走势图

大家再观察一下 8 月 24 日当天的 MACD 指标可知，随着股价的启动，MACD 指标中的快线拐头向上，属于典型的看涨信号。

此时，交易者宜及时买入股票，以获得后期股票上涨带来的利润。

七、乖离过大，暴跌反弹

在短线交易领域，顺势交易永远是主流，但也存在一些逆势交易行为，如抢反弹就是很多交易者喜欢的一种短线交易方法。

通常情况下，随着股价的下行，各条均线会随之下行，说明股价处于空头行情中，交易者是不应该入场交易的。不过，若股价短期出现了较大幅度的下跌，并且短期内势头较猛，股票的乖离率为负值且较高时，则意味着股价短线存在反弹的需求，这是交易者抢反弹的良机。

交易者抢反弹时，选择股票的标准如下。

第一，股价乖离的，一般以 30 日均线为主要参照标准，即当股价暴跌并且距离 30 日均线较远时，股价必然会存在反弹需求。

第二，一般情况下，24 日 BIAS 指标的乖离率低于 −9%，就可以认为股价进入超卖区间。不过，抢反弹时，最好 24 日 BIAS 指标低于 −15%，这时入场把握更大。

第三，股价下跌时，成交量一般会出现萎缩，但若股价触底时，成交量出现增大，则说明有大资金入场，交易者可积极跟进。

第四，股价出现暴跌并远离均线时，各条长期均线会处于下行趋势，这种环境不利于短线操作。因此，抢反弹的交易者看到股价远离均线，并且乖离率较大时，可以少量入场，但必须合理控制仓位，同时在股价反弹至 30 日均线附近时，还要考虑均线对股价的阻力，一旦股价存在遇阻回落迹象，则应立即离场。

下面来看一下利安隆的案例。

如图 8−27 所示，2021 年 5 月底，利安隆的股价出现了一波暴跌走势。随着股价下跌速度加快，BIAS 指标负的乖离率随之增大。

2021 年 7 月 28 日，该股股价创下调整新低，6 日、12 日和 24 日 BIAS 指标值均出现超跌，特别是 24 日 BIAS 指标值达到了 −13.48%，说明该股已经严重超卖。短线交易者可以尝试买入，争抢反弹。

7 月 29 日，该股股价高开高走，形成了小幅反弹的阳线。当日 K 线与前日阴线构成了阴孕阳形态，属于典型的看涨信号。

其后，该股企稳回升，出现了一波反弹行情。股价向上突破 7 月 28 日阴线最高点时，交易者可以入场买入股票。

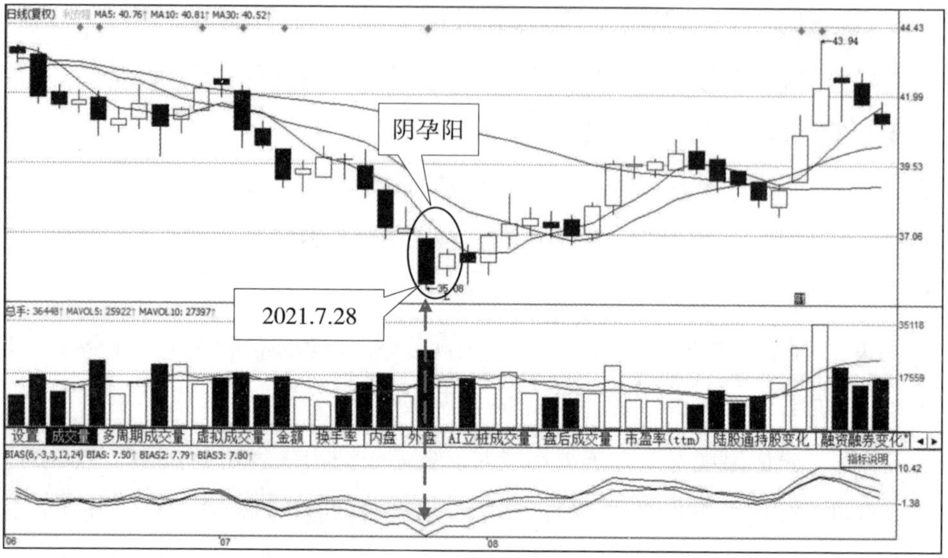

图 8-27　利安隆（300596）日 K 线走势图

第九章

猎杀强势股

强势股是指在一段时间内出现的稳健大幅上涨的股票。在一波热点炒作行情中，强势股往往都是其中的大龙头，正因如此，猎杀强势股成为短线交易者的目标。

如图 9-1 所示，2021 年 8 月，富祥药业的股价触底后反弹向上，从 8 月 9

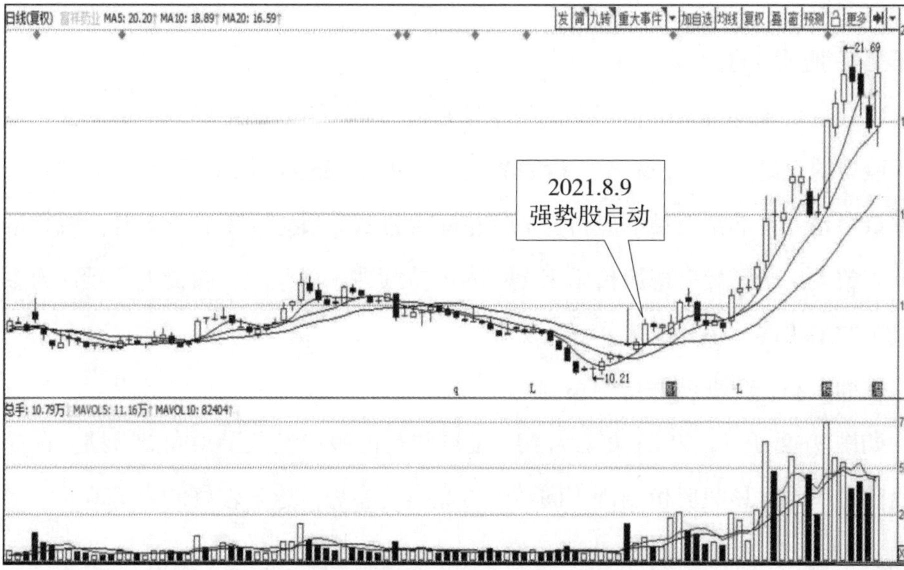

图 9-1　富祥药业（300497）日 K 线走势图

日开始，该股开启了一波强势上涨趋势。该股自底部 10.21 元的价位开始上升，一度上升至 21.69 元的高点，一个月内的涨幅超过了 90%。由此可见，成功猎杀强势股的收益之高。

第一节 强势股量价基本分析

通过分析大量强势股启动时的量价关系，大家可以发现，这些强势股启动时，K 线与成交量、均线以及各类技术指标等常常出现异动迹象。

一、K 线与成交量

成交量放大，是强势股启动的一个典型特征。当然，这种放大应该是温和的，而不是特别剧烈的。

成交量是辅助确认股价启动的一个核心指标。股价启动主要源于市场上愿意买入股票的交易者增多，随着买盘的涌入，股价相应走高，成交量也会随之放大。价涨量增是一种非常良性的股价与成交量配合方式。反之，若股价上升，成交量却并未放大，则需要考虑股价未来上攻的可持续性，以及此次股价上升是否为主力设下的陷阱等。

下面来看一下亚威股份的案例。

如图 9-2 所示，2021 年 2 月初，亚威股份的股价进入了横向盘整期。在横向盘整过程中，该股股价出现了向右上方倾斜的态势，这是较好的走势。

2021 年 7 月 26 日，该股股价突然大幅上攻，并且相比前一交易日成交量放大了很多。至此，量价齐升形态正式形成。鉴于股价的强势上攻态势，可以预见未来股价上涨的概率很大。

交易者宜在第一根大阳线出现时入场建仓。此后，该股出现了一波规模较大的上升走势。

这里需要注意一点：股价上攻时，需要成交量放大相配合。也就是说，量价齐升是一种良性的上升形态。但若成交量出现异常放大，甚至放出天量，则说明主力有出逃的可能，交易者不宜再度介入这类股票。

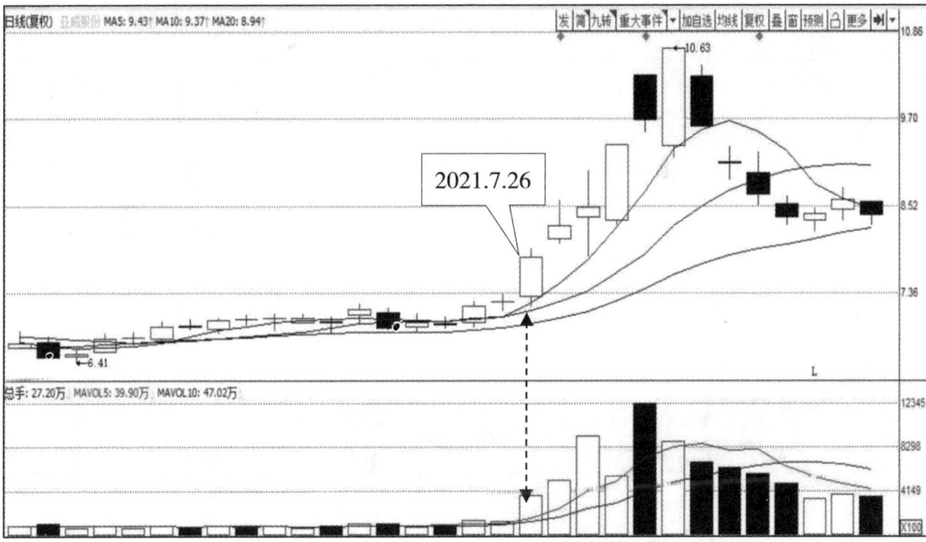

图 9-2　亚威股份（002559）日 K 线走势图

二、K 线与均线

均线反映了一段时期内交易者的平均持仓成本。股价 K 线与均线的关系，能够反映出股价走势的强弱。通常情况下，股价位于均线下方，并且均线向右下方倾斜，说明股价走势较弱，未来继续走低的概率很大；股价位于均线上方，并且均线向右上方倾斜，则说明股价走势较强。

若股价 K 线自下而上突破均线，特别是一些中长期均线，则意味着股价将会走出强势上升行情。当然，股价向上突破均线时，需要成交量放大相配合。

下面来看一下视觉中国的案例。

如图 9-3 所示，2021 年 8 月，视觉中国处于阶段性底部的盘整阶段。2021 年 8 月 25 日，该股放量上涨，股价 K 线连续突破 5 日、10 日和 20 日均线，收出一根大阳线，并且成交量同步出现放大态势。此后的 3 个交易日，5 日均线和 10 日均线先后上穿 20 日均线，并形成多头发散排列。至此，该股的上升趋势基本确立。

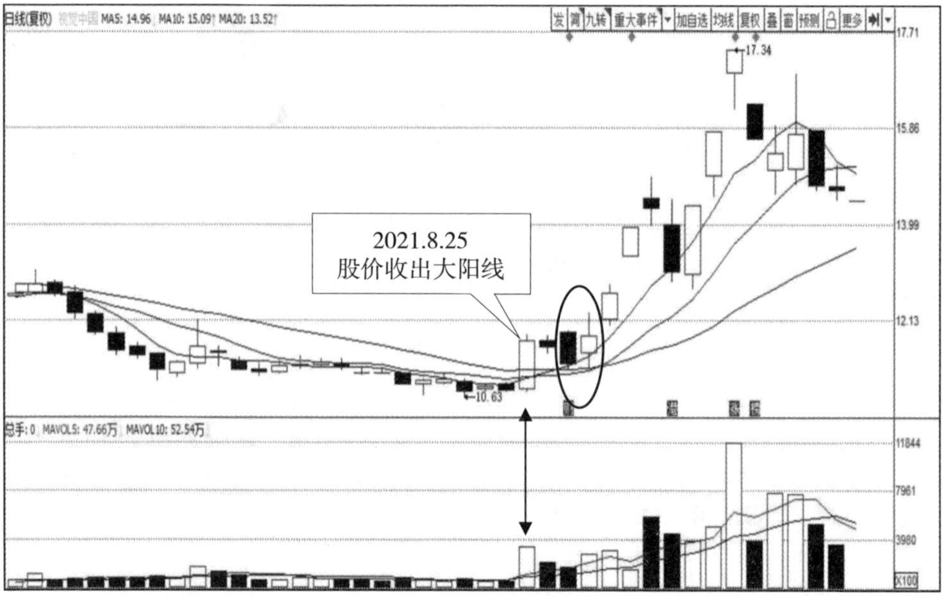

图 9-3 视觉中国（000681）的日 K 线图

三、其他技术指标信号

技术指标发出的买入或卖出信号，已经成为交易者判断股票买卖点不可或缺的工具。强势股启动时段，技术指标发出的可不仅仅是简单的买入信号，而是一种增强型的买入信号，有时可能会被理解成一种近似于卖出的信号。例如，通常情况下，KDJ 指标进入 80 线上方，曲线 J 达到 100 线，则说明股价超买，存在下跌的可能，而这个信号可能只是强势股启动的一个信号而已。

通常情况下，能够反映强势股即将启动的技术指标异动信号包括这样 3 类。

第一，强势超买信号。超买信号通常说明股价即将触顶回落，而这可能恰恰是强势股即将启动的一个信号。

第二，增强版买入信号。通常情况下，单一金叉表示买入信号；在一定程度上，双金叉或多金叉则能够起到强化买入信号的作用。

第三，多指标共振买入信号。例如，通过不同类型的技术指标同步发出买入信号，增加买入信号的有效性。

下面来看一下英搏尔的案例。

如图 9-4 所示，2021 年 8 月，英搏尔的股价处于阶段性底部的盘整阶段。2021 年 7 月 22 日，该股放量上涨，股价 K 线连续突破 5 日、10 日和 20 日均线，收出一根中阳线。与此同时，KDJ 指标在 50 线下方形成黄金交叉形态，

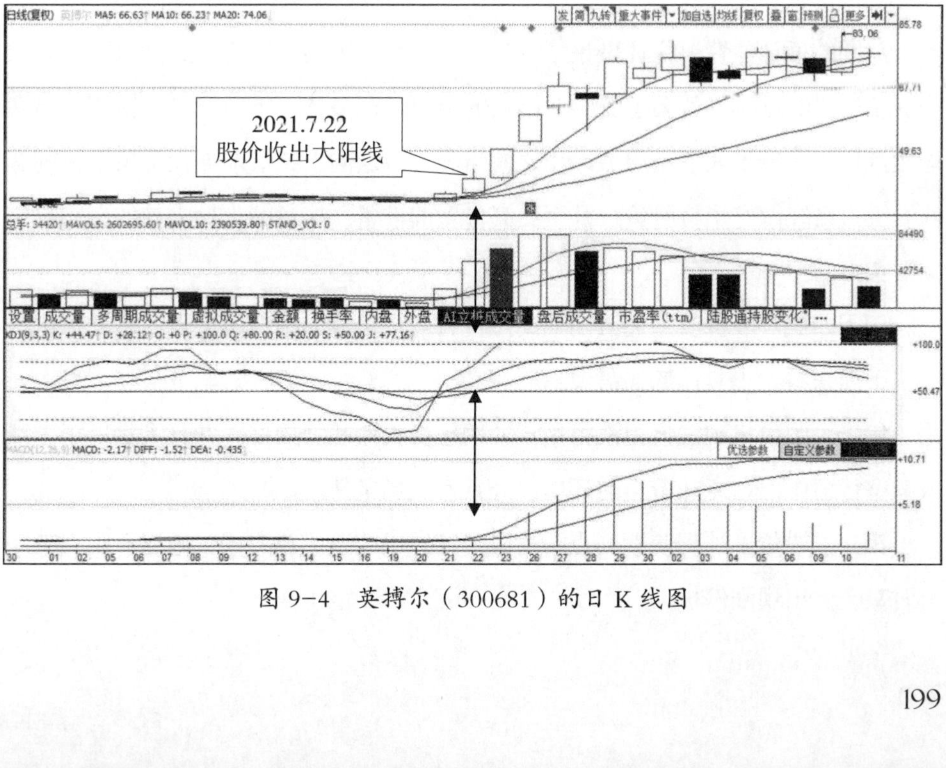

图 9-4 英搏尔（300681）的日 K 线图

MACD 指标同步在 0 轴上方出现黄金交叉形态，这都属于典型的看涨信号。特别是 KDJ 指标中的曲线 J 在黄金交叉后，快速向上到达了 100 线，更加印证股价走势进入强势区间，交易者可积极入场做多。

第二节 突破法买入强势股

突破是强势股启动的一个典型特征。当股价完成对某些重要阻力位的突破，大家通常可以认定股价存在进入上升趋势的可能。这些重要的阻力位，包括前期高点或低点、重要的整数关口、中长期均线位置等。

一、过顶擒龙

前期的顶部位置，往往聚集了大量的套牢盘，因而，股价经过回调整理再次来到该位置附近时，就会感受到非常大的阻力。很多情况下，股价都会因交易者的抛盘打压重新步入下跌通道。反之，当股价放量向上突破前期顶部位置，则意味着主力已经做好了将股价拉升至更高位置的准备，毕竟消化掉之前的套牢盘是需要实力的。

正因如此，股价放量突破前期高点位置，常常成为强势股上升的启动点位。

下面来看一下具体的操盘要点。

第一，股价出现缓慢上涨行情，说明股价长期趋势向好，并且大盘处于上涨或盘整行情中，这意味着当前环境已经具备入场条件。

第二，股价上涨到前期高点附近时，突然以放量上攻方式突破这一阻力位，有时甚至会出现涨停板。

第三，通常情况下，前期高点位置成交越密集，套牢盘越多，未来完成对该位置突破后，股价上升的幅度也会越大。当然，突破过程中，成交量会放大很多，一般会有前一交易日数倍的规模。

第四，股价完成突破时，各条均线呈多头发散排列。

第五，股价放量突破前期高点时，就是该股的第一个买点。股价突破后，回调遇前期高点再度上涨时，就是该股的第二个买点。股价放量跌破 10 日均线时，就是该股的卖点。

下面来看一下杉杉股份的案例。

如图 9-5 所示，2020 年 12 月 24 日，杉杉股份的股价创出阶段高点后，出现振荡回调走势。其后，股价几次出现反弹走势，均未能有效突破前期高点。

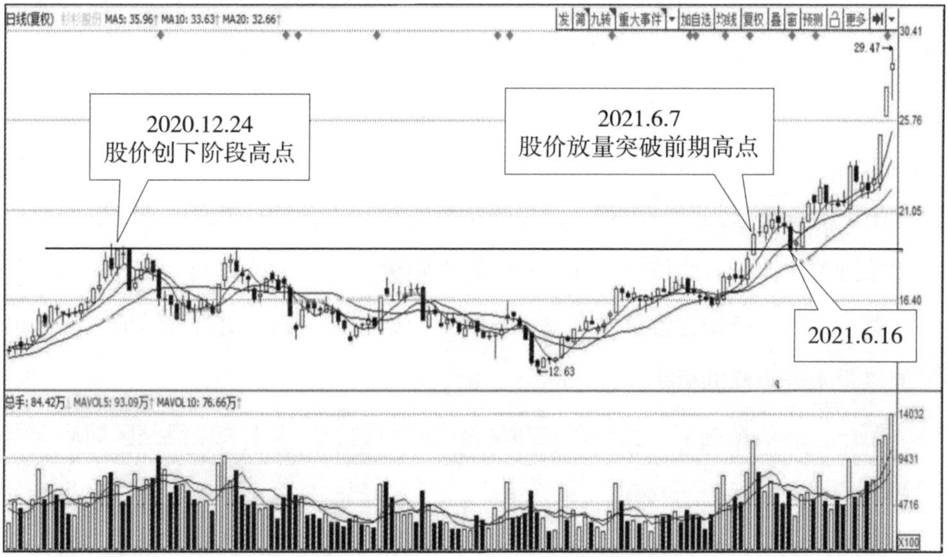

图 9-5　杉杉股份（600884）日 K 线走势图

2021 年 6 月，该股股价经过一波振荡上扬后，再次来到 2020 年 12 月 24 日高点附近。6 月 7 日，在前日上攻的基础上，股价再度高开高走，放量完成对前期高点的突破。这说明其后该股走强的可能性很大，交易者宜买入股票。

其后，该股股价出现回调走势。6 月 16 日，股价回调至前期高点附近时，因受前期高点的支撑重新上涨，这就是该股的第二个入场点。

使用过顶擒龙技巧时，交易者应注意两点。

第一，股价突破前期高点前的涨幅。如果前期涨幅巨大，那么股价冲破前期高点后不久就会重新开始调整走势。

第二，股价冲破前期高点前，如果率先出现调整，那么未来走强的概率会更大。

二、低位盘整

如果一只股票的股价在底部区域盘整较长时间，那么一旦股价启动上涨，将有一波可观的涨幅。通常情况下，股价在底部盘整时间越长，启动上涨后的涨幅越大。

不过，追涨这类股票时，交易者需要注意以下 5 点。

第一，如果一只股票的股价长期处于底部盘整过程中，那么一旦股价出现突破性上涨，涨势必然十分可观，很多强势股都在其中。交易者发现这类股票后，就要保持关注，一旦股价启动就要及时追涨跟进。

第二，股价突破盘整区域启动上涨时，如果成交量同步出现异常放大，则可增加该股未来上涨的概率。

第三，一般情况下，股价在底部盘整的时间越长，未来突破盘整区域后上涨的幅度会越大。

第四，股价在底部盘整过程中，各条均线会呈现出明显的黏合状态。股价启动时，各条均线会立即由黏合转为多头发散。

第五，股价启动上涨前，MACD 指标可能会呈现向右上方倾斜状态。股价启动时，MACD 指标则在 0 轴上方形成黄金交叉形态。

下面来看一下中科电气的案例。

如图 9–6 所示，2021 年 3 月到 5 月初，中科电气的股价出现了底部盘整形态。该股股价在盘整过程中，没有出现过大的涨跌幅度，同时成交量出现萎缩，说明该股在抉择方向。此时，通过观察该股的均线指标可知，各条均线开始趋向于黏合状态，MACD 指标呈现向右上方倾斜态势，这是股价即将突破的征兆。

2021 年 5 月 19 日，中科电气的股价放量高开高走，此时股价已经突破长期盘整趋势，并且成交量出现放大态势。在此之前，MACD 指标在 0 轴上方出现黄金交叉形态。观察此时的均线指标可知，股价已经完成对均线的突破，并且各条均线开始呈现多头排列。至此，多方强势尽显，出现买点，交易者可积极入场做多。

此后，该股掀起一波振荡上升走势。

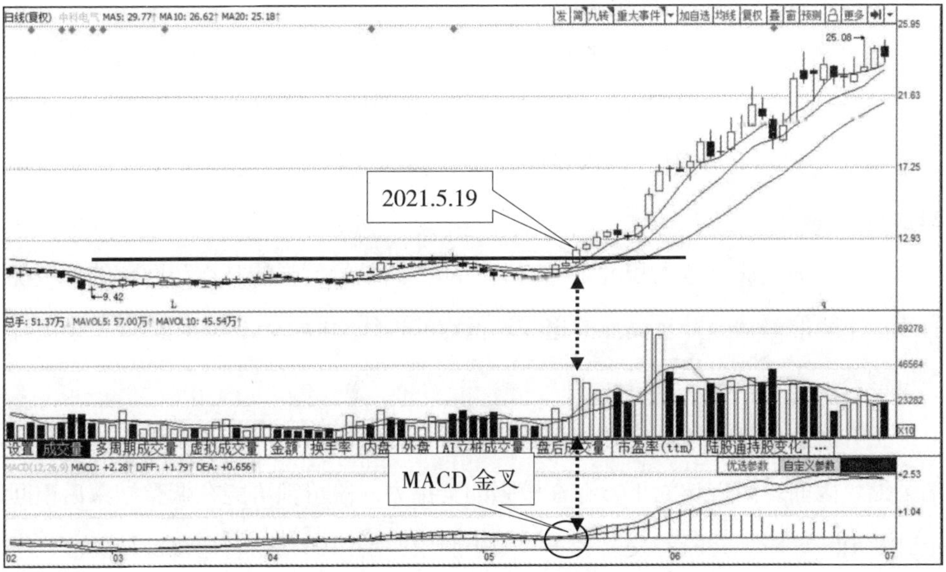

图 9–6 中科电气（300035）日 K 线走势图

三、平台突破

若某只股票的股价在振荡整理过程中呈现出平台形态，则大致可以判断主力正在选择突破的方向。其后，若股价放量向上突破，则交易者可考虑追涨买入。

平台突破追击强势股的操盘要点如下。

第一，大盘处于底部盘整或上涨行情中。

第二，个股股价经过一轮上涨之后，形成明显的整理形态，出现下降楔形、上升旗形、上升三角形、矩形整理形态等。

第三，股价某日携量向上突破平台上轨，并且当日涨幅在 5% 以上。

第四，5 日均线向上穿过 10 日均线，形成较大角度的攻击态势，此时为最佳买点。

第五，股价脱离平台区域时，KDJ 指标会出现高位金叉，或指标线进入 80 线上方超买区域。

下面来看一下奥克股份的案例。

如图 9–7 所示，2021 年 8 月—9 月，奥克股份的股价出现了上升旗形形态。

2021 年 8 月 6 日，在前一交易日上涨的前提下，该股股价高开高走，留下一根带长上影线的小阳线。这说明空方将会加大打压力度，保守型交易者宜减仓。

此后，该股股价进入整理走势。在波动中，股价反弹的高点和回落的低点都有逐渐下降的趋势，并且高点的连线和低点的连线呈收敛状，从而形成一个上升旗形形态。

上升旗形的下边线比上边线更趋于水平，并且在形态形成的过程中成交量逐渐萎缩。因而，可以认为下方存在较强的支撑力，股价很可能在调整结束后重回上升轨道。这时，持股的交易者不宜卖出股票，持币的交易者应该保持关注。

9 月 7 日，股价放量突破上升旗形的上边线，在此之前，KDJ 指标出现黄金交叉形态，曲线 J 迅速进入超买区域，出现买点。交易者应该把握机会，积极买入。之后，股价出现短期回调，但回调至上升旗形上边线位置，受到支撑重新上升，这是该股的第二个买点。经过短暂调整后，该股重新进入上升通道。

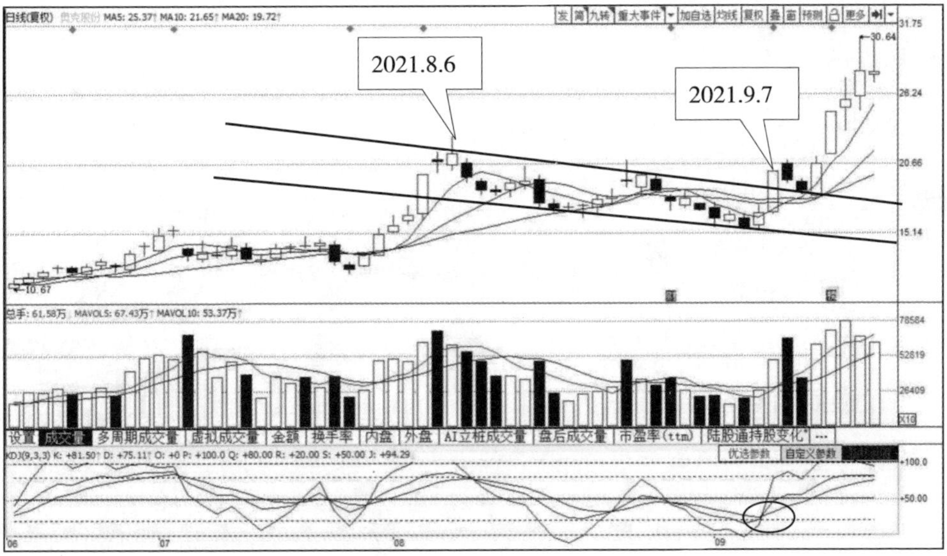

图 9-7　奥克股份（300082）日 K 线走势图

四、出水芙蓉

出水芙蓉是指在股价盘整过程中，各条均线呈黏合状，某日股价大幅上涨，拉出一根大阳线，并且这根阳线一举突破多条均线（如图 9-8 所示）。该形态属于强烈的看涨形态，很多强势股在上涨启动期都出现过这种形态。

出水芙蓉形态形成前，股价已经进入横向盘整行情，这本身就是股价在选择突破的方向。放量大阳线的出现，打破选择与犹豫的空间，划定了新的运行方向。

该技巧的操作要点如下。

第一，某一日股价低开高走，并一举突破多条均线。

第二，股价突破均线当日常以涨停报收。

第三，股价突破之后，各条均线由黏合状变为发散状，并且方向向上。

第四，股价突破各条均线当日，成交量出现放大态势。

第五，股价突破各条均线，位于各条均线之上时，就是买入该股的较佳时机。

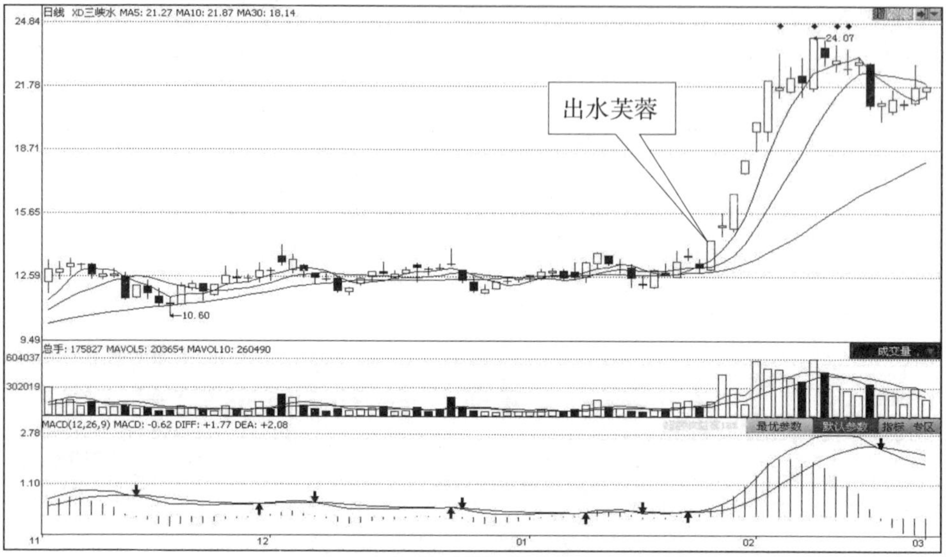

图 9–8 出水芙蓉

下面来看一下海伦钢琴的案例。

如图 9–9 所示，海伦钢琴的股价经过一波盘整后，2021 年 7 月 26 日突然发动上涨行情，形成出水芙蓉形态，预示股价将要大涨。

2021 年 7 月，海伦钢琴的股价走出一波盘整行情，各条均线逐渐黏合在一起。

7 月 26 日，该股股价发动上涨行情，并且一举突破多条均线的压制，形成出水芙蓉形态，预示股价将要发动一波快速上涨。相比前几个交易日，当天成交量明显放大，说明有资金流入该股，交易者可以考虑买入。

观察 MACD 指标可知，此时该指标同步拐头向上，预示股价即将上涨。

五、鱼跃龙门

鱼跃龙门是指股价经过连续几个交易日的下跌后，出现拐头缓慢上涨的迹象，5 日、10 日和 30 日均线同步拐头向上。某一交易日，股价上涨至 30 日均

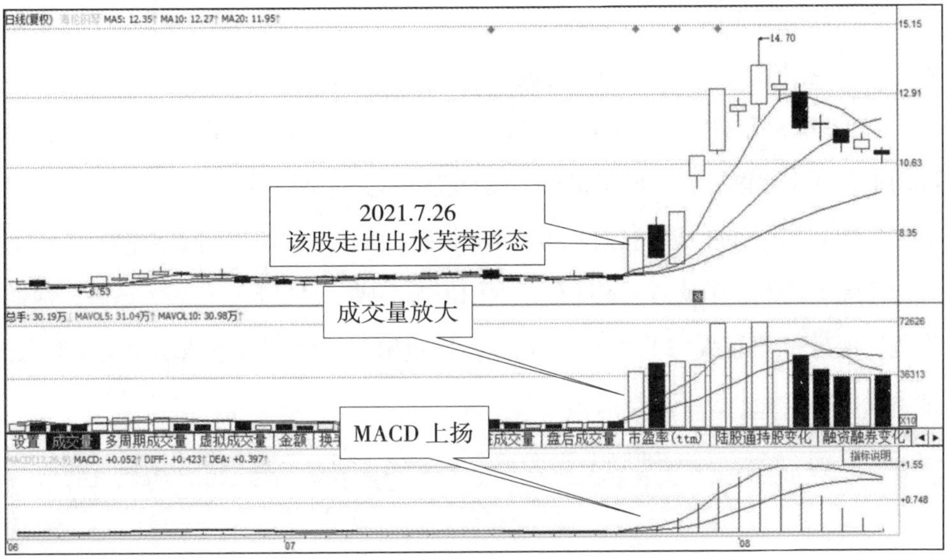

图 9-9　海伦钢琴（300329）日 K 线走势图

线附近时，直接跳空高开越过 30 日均线，最终收于 30 日均线之上。该形态属于典型的看涨形态。

该技巧的操作要点如下。

第一，30 日均线由下跌状态转为上涨状态或放平状态。

第二，股价突破前，成交量维持在较低水平。

第三，某一日股价放量跳空上涨，直接越过 30 日均线，并且股价跳空当日，收盘价位于 30 日均线之上。

第四，股价跳空上涨当日，成交量放大数倍。

第五，股价跳空上涨时，如果均线能出现黄金交叉形态，则可增大股价未来上涨的可能性。

股价放量跳空越过 30 日均线，并且收于 30 日均线之上时，交易者可考虑买入该股。

下面来看一下中兵红箭的案例。

如图 9-10 所示，中兵红箭的股价经过一波振荡下跌后，2021 年 7 月中旬走出鱼跃龙门形态，预示股价将企稳上涨。

2021 年 6 月初以后，中兵红箭的股价一直在 30 日均线下方运行，30 日均线由下跌状态逐渐转变为放平状态，说明股价走势将要企稳。

7 月 15 日，该股股价越过 30 日均线跳空高开，并迅速封上涨停板，在 K 线走势图上留下一个缺口，说明鱼跃龙门形态形成，交易者可以买入该股。观察均线指标可知，此时，5 日均线上穿 10 日均线和 30 日均线，形成黄金交叉形态，预示股价将出现一波上涨行情。

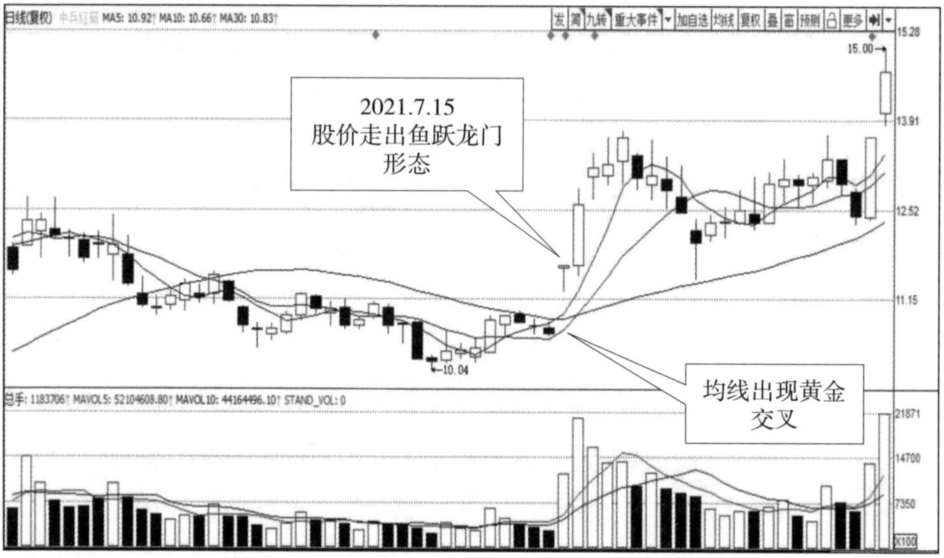

图 9-10　中兵红箭（000519）日 K 线走势图

应用鱼跃龙门猎杀强势股时，交易者应注意以下两点。

第一，成交量的配合是形态成立的关键。股价越过 30 日均线前，成交量应呈萎缩状态；股价越过 30 日均线当天，成交量应呈放大状态（当日涨停个股除外）。

第二，股价跳空越过 30 日均线之后，如果出现回调，那么必然会在缺口处获得支撑。

六、蛤蟆跳空

蛤蟆跳空是指股价某一日放量跳空，突破前期高点连线，并且收于趋势线之上。与此同时，MACD 指标出现拐头向上走势。该形态表明股价上涨势头较猛。

该技巧的操作要点如下。

第一，股价上涨前，大盘处于横盘或上涨环境中；股价跳空上涨时，大盘延续上涨行情，若能大幅上涨更好。

第二，各条均线呈发散状态，并且 60 日均线和 120 日均线呈开口状态。

第三，股价已经连续创下两个高点，并且后一个高点要高于前一个高点，这两个高点可以用一根趋势线连接。

第四，某一日股价放量跳空上涨，并且直接越过前期高点趋势线。股价跳空当日，收盘价位于趋势线之上，并且成交量放大数倍。

第五，股价跳空上涨时，若 MACD 指标能走出拐头向上形态，则可增加股价未来上涨的可能性。

第六，股价放量跳空越过趋势线，并且收于趋势线之上时，交易者可考虑买入该股。

下面来看一下川恒股份的案例。

如图 9-11 所示，2021 年 7 月—9 月，川恒股份的股价走出蛤蟆跳空形态，说明该股未来趋于强势。

2021 年 7 月 12 日，川恒股份的股价创下一个短期高点后重新开始下跌，调整一段时间后再度上涨，8 月 16 日来到前期高点之后再度下跌。交易者可以将两个高点用直线连接，若股价突破这一趋势线就可以买入该股。

8 月 30 日，该股股价跳空高开，并封上涨停板，此时蛤蟆跳空形态正式形成，说明股价走势较强，未来还将继续上涨。观察 MACD 指标可知，此时该指标出现拐头向上形态，预示股价即将上涨。次日，交易者可以择机买入该股。

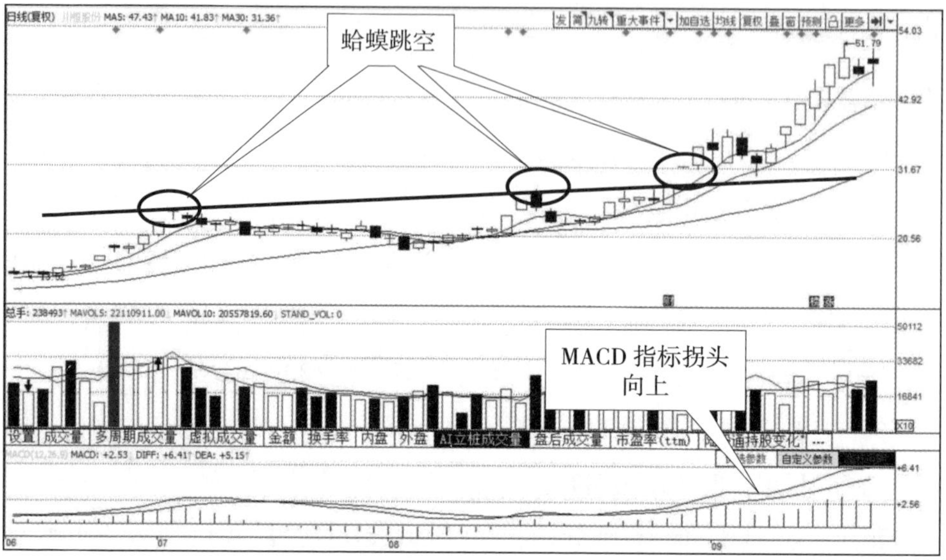

图 9-11　川恒股份（002895）日 K 线走势图

利用蛤蟆跳空形态猎杀强势股时，交易者需要注意两点。

第一，成交量是关键。股价每次到达高点时，成交量都应呈放大状态；每次下跌时，成交量应呈缩量状态。

第二，股价形成蛤蟆跳空形态之后，交易者可以将止损位设置在跳空缺口上，若股价没有跌破这一缺口就可以继续持股。

第三节 回调与支撑法买入强势股

股价经过一波上升后出现调整走势，如果其在某一重要支撑位获得强力支撑，那么从短期来看，股价反弹向上的概率极高。股价反弹的力度，与先前股价运行的态势有直接的关系。很多强势股经过回调整理后，可能会出现更大一波的上涨走势。

一、千金难买牛回头

股价已经启动上涨行情后，会让很多错过买入者后悔不已。而在牛市中，股价的每一次回调都是一次绝佳的买入机会，这就是通常所说的“千金难买牛回头”。

该技巧的操作要点包括如下 5 点。

第一，股价已经启动快速上升走势，股价与成交量双双上攻。股价运行于 5 日均线之上，并且各条均线呈多头发散排列。

第二，股价上升一段时间后出现回调，并且在某条均线或某一重要支撑位获得支撑，重新启动上攻。

第三，股价回调时，成交量呈现萎缩态势，而受到支撑重新上攻时，成交量再度放大，这就是一次绝佳的入场时机。

第四，股价回调遇到支撑时，如果支撑位对应的筹码峰较为明显或为主筹码峰，则可认定支撑有效。

第五，股价遇支撑重新上涨时，若 KDJ 指标同步出现金叉或拐头进入超买区，则可增强买入信号的有效性。

下面来看一下恒锋工具的案例。

如图 9-12 所示，2021 年 8 月初，恒锋工具的股价启动了一波上升行情。该股股价经过一段时间的上涨，9 月 2 日创下阶段高点后，出现大幅调整走势。

9 月 13 日，该股股价跌至 20 日均线附近时，因受到均线支撑再度上攻。9 月 14 日，股价重新放量，突破 5 日均线，同时 KDJ 指标触底反弹，即将实现黄金交叉。观察筹码分布图可知，此时，股价位于主筹码峰的顶部区域，未来股价上涨阻力较小。

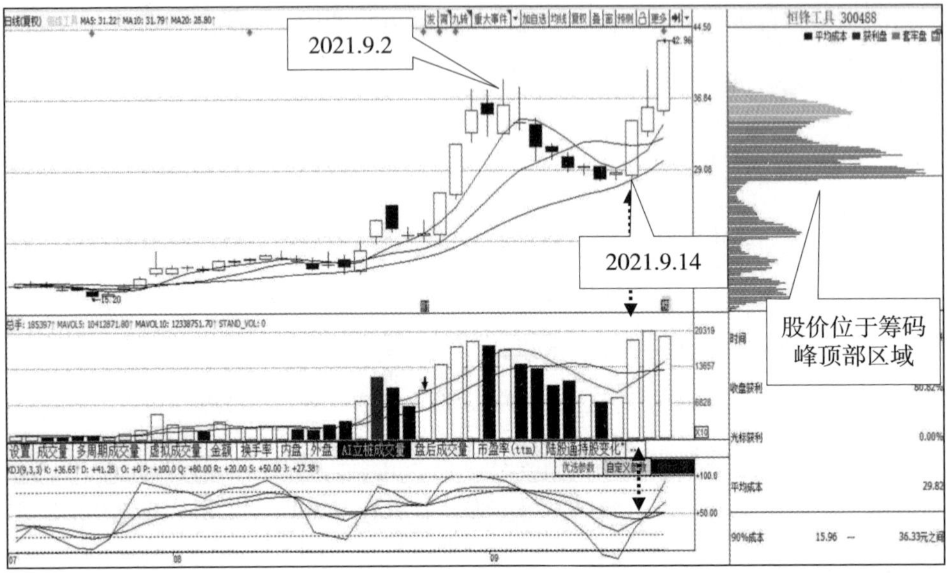

图 9-12　恒锋工具（300488）日 K 线走势图

短线交易者可在 9 月 14 日当日买入该股，或在次日股价站在筹码峰上沿之后买入该股。

二、双针探海

双针探海，是指股价在底部盘整过程中形成的双底形态，并且每个底部都有一根带长下影线的 K 线。双针探海与定海神针形态有些相似，该形态所发出的看涨信号更具可信度。

该技巧的具体操作要点如下。

第一，股价经过长时间的下跌之后，有明显的筑底迹象，并且成交量维持在较低水平。

第二，股价短期内接连走出了两个底部，构成了双底形态。

第三，在双底形态中，每个底部都有一根下影线。

第四，第二个底高于第一个底，说明股价有企稳反弹的迹象。

第五，股价形成双底形态时，如果第二个底部所对应的 KDJ 指标出现黄金交叉，则可增大股价上涨的概率。

第六，股价走出双底形态后的次日，如果股价发动上攻，就是买入该股的一个较好时机。

下面来看一下川投能源的案例。

如图 9-13 所示，2021 年 7 月 28 日和 8 月 20 日，川投能源的股价走出了双针探海形态，预示股价将要企稳上涨。

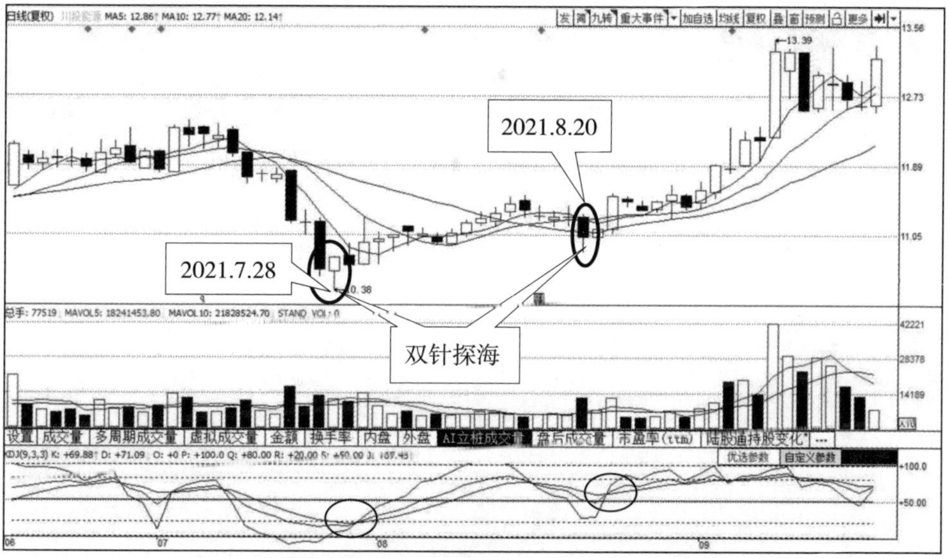

图 9-13　川投能源（600674）日 K 线走势图

2021 年 3 月中旬开始，川投能源的股价走出了一波振荡下跌行情。

7 月 28 日和 8 月 20 日，该股股价均走出了带长下影线的 K 线，形成了双底形态，预示双针探海形态正式形成。交易者需要观察该股随后的走势，一旦股价企稳反弹，则可迅速跟进买入。如果股价跌破下影线最低点，则说明下跌行情还将持续，交易者不可轻易入场。

观察 8 月 20 日的 K 线形态可知，尽管当日以阴线报收，但下影线较长，说明多方已经开始反攻。与此同时，KDJ 指标同步出现了黄金交叉，预示股价将会出现一波上涨行情。

应用双针探海猎杀强势股时，交易者应注意以下两点。

第一，两根下影线的低点。双针探海形态要求后一根下影线的低点要高于前一根下影线的低点，即使只差一分钱也可以。

第二，为了安全考虑，交易者最好等双底形态形成之后，再入场买入股票，以防被套在“半山腰”。

三、定海神针

定海神针，是指股价经过一轮下跌之后，某一交易日跳空低开，股价持续下跌，其后顽强地上攻，在 K 线图上留下了一根长下影线，像刺入深海的一根神针，支撑股价不再走低（如图 9-14 所示）。该形态具有典型的行情反转意味。

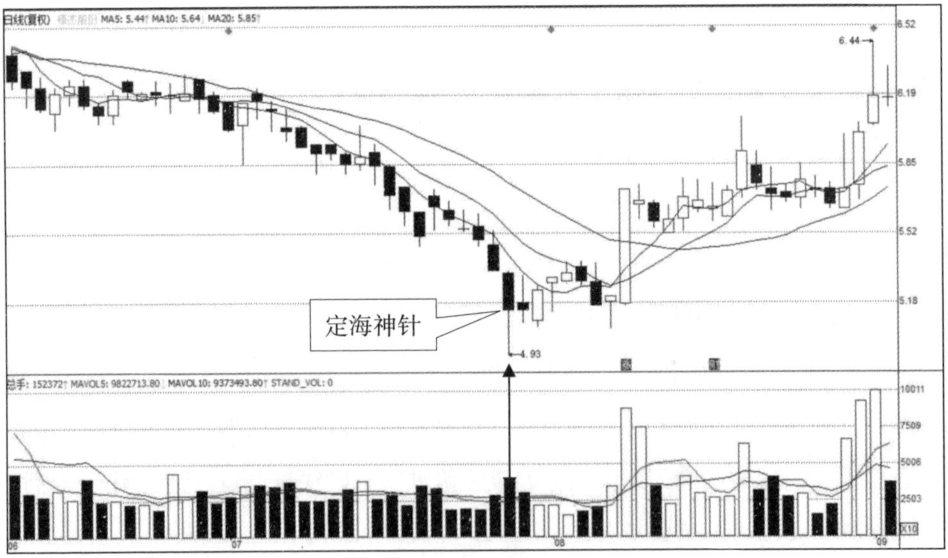

图 9-14 定海神针

定海神针形态中，长长的下影线是该形态的典型特征。长下影线的形成，说明空方在股价下行的末期发动了最后一攻，此后多方发动反击，并赢回了大多数阵地。这属于典型的行情逆转形态。

该形态的主要操作要点如下。

第一，股价短期内接连走出了明显的下跌态势，说明下跌动能得到了充分释放。

第二，股价 K 线出现定海神针当日，下影线越长，说明多方反攻的力度越大，未来股价反弹的幅度也越大。

第三，定海神针形态的最低点，若在某一重要支撑位附近，那么未来股价企稳反弹的概率更大。

第四，股价走出定海神针形态后的次日，如果股价发动上攻，就是买入该股的一个较好时机。

第五，定海神针中，下影线的最低点就是交易者入场的止损位。一旦股价跌破该位置，则说明该形态失效，交易者可清仓卖出。

下面来看一下潍柴重机的案例。

如图 9-15 所示，潍柴重机的股价经过一波下跌后，2021 年 7 月 28 日走出了定海神针形态，预示股价将企稳上涨。

2021 年 7 月 28 日，潍柴重机的股价经过一波下跌之后，以向下跳空的形式开盘，并不断创出新低。其后，多头开始发力，股价最终以带长下影线的 K 线报收，形成了定海神针形态。这说明空头力衰，多头正在发力。

观察成交量可知，此时出现了明显的底部放量态势，说明主力借助向下大幅打压股价，以逼迫散户交出筹码的目标已经达到，意味着股价将迎来一波上涨走势。

7 月 29 日，该股股价小幅平开高走，预示股价已经开始反弹，交易者可于次日跟进买入股票。

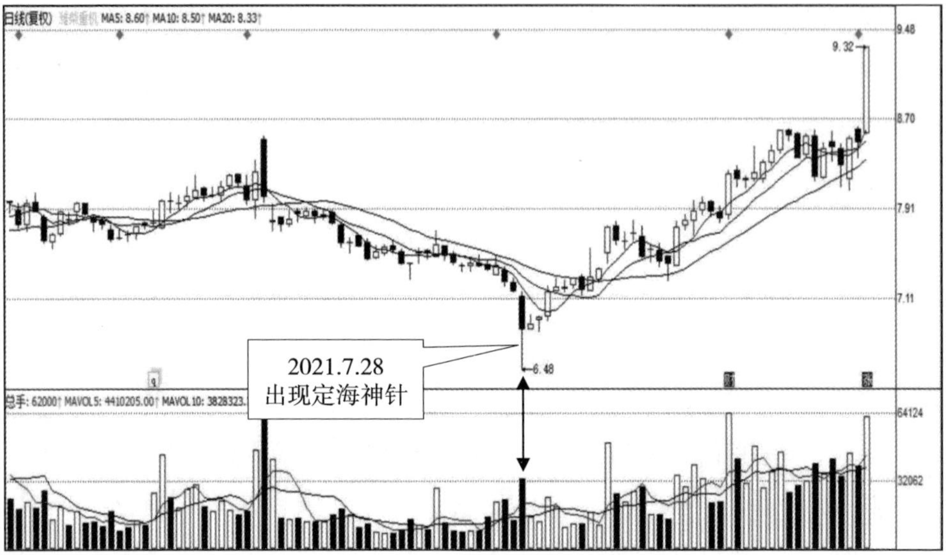

图 9-15 潍柴重机（000880）日 K 线走势图

四、黄金坑

黄金坑的形态特征：股价经过一段时间的横盘整理之后，展开一波下跌走势，随后股价放量反弹突破下跌起始线。

该技巧的操作要点如下。

第一，股价走出黄金坑前，大盘处于横盘或上涨环境中。

第二，股价上冲黄金坑下跌起始位时，大盘延续上涨行情，如果能够大幅上涨更好。

第三，股价经过较长时间的横盘整理，成交量出现萎缩态势，各条均线出现黏合状态。

第四，某日股价启动下跌走势，并且经过连续数日杀跌之后出现筑底迹象。

第五，筑底完成后，股价开始缓慢上涨，成交量同步放大。

第六，股价来到下跌起始线位置时，往往会出现放量突破走势，说明股价走势趋强。

第七，股价自底部上涨时，如果MACD指标能走出拐头向上或黄金交叉形态，则可增大股价未来上涨的可能性。

第八，股价放量突破下跌起始线，并且肯定收于起始线之上时，交易者可买入该股。

下面来看一下金雷股份的案例。

如图9-16所示，2021年6月底到7月初，金雷股份的股价走出了黄金坑形态，说明该股未来走势趋强。

2021年6月29日，经过一段时间的振荡盘整之后，金雷股份的股价出现了下跌走势。经过几个交易日的下跌之后，股价反转向上。

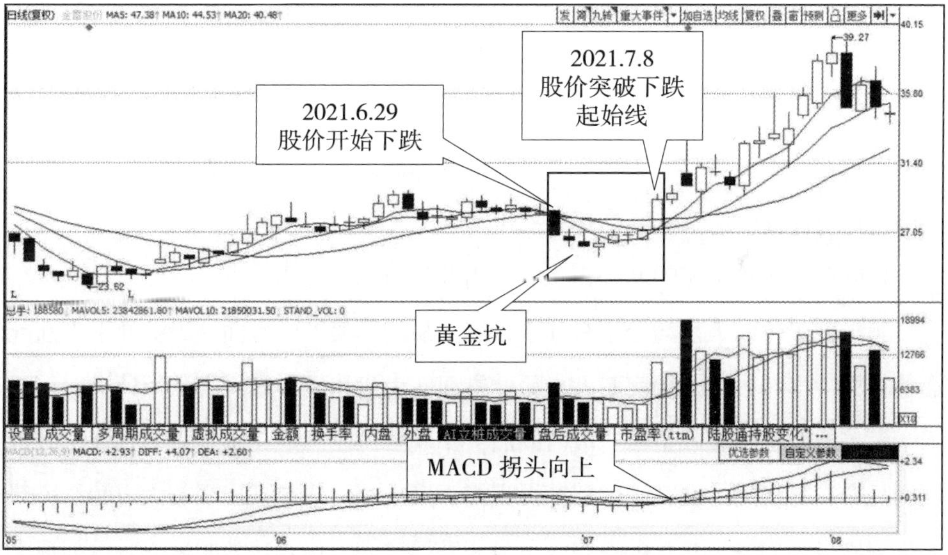

图9-16　金雷股份（300443）日K线走势图

7月初，该股股价来到下跌起始线附近，但遇到了一定的阻力。7月8日，股价大幅放量向上突破了下跌起始线位置，标志着黄金坑形态最终形成，交易者当日可以买入该股。

观察该股的成交量可知，股价下跌过程中成交量出现了萎缩态势，而股价持续上攻时，成交量呈现出持续放大态势，说明有资金持续流入该股。

观察 MACD 指标可知，股价发动上攻时，MACD 指标在 0 轴附近形成了黄金交叉形态，这也是典型的买入信号。

利用黄金坑形态猎杀强势股时，交易者需注意以下两点。

第一，黄金坑又被称为“散户坑”，这个坑是由庄家在拉升股价前借助大盘向坏或其他利空因素洗盘造成的。

第二，庄家制造黄金坑的目的是让交易者认为股价开始破位下跌，卖出手中的股票。交易者卖出手中的股票之后，庄家再反手做多，快速推动股价上涨。这时，交易者想补回股票，就必须追高买入，这样会在一定程度上帮助庄家拉抬股价，庄家则趁机卖出股票。

五、暴利拐点

股价经过一波盘整或小幅上涨之后出现回调，此后股价重新上扬，并且加速上涨，这一加速时的买点就是暴利拐点。

判断股价上攻加速的暴利拐点时，需要注意以下 4 点。

第一，股价与大盘均处于有利于入场交易的环境。一方面，股价处于上涨或盘整行情中，并且上涨幅度不大；另一方面，大盘也同样处于上涨行情中。

第二，股价盘整或上涨一段时间后，出现回调时，成交量呈萎缩状态。股价回调几个交易日后，在某一位置获得支撑再度上涨，成交量出现放大态势，K 线一举突破多条均线，并且各条均线呈多头发散排列，这是较为明显的股价加速上攻的拐点。

第三，观察 MACD 指标可以发现，此时 MACD 指标大多处于 0 轴附近，股价启动上攻时，MACD 指标出现黄金交叉或呈发散状态。

第四，股价从回调变为再度上涨，并且突破各条均线时，是该股最佳买点，即暴利拐点。股价放量跌破 10 日均线时，是该股的卖点。

下面来看一下中材科技的案例。

如图 9-17 所示，2021 年 8 月初，经过一段时间的下跌后，中材科技的股价出现止跌企稳迹象。8 月 4 日，该股股价重新启动上升走势。此后，股价逐渐开始缓慢上攻。

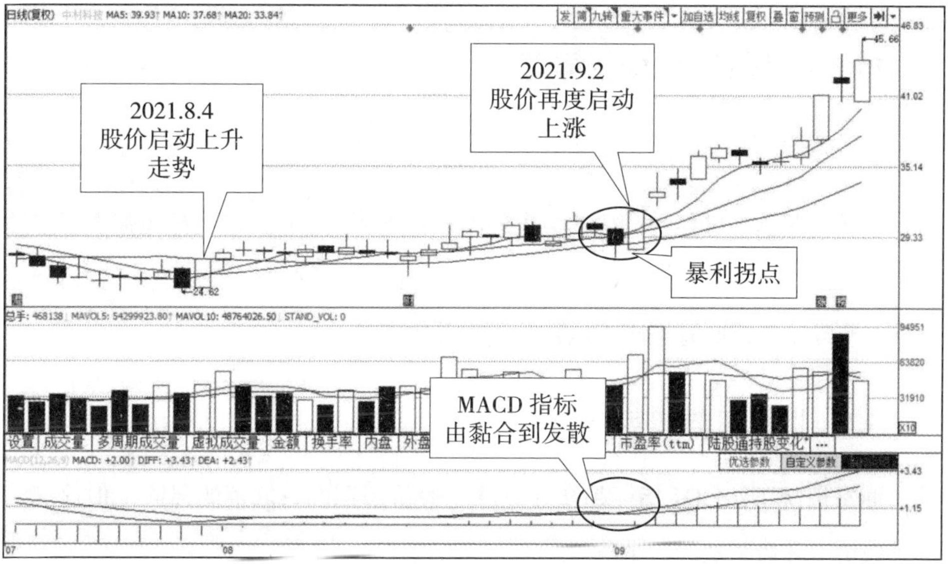

图 9-17　中材科技（002080）日 K 线走势图

到了 8 月底，股价开始小幅回调。随着股价的走低，成交量开始逐渐萎缩。

9 月 1 日，该股股价回调至 20 日均线位置时，受到支撑重新上攻。次日即 9 月 2 日，股价开始大幅放量上攻，并一举突破多条均线，说明 9 月 1 日形成的低点就是一个暴利拐点。此后，股价启动上涨行情，交易者可跟进买入该股。

此后，在短短几个交易日内，该股股价涨幅超过 50%。由此可见，暴力拐点引发股价上涨的力量之强。

出现暴利拐点，标志着股价开始加速上涨。交易者发现这种形态后，应第一时间跟进买入该股。

判断暴利拐点形态时，交易者应注意分析拐点位置有无阻力位。如果此时正处于一个阻力位，并且股价放量突破了阻力位，那么股价加速上涨的可能性更大。

第四节 技术指标法买入强势股

强势股在上升过程中，往往会表现出非常迅猛的上攻走势，这也使得很多技术指标会发出超买或触顶的信号。通常来说，出现这些技术指标信号，交易者应做好卖出准备，但此时可能正是强势股上升幅度最大的一个时期。

一、KDJ 指标强势超买

通常情况下，KDJ 指标超买，意味着股价短期内有回落的风险，但这又可能是股价上升最猛烈的一个阶段。

KDJ 指标超买，是通过追击强势股，以达成获利目标的操盘方法。

该技巧的操盘要点如下。

第一，大盘处于上涨或反弹行情中。

第二，股价前一交易日收出光头大阳线，以涨停为佳。

第三，KDJ 指标进入超买区间，并且指标线 J 到达 100 线。

第四，目标股当日股价强势上涨，并且突破了均价线与前日收盘价。此时，交易者可以考虑买进目标股。买入时机有 3 个：一是股价冲高回调之后，再次突破均价线或受均价线支撑重新上涨之时；二是股价冲高达到涨停板价位时，可以考虑追高买入；三是若股价开盘出现下跌，则要等到股价重拾升势，并且股价线突破均价线之后再买入。

下面来看一下集泰股份的案例。

如图 9-18 所示，2020 年 6 月 18 日，在前一交易日上攻的基础上，集泰股份的股价高开高走，收出一个涨停板，成交量同步放大。

2020 年 6 月 18 日，该股股价突然跳空高开高走，说明该股上涨势头明显加速。此时，KDJ 指标进入超买区域，并且指标线 J 已经接近了 100 线。当日，该股收出涨停板，是股价快速上升的信号。

喜欢短线博反弹的交易者可积极入场追涨，但同时要控制好风险和仓位。

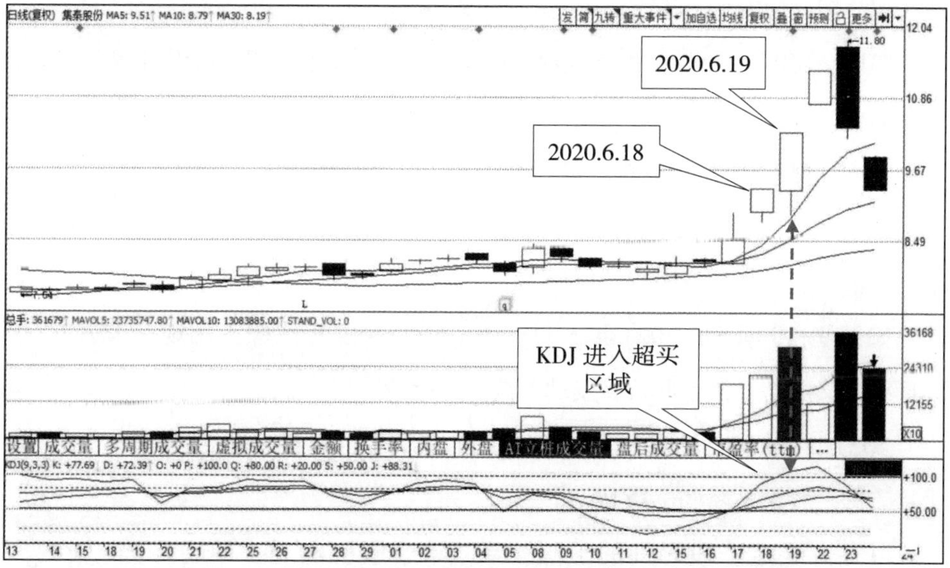

图 9-18　集泰股份（002909）日 K 线走势图

二、MACD 指标拒绝死叉

MACD 指标拒绝死叉，是指股价在上涨过程中出现回调，MACD 指标的快线出现向下走势，即将完成死叉时，因慢线支撑再度上涨。

通常情况下，股价自高位回调，MACD 指标的快线就会自上而下回落，快线跌破慢线时，意味着 MACD 指标出现高位死叉，股价将会进入下行趋势。若 MACD 指标的快线即将跌破慢线时，被快速向上拉升，则意味着股价将会迎来新一波的上攻。

该技巧的具体操作要点如下。

第一，股价处于缓慢上涨行情中，各条均线呈多头发散排列，并且股价位于均线上方，表明股价运行态势良好。

第二，某日股价出现调整，MACD 指标的快线同步拐头向下。

第三，MACD 指标的快线下跌到慢线附近时，并没有跌破慢线，而是被慢线托起，构成拒绝死叉形态。

第四，MACD 指标拒绝死叉时，股价同步完成调整，开始走出上涨行情。

第五，股价回调时，成交量呈缩量，股价重新上涨时，成交量又开始放大。

第六，MACD 指标的快线被慢线托起，并且股价重新上涨时，是该股的最佳买点。

下面来看一下惠泰医疗的案例。

如图 9-19 所示，2021 年 5 月，惠泰医疗的日 K 线图上出现了 MACD 指标拒绝死叉形态，预示股价将发动一波上涨行情。

2021 年 4 月 1 日，在之前振荡整理的基础上，惠泰医疗的股价发动了一波上攻走势，股价不断创出新高。

其后，经过一段时间的上涨之后，该股股价出现了回调走势。此时，MACD 指标的快线同步出现了拐头向下态势。

2021 年 5 月 12 日，该股股价突破了各条均线的压制，并成功站在各条均线之上，说明股价已经启动了上涨，交易者可以跟进。

观察 MACD 指标可知，此时 MACD 指标的快线下跌到慢线附近，因受慢线支撑再度上涨，并且与慢线形成一定倾斜角度，表明股价将启动上涨。

观察成交量可知，股价发动上攻时，成交量呈放大状态，说明有资金持续流

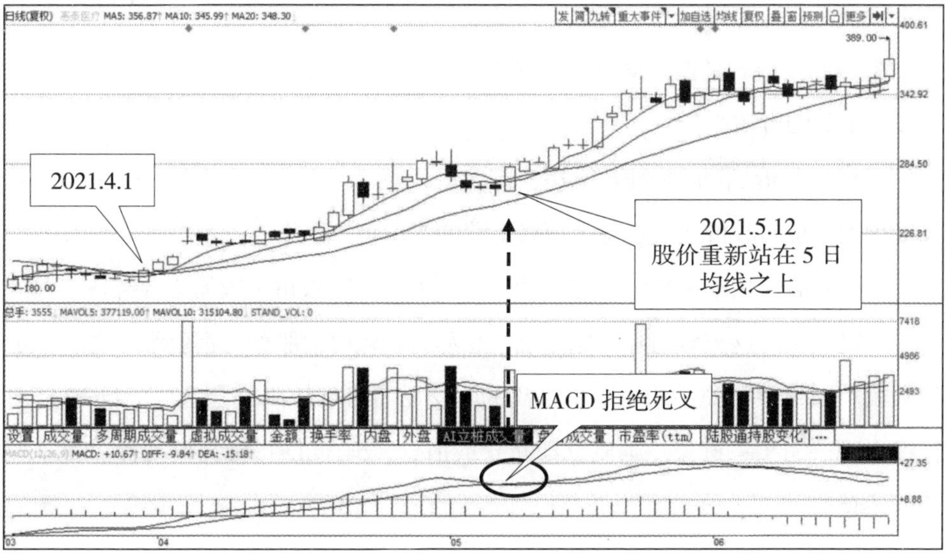

图 9-19　惠泰医疗（688617）日 K 线走势图

入该股，交易者可放心买入。

应用 MACD 指标拒绝死叉猎杀强势股时，交易者应注意以下两点。

第一，MACD 指标的快线向慢线靠拢时，该股成交量应呈萎缩态势；MACD 指标的快线重新拐头向上时，成交量应呈放大态势。

第二，MACD 指标拒绝死叉，要求快线不能跌破慢线。在实战中，快线有时偶尔跌破慢线，但又迅速回到慢线上方的，仍可看成支撑有效。

三、DIFF 线拐头与 MACD 柱线急速拉升

股价经过一段时间的盘整后出现启动迹象，同时 MACD 指标中的 DIFF 线拐头向上，MACD 柱线出现急速大幅拉升形态，则意味着股价已经启动短线强攻，属于典型的短线强势看涨信号。

DIFF 线拐头与 MACD 柱线急速拉升的操盘要点如下。

第一，股价经过一段时间的横向盘整，MACD 指标线开始出现黏合形态，

这是股价正在选择突破方向的形态。

第二，股价启动前，MACD 指标线应运行于 0 轴上方，表明整个市场仍处于多头主导的行情中。

第三，股价启动，DIFF 线拐头向上时，拐头幅度越大，MACD 柱线拉升幅度越大，说明股价上攻越急，短线上涨的幅度越大。

第四，股价启动上攻时，成交量同步放大，则是股价上攻的必要条件。

一般来说，这类股票涨势比较急，交易者介入时，股价大都已经产生了一定的涨幅。因而参与交易的风险是很高的，交易者必须控制好仓位。一旦 MACD 柱线出现“缩头”迹象，则应立即减仓或清仓。MACD 指标高位死叉，就是最后的清仓点。

下面来看一下华阳新材的案例。

如图 9–20 所示，2021 年 6 月—8 月，华阳新材的股价进入横向盘整区间。MACD 指标同步上升至 0 轴上方后，出现横向黏合迹象，说明股价正在选择突破方向，交易者需要继续等待。

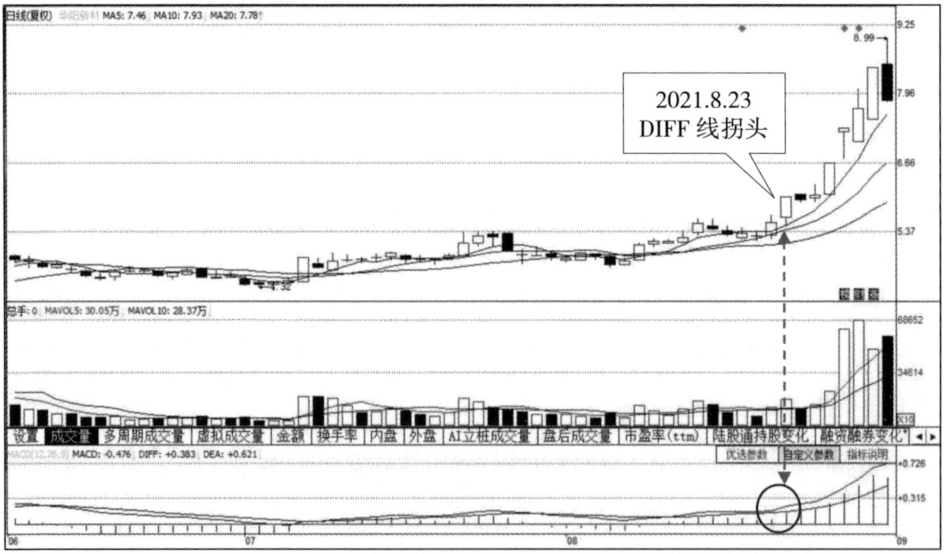

图 9–20　华阳新材（600281）MACD 指标走势图

2021 年 8 月 23 日，华阳新材的股价放量上攻。与此同时，DIFF 线拐头向上，MACD 柱线同步急速大幅拉升，属于典型的短线买入形态。交易者可以立即追涨买入，不过，必须将仓位控制在较低水平。

其后，该股股价出现了连续大幅上攻走势。

四、布林线上轨猎杀强势股

布林线指标（BOLL 指标）是目前交易者在操盘过程中，经常使用的一种技术指标。在布林线指标系统中，交易者可以通过设置布林通道的宽度，将股价波动的绝大部分区域纳入到布林通道之内，即布林线的上轨常常成为股价波动的阻力位，下轨常常成为股价波动的支撑位。

凡事都是相对的。在布林线指标体系中，布林线的上轨常常成为股价上涨的天花板。不过，股价在上升过程中，若发力向上突破了布林线的上轨，则意味着股价将进入短线快速上升区间，交易者可积极追涨。

布林线指标的具体操作要点如下。

第一，经过一段时间的下跌之后，股价缓慢上涨，并且突破了布林线的中轨。

第二，布林线指标由向下倾斜变为向上倾斜。

第三，成交量随着股价的上涨而放大，随着股价的下跌而萎缩。

第四，某日股价放量突破布林线的上轨，并且回调不破上轨。

第五，股价持续上涨时，成交量持续放大，而股价回调时，成交量萎缩。

第六，股价放量突破上轨时，是该股第一个买点。股价跌破布林线的中轨时，就是一个较佳的卖点。

下面来看一下中闽能源的案例。

如图 9-21 所示，2021 年 9 月 2 日，中闽能源的股价放量突破布林线的上轨，预示股价将加速上涨。

2021 年 9 月以前，中闽能源的股价一直运行在布林通道内，并且多次触及布林线的上轨和下轨，说明布林通道对股价具有较强的影响力。

9 月 2 日，股价自下而上突破布林线的上轨，其后股价更是脚踩布林线的上轨上行，说明股价进入强势上升区间，交易者可考虑追涨买入股票。

9 月 9 日，股价跌破布林线的上轨，说明股价有结束上升的可能，交易者宜减仓或清仓。

图 9-21　中闽能源（600163）日 K 线走势图

应用布林线的上轨猎杀强势股时，交易者应注意以下两点。

第一，股价放量向上突破布林线的上轨时，如果 KDJ 指标、MACD 指标同步发出买入信号，则可增大股价未来上涨的可能性。

第二，股价突破布林线的上轨之后，如果股价一直沿着上轨运行，则说明股价运行呈强势，交易者可以安心持股。

五、布林线上轨突破前高

布林线的上轨会因股价波动幅度的放大而向上运行。同理，股价经过一波上涨后出现回调，布林线的上轨势必随之回撤。其后，股价再度上行，布林线的上轨也会随之上扬。若上轨突破前期高点，则意味着股价可能迎来新一波的短线上攻行情。该技巧与股价突破前期高点的技法在理论上有些相似，即股价上升动能已经超越了上一次，那么未来继续上攻的概率就会变得非常大。如图 9-22 所示。

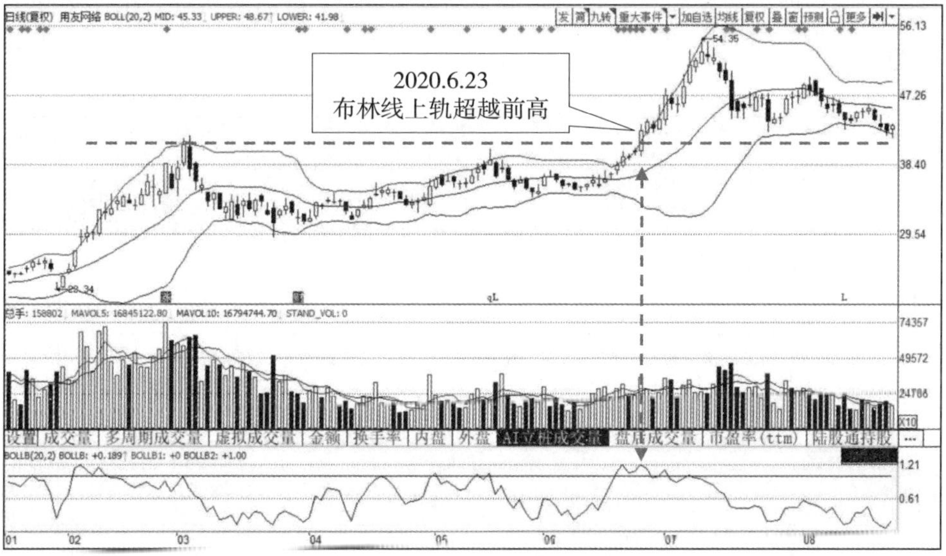

图 9-22　布林线上轨超越前高

从图中股价与布林线之间的位置关系，可以看出如下 4 个特征。

第一，股价创出前期高点之后出现调整，布林线的上轨突破前期高点时，其实股价也同步突破了前期高点。也就是说，在大多数情况下，股价与布林线是同步创出新高的，当然，有时也存在不一致。

第二，布林线的上轨突破前高的同时，股价同步向上突破了上轨，这是股价短线强势的一个显著特征。此时，若股价仍停留在上轨内部，并且紧贴上轨，则股价未来上涨持续的时间会更长。

第三，从成交量方面来看，股价向上突破时，成交量出现了明显放大，若能突破前期高点的成交量更佳。

第四，布林线上轨完成对前期高点的突破后，若股价出现回调，并且回踩至上轨或中轨位置再度上扬，交易者可考虑买入或加仓。

下面来看一下新风光的案例。

如图 9-23 所示，2021 年 8 月 11 日，新风光的股价创出阶段高点后出现了回调整理。与此同时，布林线的上轨在 8 月 17 日创出高点后也拐头向下收缩。

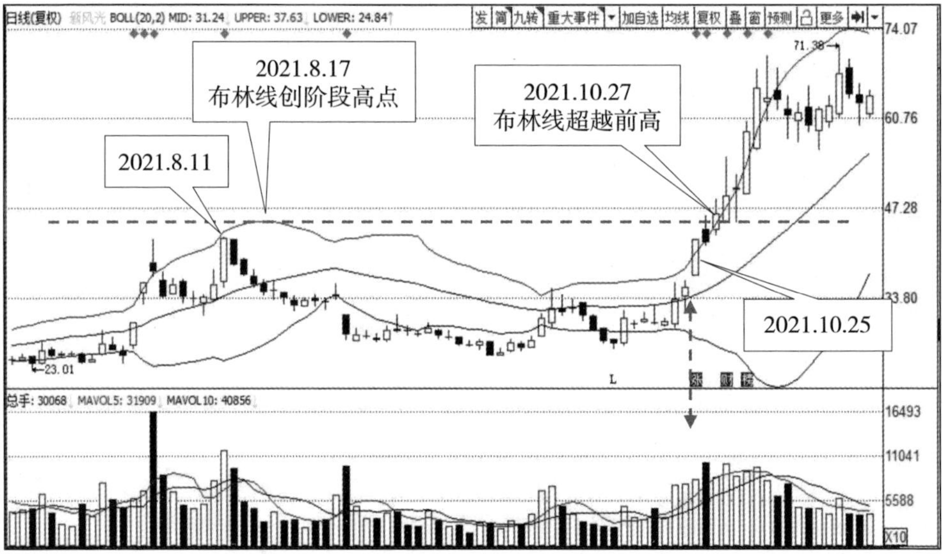

图 9-23　新风光（688663）布林线指标走势图

其后，该股股价经过了几个月的横向盘整，布林通道的喇叭口呈现明显的收缩状态。进入 2021 年 10 月后，股价自低位启动上攻，向上突破了布林线中轨，并于 10 月 25 日来到了上轨附近。

10 月 27 日，布林线上轨拐头向上突破了 8 月 17 日形成的阶段高点，说明布林线上轨在该日创出了新高。

观察股价走势可以发现，10 月 27 日当天，该股股价突破了 8 月 11 日形成的高点，也就是说，此时，布林线上轨与股价双双突破了前期高点，属于典型的短线强势信号。

据此，交易者可以入场买入该股。观察股价与布林线上轨的位置关系可以看出，虽然股价贴近上轨但并未突破上轨，只是沿着上轨向上运行，说明股价上攻可能会持续较长时间，交易者可积极入场做多。

第十章

追逐主升浪

提及主升浪，就不得不提艾略特的波浪理论。艾略特通过总结前人的经验后得出，在各种市场中，价格前进一般都会沿着五浪结构进行。在这五浪当中，浪 1、浪 3、浪 5 是推动向前运行的，称为有向运动；浪 2、浪 4 是休整浪，是逆向运行的。对于将要发生的整个有向运动，这两个逆向休整浪是必不可少的。

在整个五浪结构中，第三浪的涨幅最大，称为主升浪。正因为主升浪涨幅最大，风险相对最小，因而常常成为短线交易者追逐的目标。

第一节 波浪理论与主升浪

波浪理论又称艾略特波浪理论，是由美国证券分析家拉尔夫·纳尔逊·艾略特在总结前人经验的基础上，利用道琼斯工业指数平均线作为研究工具，不断创新提出来的一套市场分析理论。

一、五浪模式

艾略特认为，五浪形态中存在着 3 个永恒的法则：第一，浪 2 永远不会低于浪 1 的起点；第二，浪 3 永远不是最短的一浪；第三，浪 4 永远不会进入浪 1 的价格领地。这 3 个法则也是交易者数浪的重要依据。

艾略特认为，市场永远处于这个五浪模式当中，唯一的区别是五浪的位置及波浪的长短各不相同。如图 10-1 所示。

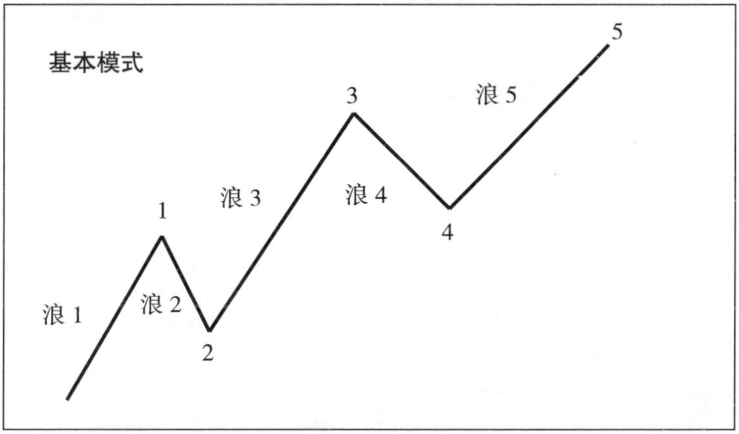

图 10-1　基本的五浪结构

在这个五浪结构中，浪 1、浪 3、浪 5 是驱动价格向前运行的，称为“驱动浪”；浪 2、浪 4 是促使价格出现回调的，称为“调整浪”。

二、主升浪（第三浪）基本特征

第三浪就是通常所说的主升浪，是整个波段中涨幅最大、升势最强的一浪。正因如此，从事波段交易的交易者都将寻找主升浪作为主要目标。

由于第二浪回调持续的时间短促，力度很大，很多交易者出于对股价走势的恐惧不敢介入其中。这时候主力突然大力拉升股票，使得股价在短期内大幅上涨，形成了一波壮观的主升浪。

下面来看一下中科电气的案例。

图 10–2 所示为中科电气在 2021 年 4 月—7 月的股价日 K 线走势图。从图中可以看出，该股在前一波回调行情之后，出现了一波快速上升走势。这一波走势就是大家通常所说的主升浪。

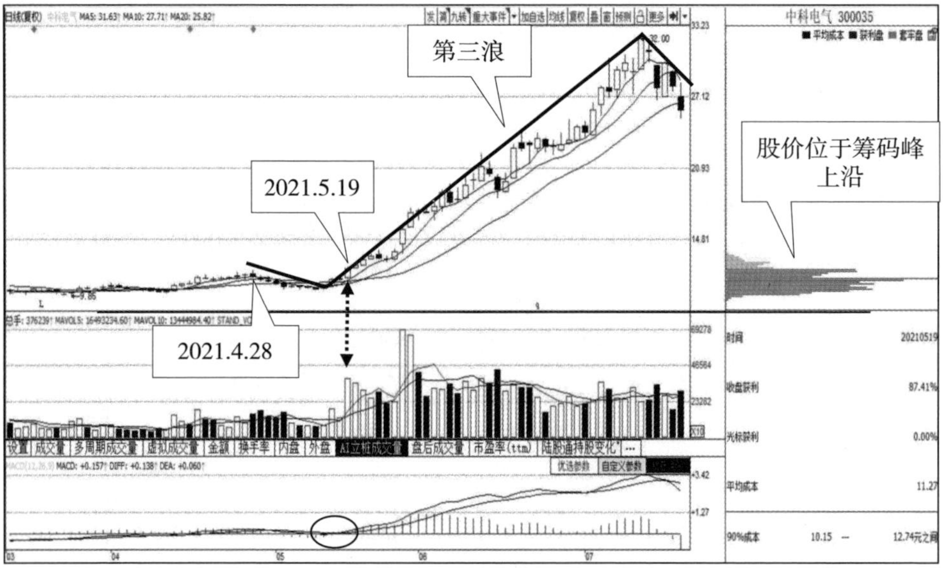

图 10–2　中科电气（300035）日 K 线走势图

观察该股第三浪启动点可以发现这样 5 个特征。

第一，第三浪启动时，即在该股由回调走势转为上攻走势的过程中，从 K 线形态上来看，该股的日 K 线会出现自下而上突破均线的形态。也就是说，在第二浪调整中，K 线必然会跌破短期均线，但一般不会跌破中长期均线。当第三浪启动后，K 线会重新向上突破均线。若 K 线在某条重要均线处受到支撑，则可增强股价上攻的可能性。

第二，第三浪启动前，短期均线会跌破中期均线，但一般不会跌破长期均线。长期均线可能会放平但不会拐头。此后第三浪启动，短期均线重新向上穿越中期均线，形成金叉，并且各条均线会逐渐转为多头排列，这也是所有股票即将启动上升的一个共同特征。

第三，第三浪启动后，随着股价的上升，成交量会呈现放大态势，但不会出现巨量。主力在拉升过程中，不断会有散户卖出股票兑现利润，因而随着股价的升高，成交量也会逐级放大。

第四，第三浪启动时，MACD 指标可能会出现金叉，并且这一金叉的位置应该在 0 轴上方。相比第一浪时形成的金叉，这一次的交叉点更高。MACD 指标两度金叉，也是股价即将大幅上攻的信号。

第五，观察图 10-2 的筹码分布图，可以发现 2021 年 5 月 19 日中科电气的股价向上突破均线时，该股股价位于主筹码峰的上方，说明该股上攻过程中不会有太多筹码流出，因而股价上升压力较小。

基于以上分析可知，相比第一浪的判断，第三浪的研判更加容易，而且一旦抓住主升浪，获利相当可观。作为波段交易者，最好能够将精力集中于捕捉主升浪。交易者在第三浪启动上攻时介入（图 10-2 所示的 2021 年 5 月 19 日）是一个不错的选择。

第二节
捕获主升浪 4 大技巧

在实战中，交易者可以通过一些技术方法或工具捕获主升浪。本节简单介绍 4 种捕捉主升浪的技法，以供大家参考。

一、突破头肩底颈线

从交易的角度来看，抓主升浪实质上就是放弃风险较大、收益相对较低的第一浪，将精力集中于风险相对较小、收益较高的第三浪。

从 K 线形态角度来看，头肩底形态本身就是能够相对准确描述第一浪和第三浪启动的一种形态。头肩底出现在下跌行情中，由三个低谷组成，左右两个低谷相对较浅，基本处在同一水平位置上，中间一个低谷的低点明显低于左右两个低谷的低点，其形态就像一个倒立的人的头部和两肩，如图 10-3 所示。

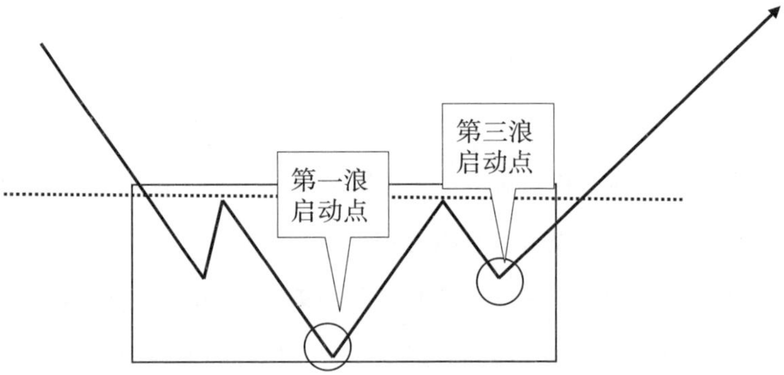

图 10-3　K 线头肩底形态

头肩底形态是这样形成的：股价下跌到一定深度后开始反弹，当达到一定高度后出现回调，形成了“左肩”。接着再度下跌创出新低后回升，构筑了“头部”，也就是第一浪的起点。之后又上涨到前一次反弹的高度附近再次回调，这次回调的低点高于头部的低点，形成了“右肩”，也就是第三浪的起点。在两次反弹过程中，股价基本在同一价位受阻回落，这个价位上的直线就是颈线。

借助头肩底形态捕捉主升浪的操作要点如下。

第一，从 K 线形态上来看，头肩底形态本身就是较为可靠的牛市信号，此形态出现之后，常常会有一波较为可观的上涨行情。因此，交易者看到头肩底形态后，应果断买入股票，持股待涨。

第二，通常来说，第三浪的启动点是比较难找的，但通过头肩底形态可以有效地解决这个问题。交易者可以将股价突破颈线位作为第三浪正式启动的标准。

第三，股价突破颈线时，必须要有成交量激增相配合，否则这可能是一个后劲不足的突破。如果股价突破后成交量逐渐增加，形态也可确认。

第四，股价完成向上突破后，原来的阻力位就变成了支撑位。所以，参照头肩底形态买入股票的交易者，应该将止损位设在头肩底的颈线位置上。

下面来看一下浙江广厦的案例。

如图 10-4 所示，2021 年 2 月 4 日，浙江广厦的股价触底反弹，此后该股股价反弹一段时间后出现调整走势。

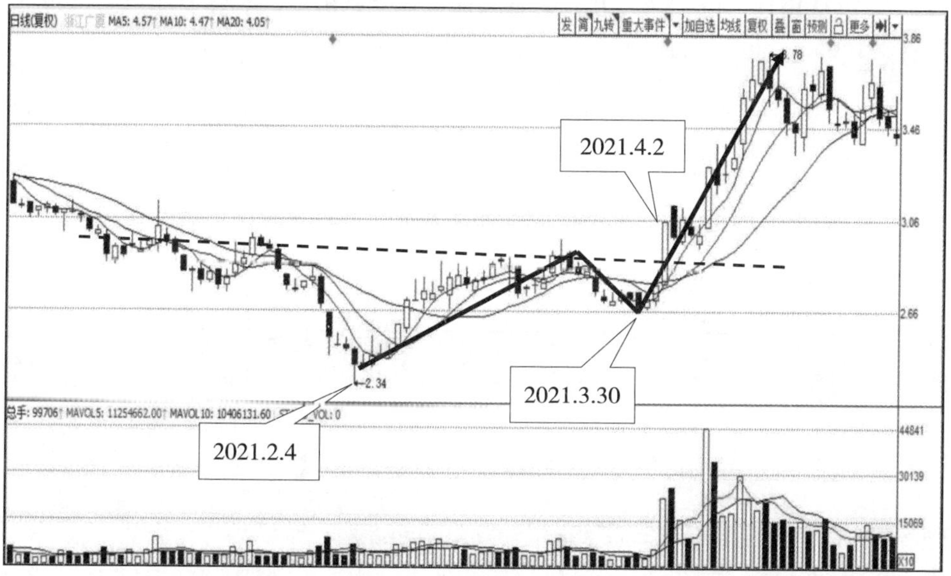

图 10-4　浙江广厦（600052）日 K 线走势图

2021 年 3 月 30 日，该股股价遇支撑后开始反弹。观察 K 线走势图可知，此时 K 线存在走出头肩底形态的可能。不过，K 线并未出现明显的上升势头，交易者仍需保持观望。

2021 年 4 月 2 日，该股股价放量向上突破多条均线和头肩底形态的颈线，属于典型的看涨信号。运用波浪理论来分析 K 线走势可以发现，3 月 30 日的股价低点可能是第三浪的启动点位，2 月 4 日的低点则可能是第一浪的启动点位。

综合以上分析来看，4 月 2 日，股价放量向上突破头肩底颈线时，是一个较佳的买入点位，并且很可能会成功捕获一波主升浪。

二、MACD 二度金叉抓主升浪

股价经过一段时间的下跌后，MACD 指标会随之降至低点。其后，股价出现触底反弹迹象，MACD 指标随之出现第一个低位金叉。股价反弹至短期高点后就会出现调整，MACD 指标随之出现死叉。股价再次结束调整重新上攻时，MACD 指标二度金叉，并且该金叉往往在 0 轴附近，意味着股价将会进入主升浪。

如图 10-5 所示，MACD 指标初次金叉后，股价启动上升，随后该股出现了调整走势，并且这波调整规模较大。其后，MACD 指标二度金叉，并且交叉点位于 0 轴上方附近，这是含金量较高的买入信号。此后，该股股价掀起了一波快速上升走势。

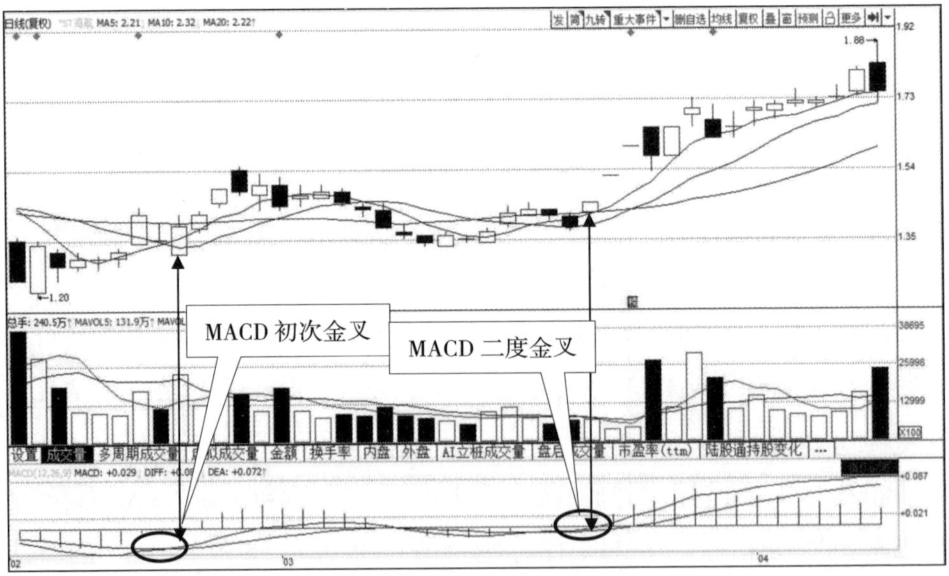

图 10-5 MACD 指标二度金叉

该技巧的操作要点如下。

第一，在底部盘整过程中，股价已经出现了缓步向上的态势，说明股价即将大涨。

第二，股价在缓慢上涨过程中，MACD 指标率先在底部区域出现第一次金叉。不过，此交叉点距离 0 轴较远，说明多方实力不足以形成压倒性优势。

第三，股价经过一波上升后转入调整，MACD 指标同步回落。股价重新放量上攻，并且 MACD 指标二度金叉时，就是较佳的入场时机。

第四，MACD 指标二度金叉的交叉点处在 0 轴附近，说明多方已经聚集了足够的做多动能，未来看涨。

下面来看一下璞泰来的案例。

如图 10-6 所示，2021 年 3 月—5 月，璞泰来的日 K 线图上出现了连续两次的黄金交叉，预示股价将要发动上涨行情。

璞泰来的股价经过一轮短暂的下跌调整后，2021 年 3 月中旬出现了一波反

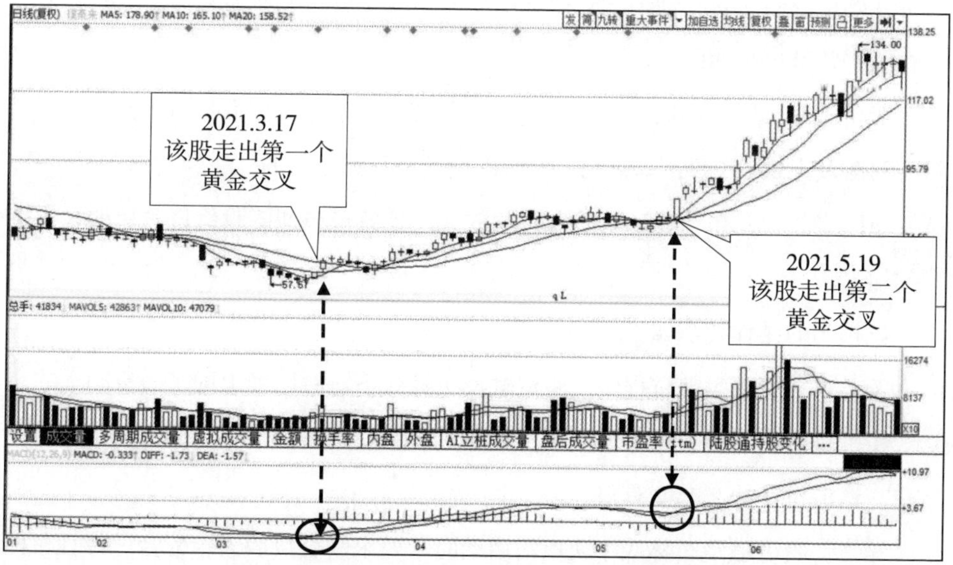

图 10-6　璞泰来（603659）日 K 线走势图

弹走势，MACD 指标同步出现黄金交叉，预示股价有走强的可能。不过，此时 MACD 指标的交叉点位于 0 轴下方较远的位置，只能说明股价短期有企稳迹象。

随后，该股经过一波上涨后又重回跌势，MACD 指标再度死叉，此时交易者不可轻易介入该股。5 月 19 日，该股股价突然大幅拉升，成交量也呈剧烈放大态势，同时 MACD 指标出现底部金叉，并且这一交叉点位于 0 轴上方附近。这说明此交叉点成色较足，股价的启动很有可能会进入主升浪，交易者可积极入场追涨。

三、回调遇布林线中轨支撑

股价触及布林线下轨后反弹向上，并在突破中轨后回落，因受中轨支撑重新上攻，并且布林通道喇叭口同步放大，意味着股价将启动一波主升浪。

如图 10-7 所示，股价触及布林线下轨时，成交低迷，布林通道喇叭口收缩。股价开始反弹后，布林通道喇叭口逐渐放大，成交量同步增加。特别是股价突破布林线中轨时更是如此。

股价上升一段时间后，触及布林线上轨（由于布林通道喇叭口比较窄，所以很容易触及上轨）出现回调态势。股价回调至布林线中轨时，受到支撑再度上升，成交量同步放大，布林通道喇叭口持续放大，这就是典型的股价将会启动大幅拉升的信号。

该技巧的操作要点如下。

第一，在底部盘整过程中，股价触及布林线下轨后已经出现了缓步向上的态势，特别是股价能够突破中轨，本身就是股价启动的一个信号。但由于布林通道较窄，这波拉升势必幅度有限。

第二，股价触及布林线中轨重新启动时，要求成交量放大相配合，并且布林通道的喇叭口同步放大。

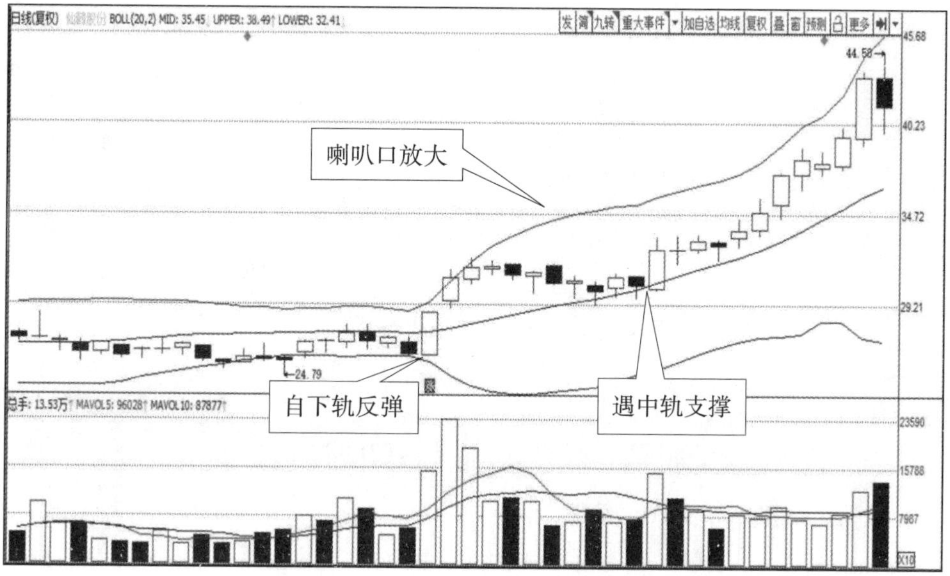

图 10-7 回调遇布林线中轨支撑

第三，股价遇支撑上扬前，布林通道整体应该向右上方倾斜，说明股价已经进入上升通道。

第四，布林通道喇叭口的放大，会为股价的大幅拉升提供广阔的空间，因而交易者可将股价遇支撑上升看成主升浪启动的信号，此时可入场建仓。

下面来看一下四川美丰的案例。

如图 10-8 所示，四川美丰的股价经过一轮振荡整理之后，2021 年 8 月 19 日触及布林线的下轨。其后，该股股价出现反弹走势，并很快突破了布林线的中轨。不过，由于此时布林通道的喇叭口较窄，股价触及上轨后很快再度回落。

9 月 6 日，该股股价回调至布林线的中轨，因受中轨支撑再度上扬。与此同时，成交量出现连续放大态势，布林通道的喇叭口持续放大，说明股价将迎来一波大幅拉升走势，交易者可积极入场做多。

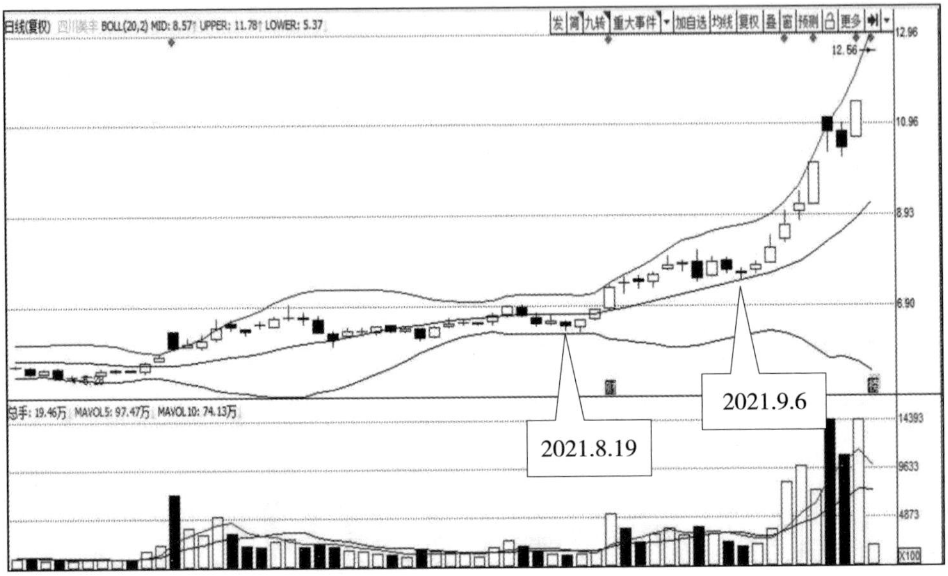

图 10-8 四川美丰（000731）日 K 线走势图

四、回调遇中期均线支撑

股价自下而上突破中期均线（短线以 30 日均线为宜）后出现回调走势，回调至中期均线时，因受均线支撑再度上升，意味着股价将迎来新一波的上升走势。

如图 10-9 所示，股价自下而上穿越 30 日均线时，30 日均线还在向右下方倾斜。股价经过拉升调整后，30 日均线已经转为向右上方倾斜。

此后，股价回调至 30 日均线遇支撑再度上升时，成交量同步放大，30 日均线拐头向上，这些都是股价起涨的信号。

该技巧的操作要点如下。

第一，股价在向 30 日均线突破过程中，30 日均线逐渐由向右下方倾斜转为放平，再转为向右上方倾斜。

第二，股价完成突破后，出现回调走势，成交量同步萎缩。

第三，股价遇支撑上扬前，30 日均线向右上方倾斜，说明股价已经进入上

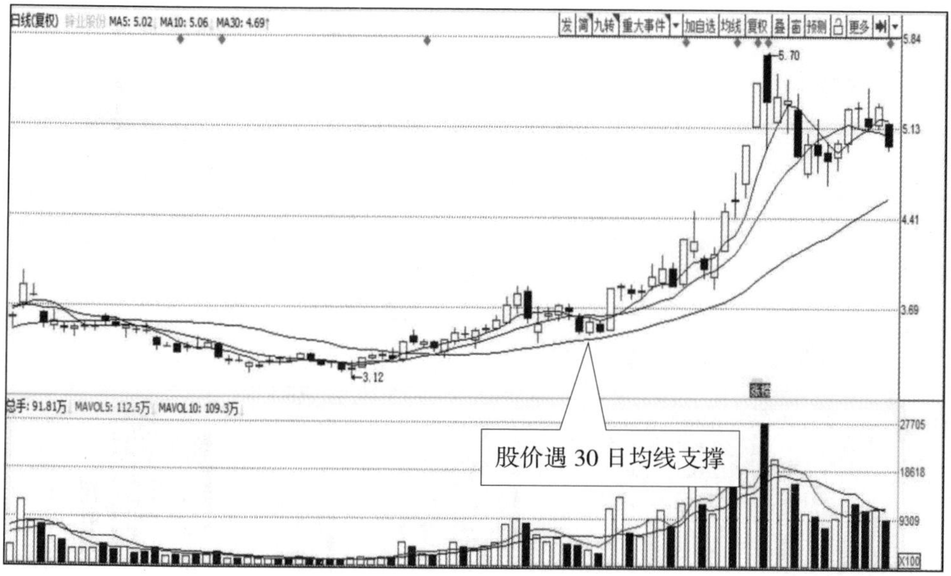

图 10-9 回调遇中期均线支撑

升通道。

第四，股价遇 30 日均线支撑向上拉升，成交量同步由缩量转为放量时，就是最佳的入场时机。

下面来看一下新兴铸管的案例。

如图 10-10 所示，新兴铸管的股价经过一轮振荡整理后，2021 年 7 月 9 日触底反弹，并很快向上突破了 5 日、10 日均线。观察 30 日均线可知，此时均线向右下方倾斜，这并非理想的买入时机。

7 月 26 日，该股股价触及阶段高点后回落。8 月 6 日，股价回调至 30 日均线时，因受均线支撑再度上升。与此同时，30 日均线的方向已经转为向右上方倾斜，说明股价已经进入上行趋势。观察此时的成交量可知，8 月 6 日的成交量仍然呈萎缩态势，交易者可留心观察。其后，股价与成交量双双回升，特别是股价向上放量突破 5 日均线时，交易者可择机入场。

此后，该股正式进入主升浪。

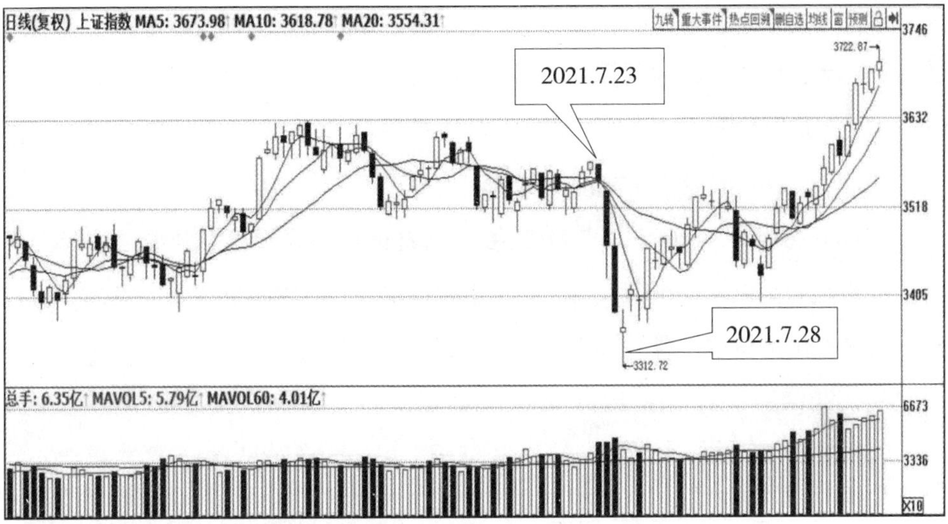

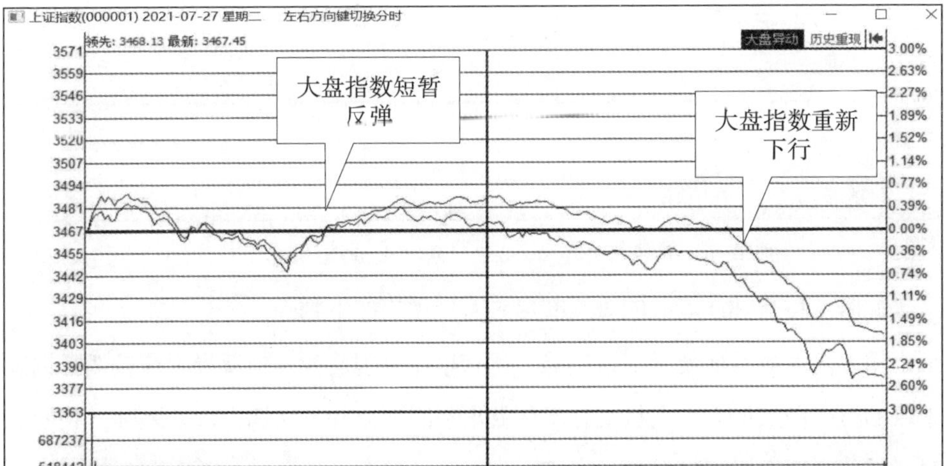

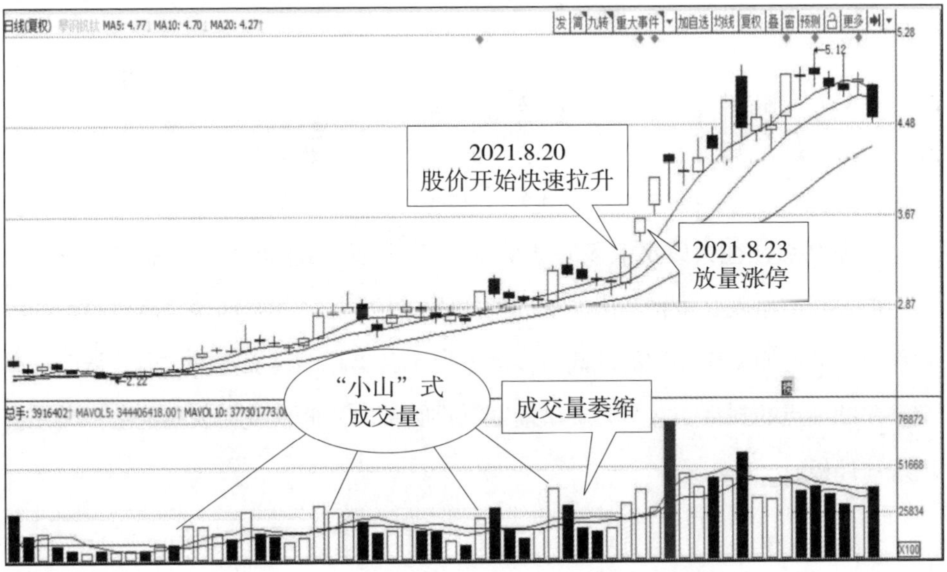

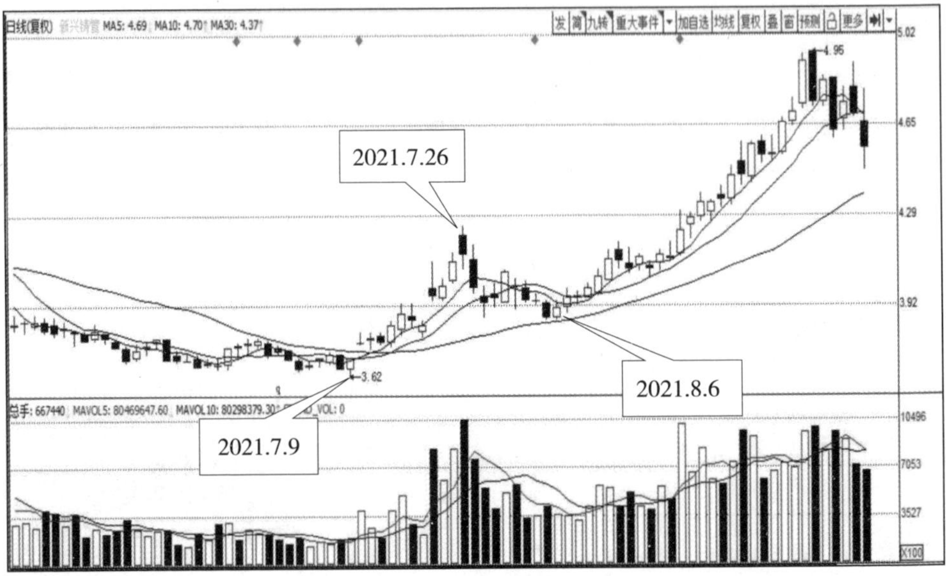

图 10-10　新兴铸管（000778）日 K 线走势图